ミラクルきょうふ！

本当に怖いストーリー DX《デラックス》 黒い炎

編著◆闇月 麗

西東社

メインストーリー　恐怖レベル　ミステリー

1話《わ》 花《はな》に魅《み》せられた少《しょう》女《じょ》たち

奇《き》妙《みょう》なウワサ…

あの屋敷《やしき》で暮《く》らしていた日々《ひび》がなつかしいよ

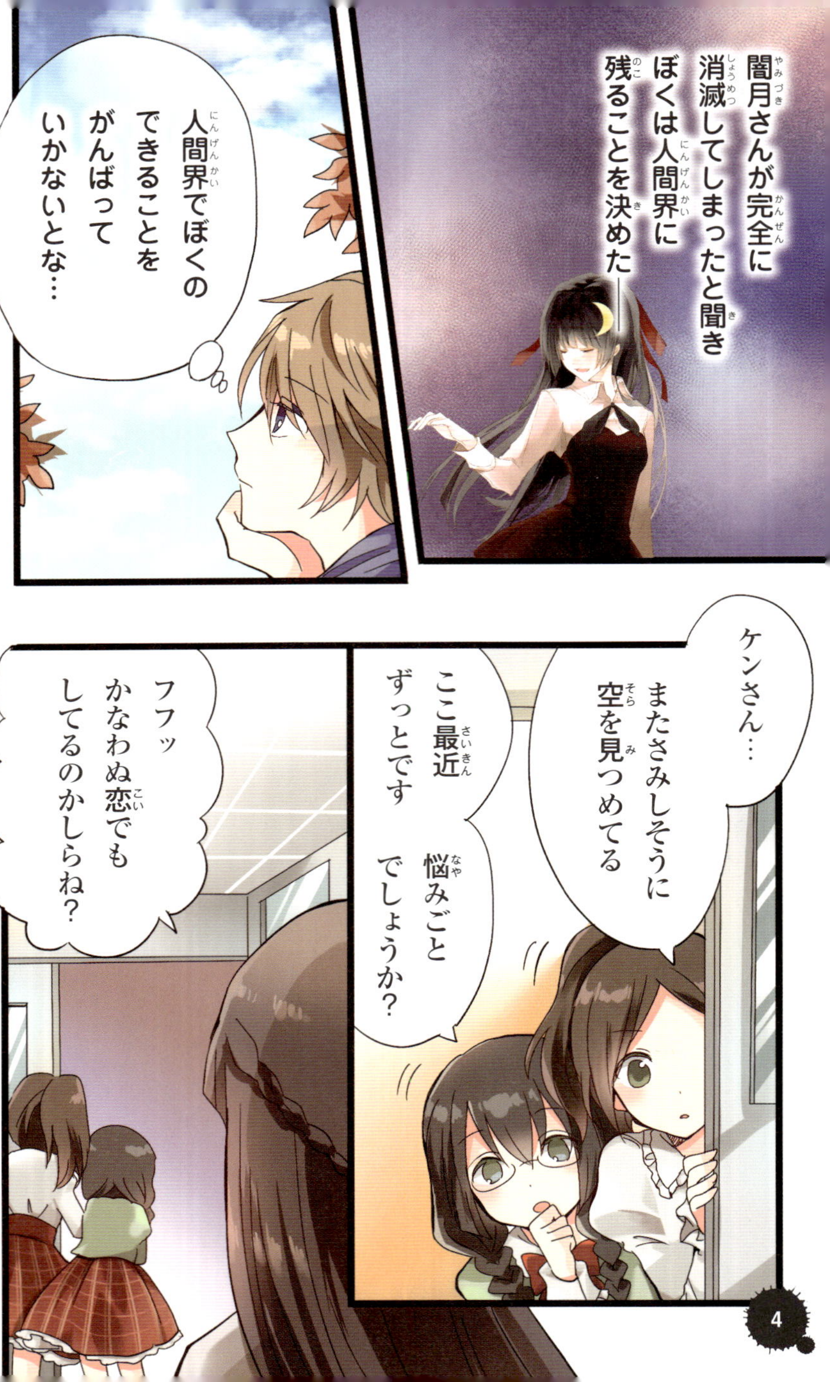
闇月《やみづき》さんが完全《かんぜん》に消滅《しょうめつ》してしまったと聞《き》きぼくは人間界《にんげんかい》に残《のこ》ることを決《き》めた――
人間界《にんげんかい》でぼくのできることをがんばっていかないとな…
ケンさん…またさみしそうに空《そら》を見《み》つめてる
ここ最近《さいきん》ずっとです悩《なや》みごとでしょうか？
フフッかなわぬ恋《こい》でもしてるのかしらね？

あっ！美玲《みれい》さん
ケンさんってスキな人《ひと》いるんですか？
さあね？
そんなことより恐《きょう》怖《ふ》集会《しゅうかい》の準備《じゅんび》は大丈夫《だいじょうぶ》なのかしら？
はい！机《つくえ》とイスバッチリです!!
もちろんホワイトボードも！
じゃあ時間《じかん》どおりにスタートできるようみんなを集《あつ》めてね
は～い

みんなそろったようだね
鳴《なる》上《かみ》勇《ゆう》人《と》
鈴《すず》木《き》亮《りょう》一《いち》
高《たか》原《はら》真《ま》聖《さきよ》
宮《みや》木《ぎ》真《ま》麻《あさ》

じゃあ恐怖《きょうふ》集会《しゅうかい》を始《はじ》めましょう
ホラー倶楽部《くらぶ》
恐怖《きょうふ》集会《しゅうかい》
本田《ほんだ》幸《さち》
大滝《おおたき》美玲《みれい》
中山《なかやま》未唯《みい》
逢間《おうま》ケン
小野寺《おのでら》童夢《どうむ》
ホラー倶楽部《くらぶ》とは…
怖《こわ》いものが好《す》きなメンバーが集《あつ》まり、心霊現象《しんれいげんしょう》や奇《き》
妙《みょう》な世界《せかい》の調査《ちょうさ》や情報収集《じょうほうしゅうしゅう》をしている。定期的《ていきてき》に
「恐怖集会《きょうふしゅうかい》」という会合《かいごう》を開《ひら》き、調査《ちょうさ》や話《はなし》を発表《はっぴょう》しあう。
※ホラー倶楽部《くらぶ》にまつわるエピソードは「本当《ほんとう》に怖《こわ》い話《はなし》 心霊学《しんれいがく》
園《えん》」て読《よ》めるよ！

次回調査《じかいちょうさ》のテーマから決《き》めよう
なにかいいテーマがある人《ひと》は？
ここ半年《はんとし》くらいで似《に》たような話《はなし》を何度《なんど》も耳《みみ》にするんだけど…
なんすか？それ？
うん…
起《お》きたら…その子《こ》の妹《いもうと》が消《き》えてたんだって夜中《よなか》に家《いえ》から出《で》ていった形《けい》せきはなかったらしいよ…
なんだよそれ？神《かみ》かくしってやつかあ～？

このお話《はなし》は312ページへ続《つづ》きます……。

もくじ

ミラクルきょうふ!
本当に怖いストーリー DX《デラックス》 黒い炎

恐怖《きょうふ》の世界《せかい》を深《ふか》く楽《たの》しむために…

マンガのタイトルページには下《した》のマークがあり、マンガの特《とく》ちょうをあらわしています

マンガのジャンル

今回《こんかい》はいろいろなテーマのマンガが盛《も》りだくさんだよ!

- 心霊写真《しんれいしゃしん》マンガ
- ショートマンガ
- 恋《こい》のストーリー
- 学校《がっこう》のストーリー
- 家族《かぞく》のストーリー
- 実話《じつわ》怪談《かいだん》
- リクエストマンガ
- 特集《とくしゅう》マンガ
- 花《はな》のストーリー

黒《くろ》い炎《ほのお》

主人公《しゅじんこう》が恐怖《きょうふ》の世界《せかい》に迷《まよ》いこむきっかけとなるキーワード。注目《ちゅうもく》して読《よ》んでみて…。

恐怖《きょうふ》レベル

ガイコツの数《かず》が増《ふ》えるほど怖《こわ》いマンガに

心霊写真《しんれいしゃしん》マンガ　恐怖レベル　不運《ふうん》な遭遇《そうぐう》　黒い炎　絶叫

ストーリーの種類《しゅるい》

絶叫《ぜっきょう》 ── とにかく怖《こわ》いシーンがたっぷり…

ゾクッ ─ あとからジワジワ怖《こわ》くなる…

感動《かんどう》 ── 怖《こわ》いだけじゃなく感動《かんどう》できる…

ミステリー ─ 不思議《ふしぎ》な世界《せかい》に迷《まよ》いこむ…

ナゾそのとき…
心霊写真《しんれいしゃしん》が写《うつ》ったのかを追《お》う!

心霊《しんれい》写真《しゃしん》追跡調査《ついせきちょうさ》

マンガもあるよ!

心霊写真《しんれいしゃしん》にナゾはつきものだけれど
ぼくはできるだけ、そのナゾに
迫《せま》ってみたいと考《かんが》えたんだ。
そこでぼくは今回《こんかい》、「心霊写真調査団《しんれいしゃしんちょうさだん》」に
調査《ちょうさ》を依頼《いらい》した。すると、その写真《しゃしん》を撮影《さつえい》した日《ひ》の
状況《じょうきょう》やその後《ご》に起《お》こった出来事《できごと》についても
いろいろと不思議《ふしぎ》な話《はなし》を知《し》ることができたよ。

心霊写真調査団《しんれいしゃしんちょうさだん》とは?

心霊写真《しんれいしゃしん》を投稿《とうこう》してくれた人《ひと》に取材《しゅざい》を
行《おこな》ったり、心霊写真《しんれいしゃしん》に写《うつ》った不思議《ふしぎ》
な存在《そんざい》について調査《ちょうさ》したりする団体《だんたい》。

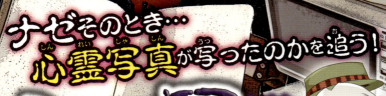

背後《はいご》に忍《しの》びよる手《て》

写真《しゃしん》のココに注目《ちゅうもく》！

左《ひだり》はしの少女《しょうじょ》に注目《ちゅうもく》してみよう…。黒《くろ》い両《りょう》衿《えり》に重《かさ》なって見《み》づらいが、右肩《みぎかた》をつかむ手《て》が見《み》える。この手《て》は指《ゆび》の長《なが》さや曲《ま》がり方《かた》がおかしい。もちろん、このとき少女《しょうじょ》の背後《はいご》に人《ひと》はだれもかくれていなかった…。

追跡調査《ついせきちょうさ》でわかったこと

1 写真《しゃしん》を撮《と》ったときの様子《ようす》

撮影《さつえい》した場所《ばしょ》

盆踊《ぼんおど》りの会場《かいじょう》。やぐらの前《まえ》

撮影《さつえい》した時間《じかん》

夕方《ゆうがた》4時《じ》あたり

盆踊《ぼんおど》りが始《はじ》まる前《まえ》で、人《ひと》はあまりいなかった。

2 写《うつ》りこんだモノの正体《しょうたい》…

少女《しょうじょ》からはなれまいと、しっかり肩《かた》をつかむ様子《ようす》から、悪《わる》さをしようとする霊《れい》の仕業《しわざ》であろう。近《ちか》くにいた霊《れい》が楽《たの》しそうな彼女《かのじょ》に嫉《しっ》妬《と》したと考《かんが》えられる。

3 写真《しゃしん》を撮《と》ったその後《ご》…

少女《しょうじょ》は盆踊《ぼんおど》りの最中《さいちゅう》、だれかに肩《かた》をトントンとたたかれた気《き》がしたという。しかしふりむいても、だれもいなかったらしい。手《て》がイタズラしていたのだろう。

心霊写真《しんれいしゃしん》を撮《と》ってしまったときは…

写真《しゃしん》やデータ自体《じたい》に霊《れい》はとり憑《つ》いてはいないのでむやみに心配《しんぱい》する必要《ひつよう》はないんだよ！

デジカメやスマホのデータ

すぐにデータを消去《しょうきょ》しよう。そして機械《きかい》がこわれていないか確認《かくにん》すること。機械《きかい》は霊《れい》の影《えい》響《きょう》でこわれやすいため注意《ちゅうい》が必要《ひつよう》なんだ。

プリントした写真《しゃしん》

悪《わる》い気《き》や心配《しんぱい》する心《こころ》をなくすためにも、いち早《はや》く手《て》でビリビリとやぶり捨《す》ててしまおう。

ケムリにつつまれた目《め》

写真《しゃしん》のココに注目《ちゅうもく》!

写真《しゃしん》の左下《ひだりした》あたり、ミニSL《エスエル》からでている白《しろ》いケムリ部分《ぶぶん》に注目《ちゅうもく》してみよう…。ケムリのなかにぽっかりと空洞《くうどう》ができている。そしてそのなかに、ふたつの白《しろ》い目《め》をもつ顔《かお》のようなものが見《み》える。

追跡調査《ついせきちょうさ》でわかったこと

1 写真《しゃしん》を撮《と》ったときの様子《ようす》

撮影《さつえい》した場所《ばしょ》

アスレチック公園《こうえん》のなかにあるミニSL《エスエル》

撮影《さつえい》した時間《じかん》

午後《ごご》3時《じ》あたり

日曜日《にちようび》の午後《ごご》、人気《にんき》のミニSL《エスエル》には多《おお》くの利用客《りようきゃく》がいた。野球帽《やきゅうぼう》をかぶる少年《しょうねん》の母親《ははおや》が走《はし》ってきたミニSL《エスエル》を撮影《さつえい》。そのとき、おかしなことはなかったという。

2 写《うつ》りこんだモノの正体《しょうたい》…

ケムリのなかに見《み》えるおかしな空洞《くうどう》は、巨大《きょだい》な目玉《めだま》である。23年前《ねんまえ》にこの公園《こうえん》の近所《きんじょ》で亡《な》くなった男性《だんせい》の霊《れい》が、ぐうぜんにカメラをのぞきこみ、写《うつ》りこんでしまったものだ。そしてこの目玉《めだま》のなかに写《うつ》りこむのは、同《おな》じ町内《ちょうない》にある病院《びょういん》で亡《な》くなった6歳《さい》くらいの少年《しょうねん》である。家族《かぞく》の楽《たの》しい声《こえ》にひかれて、この地《ち》にやってきたのであろう。

3 写真《しゃしん》を撮《と》ったその後《ご》…

この写真《しゃしん》に写《うつ》りこんだ男性《だんせい》や少年《しょうねん》の霊《れい》は、たまたま公園《こうえん》にやってきていただけなので、写真《しゃしん》に写《うつ》る人々《ひとびと》にも写真《しゃしん》を撮《と》った人《ひと》にもとくになにも起《お》こっていない。この公園《こうえん》は週末《しゅうまつ》になるとたくさんの家族連《かぞくづ》れが集《あつ》まるため、その楽《たの》しい雰囲気《ふんいき》にひかれた霊《れい》がちらほら集《あつ》まってきては、また去《さ》っていくようだ。この行動《こうどう》は人間《にんげん》と変《か》わらない…。

まぎれこんだ赤《あか》ちゃん…

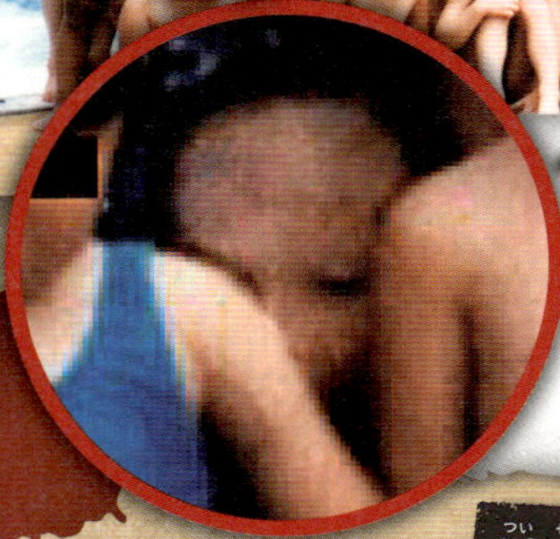

写真《しゃしん》のココに注目《ちゅうもく》!

前《まえ》から2列目《れつめ》の子《こ》どもたちを、右《みぎ》はしから順《じゅん》に見《み》てほしい…。5人目《にんめ》の赤《あか》い水泳《すいえい》帽《ぼう》をかぶる男《おとこ》の子《こ》と、6人目《にんめ》の青《あお》い水着《みずぎ》を着《き》た女《おんな》の子《こ》の間《あいだ》に注目《ちゅうもく》…。大《おお》きさや色《いろ》がおかしい顔《かお》が写《うつ》りこんでいる。

追跡調査《ついせきちょうさ》でわかったこと

1 写真《しゃしん》を撮《と》ったときの様子《ようす》

撮影《さつえい》した場所《ばしょ》

市民《しみん》プール。流《なが》れるプールを横断《おうだん》する階段《かいだん》の前《まえ》

撮影《さつえい》した時間《じかん》

午前《ごぜん》11時《じ》あたり

キッズスイミングスクールのお楽《たの》しみ行事《ぎょうじ》で、市民《しみん》プールにやって来《き》た際《さい》の記念写真《きねんしゃしん》。大人《おとな》は気《き》づいていないようだが、子《こ》ども数人《すうにん》はその場《ば》に得体《えたい》の知《し》れないものがまぎれこむ違和感《いわかん》を感《かん》じていたようだ…。

2 写《うつ》りこんだモノの正体《しょうたい》…

写《うつ》りこんだ顔《かお》は、このプールで亡《な》くなった赤《あか》ちゃんの霊《れい》だ。自分《じぶん》が死《し》んでしまったことに気《き》づいていないため、地縛霊《じばくれい》となってこのプールでさまよい、母親《ははおや》や遊《あそ》び相手《あいて》をさがしている。

3 写真《しゃしん》を撮《と》ったその後《ご》…

写真《しゃしん》の投稿者《とうこうしゃ》・瑠奈《るな》さん(仮名《かめい》)は写真《しゃしん》を撮《と》ったこの日《ひ》、プールでおぼれた。ひさしぶりにこの写真《しゃしん》を見《み》つけ、母親《ははおや》と話《はな》したことで、当日《とうじつ》に起《お》こった不可思議《ふかしぎ》な出来事《できごと》を思《おも》いだしたそうだ…。

くわしい調査《ちょうさ》のその後《ご》は…
次《つぎ》のページからマンガで紹介《しょうかい》!

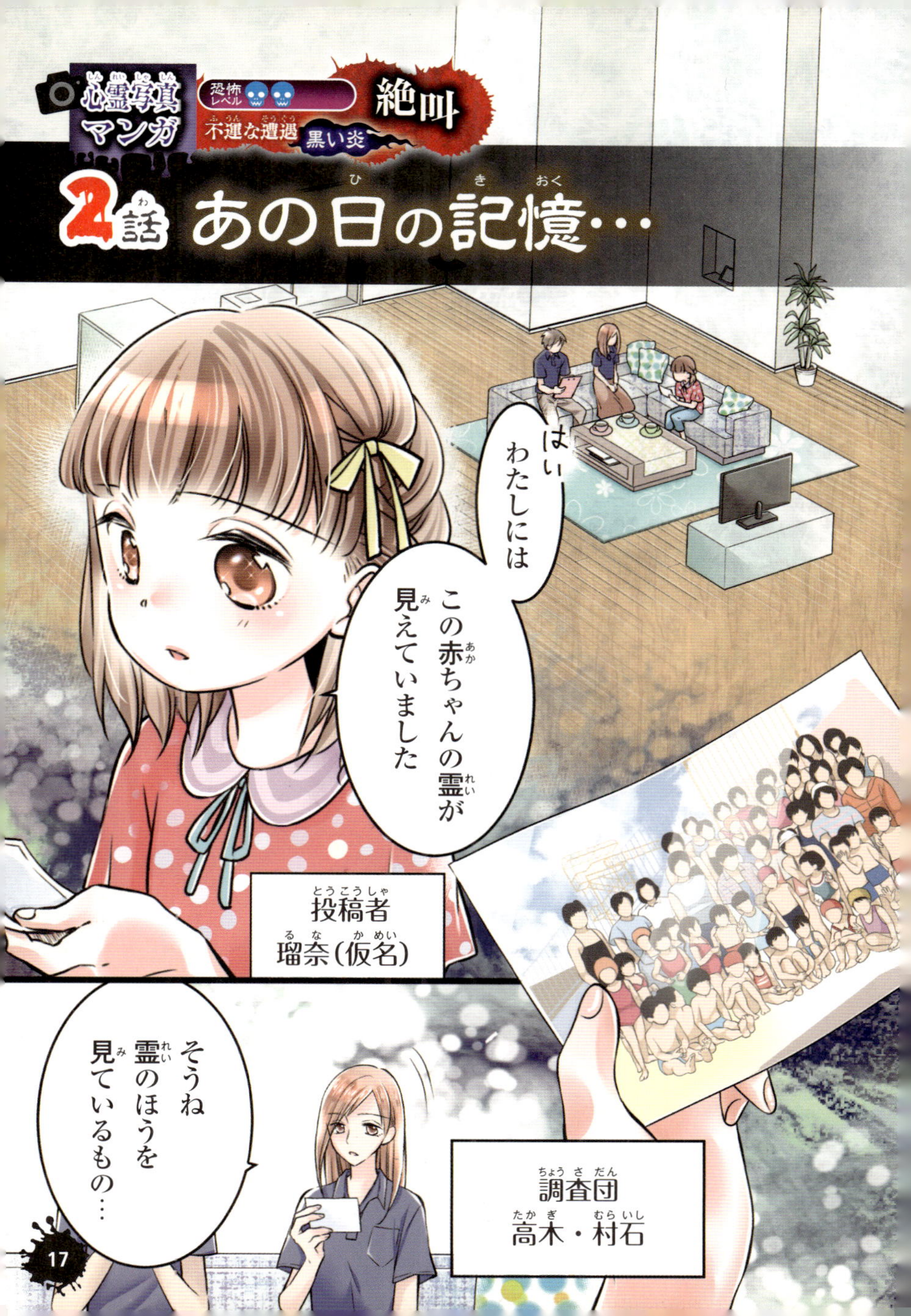
心霊写真《しんれいしゃしん》マンガ
恐怖レベル
不運《ふうん》な遭遇《そうぐう》
黒い炎
絶叫
2話《わ》 あの日《ひ》の記憶《きおく》…
はい わたしには
この赤《あか》ちゃんの霊《れい》が見《み》えていました
投稿者《とうこうしゃ》 瑠奈《るな》（仮名《かめい》）
調査団《ちょうさだん》 高木《たかぎ》・村石《むらいし》
そうね 霊《れい》のほうを見《み》ているもの…

……
思《おも》いだしたんですが…
あの日《ひ》は不思議《ふしぎ》なことがたくさん起《お》こりました…
もちろん当時《とうじ》は霊《れい》とかわからなかったのですが——
パシャ
はーい
ではここから自由行動《じゆうこうどう》です!
……
あっちいこー
どうしたの?瑠奈《るな》
わい
わい
…ううん!ママのどかわいた!
じゃあ水《すい》とう取《と》りに行《い》こうか

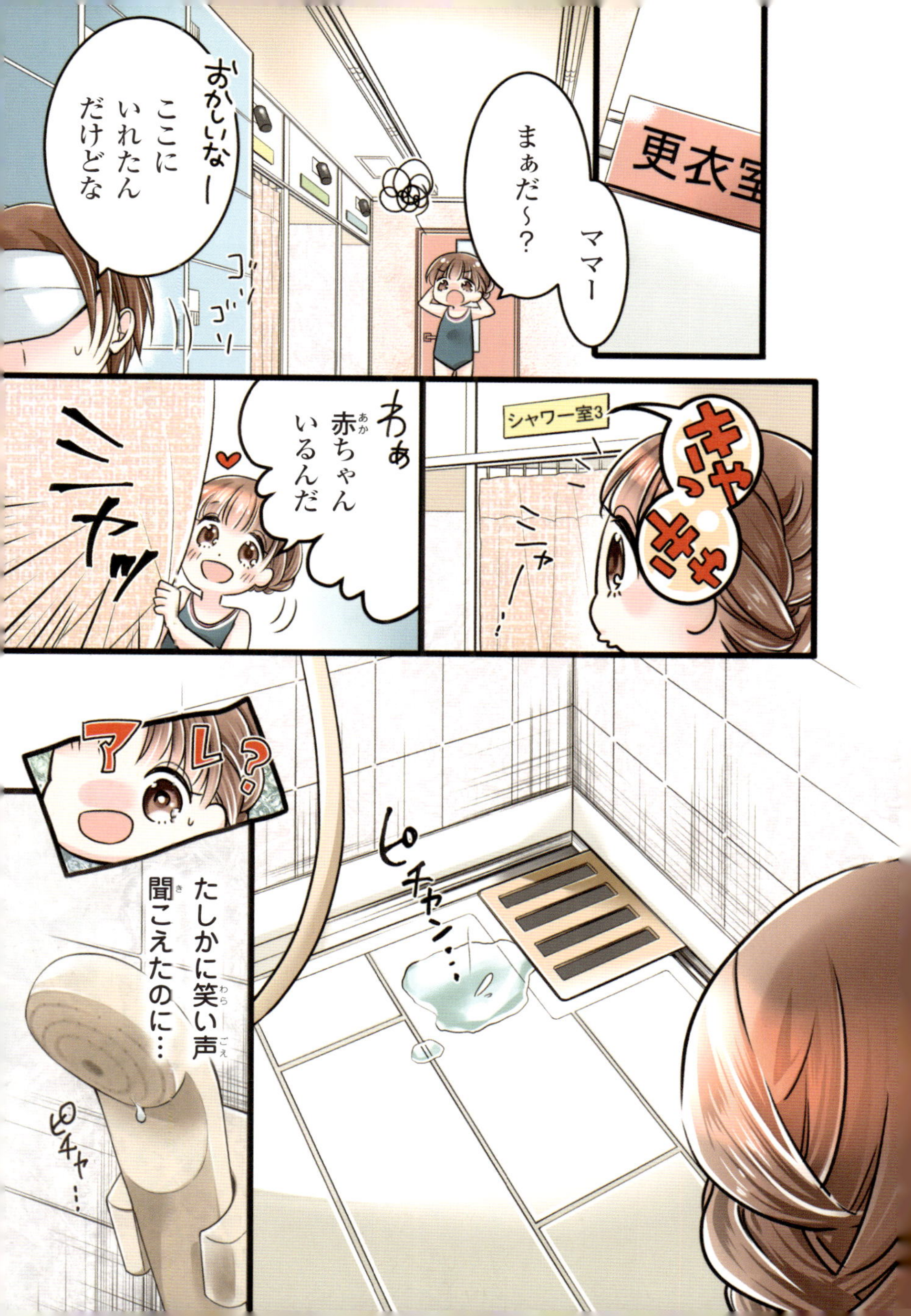
更衣室
ママー
まぁだ～？
おかしいなー
ここにいれたんだけどな
ゴソゴソ
シャワー室3
きゃっきゃ
シャー…!
わぁ
赤《あか》ちゃんいるんだ
シャッ
アレ？
ピチャン…
ピチャ…
たしかに笑《わら》い声《ごえ》
聞《き》こえたのに…

わい
わい
瑠奈《るな》ちゃん
水中《すいちゅう》にらめっこしよ～よ♪
わー
いいよぉ
先《さき》にあがったほうが負《ま》け
負《ま》けないもんね！
せ～の！
ザブンッ
ドー
わたしにらめっこで負《ま》けたことないもん！

ユ
ラ
ゴボッ
るっ
瑠奈《るな》ちゃん大丈夫《だいじょうぶ》!?
ザバッ
ゲホッ
ゴホッ
ハァ
ハー…

さっきのはダレ?
ママこのプール流《なが》される～
うきわにしっかりつかまっててね
すい～
ちゃぽ…
は～い…
!
あ…
足《あし》がイタイ…
ママ…っ
!
声《こえ》がでない…
るなちゃんママー

なんで
息《いき》ができない…
こわい
苦《くる》しい……
ママ!!
グイッ
ボチャンッ
アハハ…
スウッ!
ゲホッ
ゴホッ
今《いま》のって…
ハァ…
ハァハァ
ゴボボ
んんん…

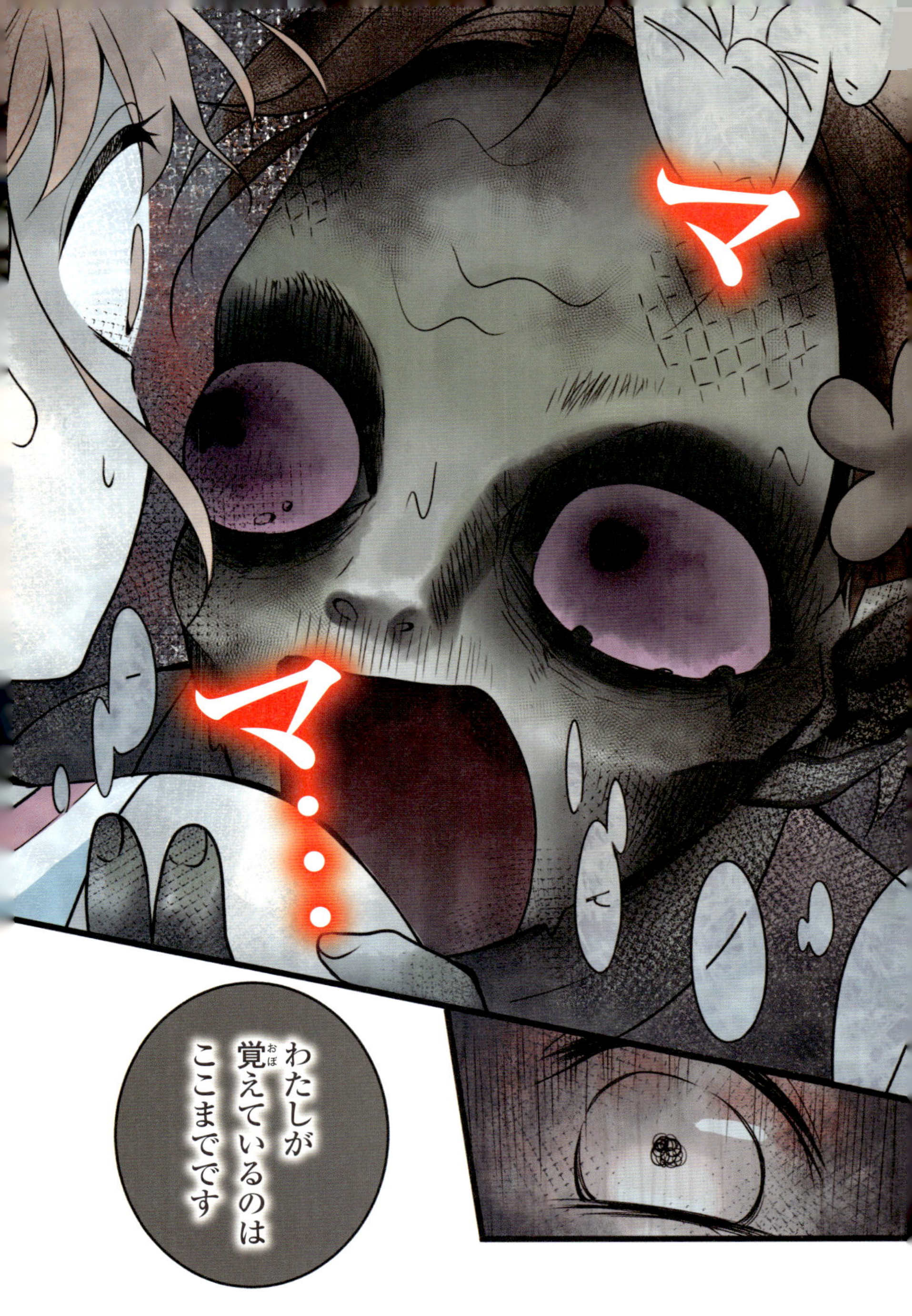
マ
マ…
わたしが覚《おぼ》えているのはここまでです

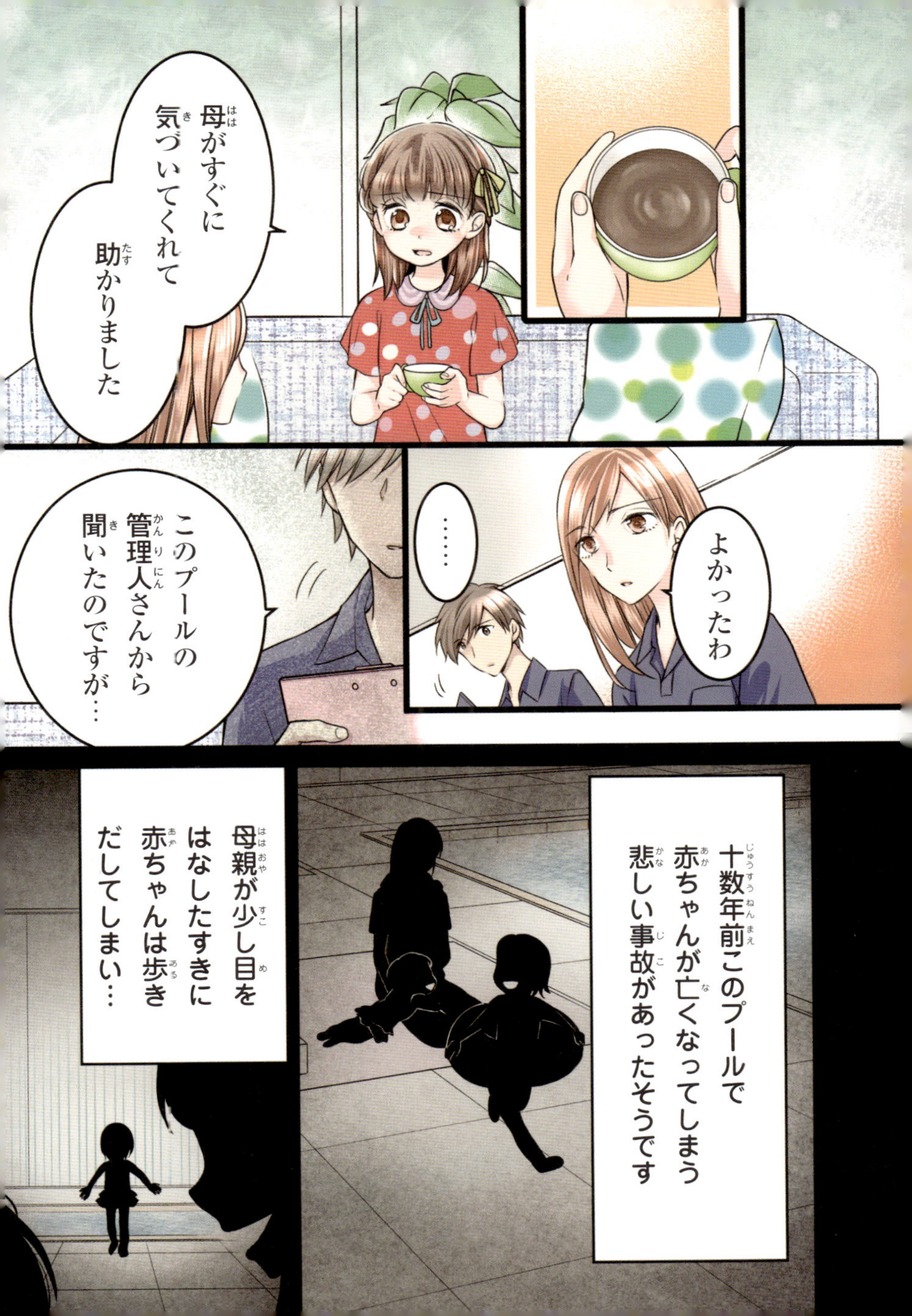
母《はは》がすぐに気《き》づいてくれて助《たす》かりました
よかったわ
……
このプールの管理人《かんりにん》さんから聞《き》いたのですが…
十数年前《じゅうすうねんまえ》このプールで赤《あか》ちゃんが亡《な》くなってしまう悲《かな》しい事故《じこ》があったそうです
母親《ははおや》が少《すこ》し目《め》をはなしたすきに赤《あか》ちゃんは歩《ある》きだしてしまい…

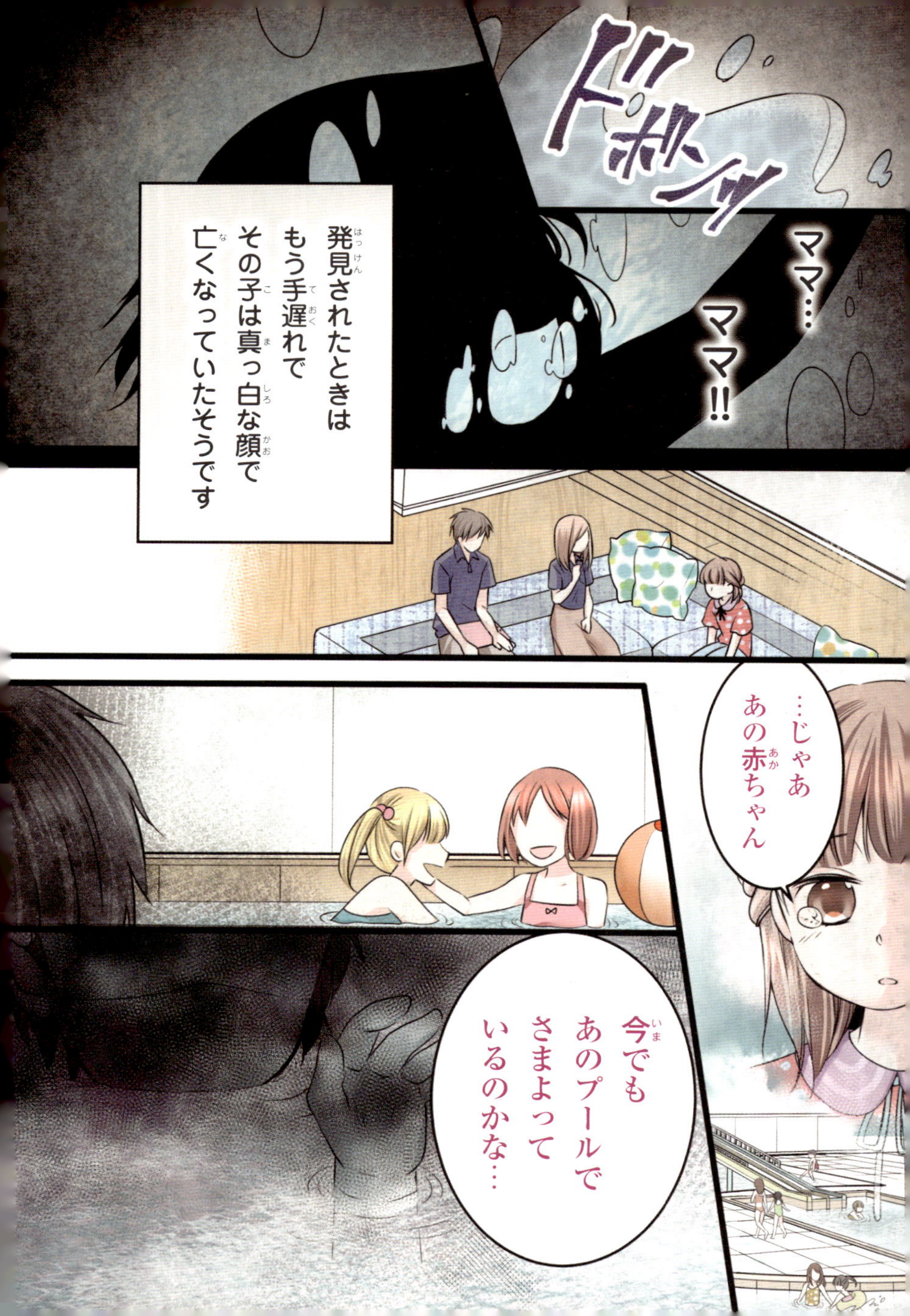
ドボンッ
ママ…
ママ!!
発見《はっけん》されたときは
もう手《て》遅《おく》れで
その子《こ》は真《ま》っ白《しろ》な顔《かお》で
亡《な》くなっていたそうです
…じゃあ
あの赤《あか》ちゃん
今《いま》でも
あのプールで
さまよって
いるのかな…

招《まね》かれざるゲストが…

写真《しゃしん》のココに注目《ちゅうもく》!

写真《しゃしん》の右下部分《みぎしたぶぶん》、テーブルの下《した》に注目《ちゅうもく》…。赤《あか》い不可思議《ふかしぎ》な光《ひかり》につつまれるすけた足《あし》が見《み》える。この足《あし》はソファーにすわる左側《ひだりがわ》の少女《しょうじょ》の足《あし》ではない…。

追跡調査《ついせきちょうさ》でわかったこと

1 写真《しゃしん》を撮《と》ったときの様子《ようす》

撮影《さつえい》した場所《ばしょ》

少女《しょうじょ》の家《いえ》のリビング

撮影《さつえい》した時間《じかん》

夜《よる》8時《じ》あたり

少女《しょうじょ》の家《いえ》へ祖父母《そふぼ》が泊《と》まりに来《き》た日《ひ》。夕ご飯《はん》を食《た》べる様子《ようす》を祖父《そふ》がデジカメで撮影《さつえい》した。このとき少女《しょうじょ》の父親《ちちおや》も、スマホで撮影《さつえい》したそうだが、なぜだか画面《がめん》がぶれたようなおかしな写真《しゃしん》しか撮《と》れなかったそうだ。

2 写《うつ》りこんだモノの正体《しょうたい》…

赤《あか》い不可思議《ふかしぎ》な光《ひかり》につつまれるすけた足《あし》は、**少女《しょうじょ》の霊《れい》の下半身《かはんしん》**である。この家《いえ》は中古《ちゅうこ》の一軒家《いっけんや》を購入《こうにゅう》したものだそうだ。家《いえ》の前《まえ》の持《も》ち主《ぬし》を調《しら》べてみると、**6歳《さい》のときに交通事故《こうつうじこ》で亡《な》くなった子ども**がいたことがわかった。亡《な》くなってしまった**少女《しょうじょ》の霊《れい》は、大好《だいす》きだったこの家《いえ》に今《いま》もなおすみついており、楽《たの》しい夕《ゆう》ご飯《はん》に参加《さんか》**していたようだ。

3 写真《しゃしん》を撮《と》ったその後《ご》…

この家《いえ》に引《ひ》っこしてきた当初《とうしょ》から、不思議《ふしぎ》な出来事《できごと》はときどき起《お》こっていたそうだ。夜中《よなか》にかけまわる音《おと》が天井《てんじょう》から聞《き》こえたり、少女《しょうじょ》のおもちゃがなくなってしまったり、だれも見《み》ていないテレビが急《きゅう》についたりなど…。これは少女《しょうじょ》の霊《れい》の仕業《しわざ》である。この家族《かぞく》をうらんでいるわけではなく、あくまで楽《たの》しくイタズラしているだけのようだ。

じっと見《み》つめる老婆《ろうば》…

写真《しゃしん》のココに注目《ちゅうもく》！

写真《しゃしん》の右上奥《みぎうえおく》にある物置小屋《ものおきごや》の入口《いりくち》に注目《ちゅうもく》してみよう…。小屋《こや》の奥《おく》から子《こ》どもたちをじっと見《み》つめる白髪頭《しらがあたま》の老婆《ろうば》のすけた上半身《じょうはんしん》が見《み》える。もちろんこの小屋《こや》に人《ひと》はだれもいなかったし、この上半身《じょうはんしん》はあきらかに宙《ちゅう》にういている。

追跡調査《ついせきちょうさ》でわかったこと

1 写真《しゃしん》を撮《と》ったときの様子《ようす》

撮影《さつえい》した場所《ばしょ》

公園《こうえん》の横《よこ》にある空《あ》き地《ち》。今《いま》は使《つか》われていない、物置小屋《ものおきごや》の前《まえ》

撮影《さつえい》した時間《じかん》

午後《ごご》3時《じ》あたり

公園《こうえん》で遊《あそ》んだ帰《かえ》りに少女《しょうじょ》たちを撮影《さつえい》。奥《おく》に写《うつ》る物置《ものおき》小屋《ごや》は、空《あ》き地《ち》の持《も》ち主《ぬし》のもので使《つか》わない家具《かぐ》や電化《でんか》製品《せいひん》を置《お》いていたそうだ。

2 写《うつ》りこんだモノの正体《しょうたい》…

白髪《しらが》の老婆《ろうば》はこの物置小屋《ものおきごや》で殺《ころ》されてしまったおばあさんの霊《れい》である。十数年前《じゅうすうねんまえ》にこの小屋《こや》で殺人事件《さつじんじけん》が起《お》き、おばあさんの死体《したい》は10日間《かかん》ほど、放置《ほうち》されたままだったという。散歩中《さんぽちゅう》の犬《いぬ》が小屋《こや》の前《まえ》で異常《いじょう》にほえ続《つづ》けたことで、発見《はっけん》された。おばあさんの霊《れい》は自分《じぶん》を殺《ころ》した犯人《はんにん》への強《つよ》い恨《うら》みから、ここからはなれられずにいると考《かんが》えられる。

3 写真《しゃしん》を撮《と》ったその後《ご》…

少女《しょうじょ》たちや写真《しゃしん》を撮影《さつえい》した母親《ははおや》には、とくになにも起《お》きていない。この少女《しょうじょ》や母《はは》親《おや》は知《し》らなかったが、昔《むかし》からここに住《す》む人《ひと》や霊感《れいかん》がある人《ひと》は、物置小屋付近《ものおきごやふきん》に老婆《ろうば》の霊《れい》がでることを知《し》っていた。亡《な》くなる前《まえ》のおばあさんは優《やさ》しい人《ひと》だったそうだ。おばあさんの霊《れい》は物《もの》置小屋《おきごや》にずっといるが関係《かんけい》のない人間《にんげん》には、危害《きがい》をおよぼさないようだ。

ほほえむ少女《しょうじょ》がふたり…いる

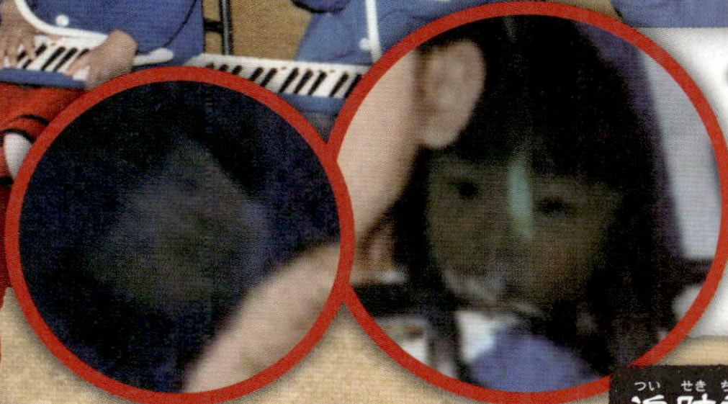

写真《しゃしん》のココに注目《ちゅうもく》!

前《まえ》から2列目《れつめ》、左《ひだり》はしから3番《ばん》目《め》の女《おんな》の子《こ》の肩《かた》あたり、前《まえ》から4列目《れつめ》、左《ひだり》はしから2番目《ばんめ》の男《おとこ》の子《こ》の右《みぎ》うしろに注目《ちゅうもく》…。すけた女《おんな》の子《こ》の顔《かお》が写《うつ》りこんでいる。

追跡調査《ついせきちょうさ》でわかったこと

1 写真《しゃしん》を撮《と》ったときの様子《ようす》

撮影《さつえい》した場所《ばしょ》

市民《しみん》ホールのステージ

撮影《さつえい》した時間《じかん》

午前《ごぜん》10時《じ》あたり

保育園《ほいくえん》の楽器《がっき》合奏《がっそう》発表会《はっぴょうかい》の様子《ようす》を、園児《えんじ》の母親《ははおや》がおさめた1枚《まい》。同日《どうじつ》、ビデオカメラで発表会《はっぴょうかい》を撮《さつ》影《えい》した映像《えいぞう》に、モヤっとした黒《くろ》い影《かげ》が園児《えんじ》たちの間《あいだ》を行《い》ったり来《き》たりする、不可思議《ふかしぎ》な様子《ようす》が映《うつ》っていたという。

2 写《うつ》りこんだモノの正体《しょうたい》…

ふたりのすけた女《おんな》の子《こ》は、同一人物《どういつじんぶつ》だ。生《い》きた人間《にんげん》であれば、同《おな》じ空間《くうかん》に同《おな》じ人《にん》間《げん》がふたり存在《そんざい》することはありえないが、霊《れい》であれば起《お》こりうることなのである。この霊《れい》は**5歳《さい》のときに病《びょう》気《き》で亡《な》くなった女《おんな》の子《こ》**のようだ。この保育園《ほいくえん》とは関《かん》係《けい》ないが、**同《おな》じ年齢《ねんれい》くらいの子《こ》どもたちが集《あつ》まる楽《たの》しそうな発表会《はっぴょうかい》にまぎれこんでしまった**らしい。

3 写真《しゃしん》を撮《と》ったその後《ご》…

その後《ご》、この**保育園《ほいくえん》の行《ぎょう》事《じ》で撮影《さつえい》した写真《しゃしん》に、ときどきこの女《おんな》の子《こ》の霊《れい》が写《うつ》りこむ**ようになったらしい。また**保育園《ほいくえん》にある遊具《ゆうぐ》でケガをする子《こ》が、以前《いぜん》よりも増《ふ》えた**という。おそらく女《おんな》の子《こ》の霊《れい》が発表会《はっぴょうかい》の後《あと》に保育士《ほいくし》さんにくっついてこの保育園《ほいくえん》までやってきてしまい、そのまま保育園《ほいくえん》で遊《あそ》ぶようになってしまったと考《かんが》えられる。

わ…た…しを見《み》つけて…

写真《しゃしん》の左上部分《ひだりうえぶぶん》、ゾウの鼻近《はなちか》くに注目《ちゅうもく》…。こちらを見《み》つめる花柄《はながら》のワンピースの女性《じょせい》が写《うつ》りこんでいる。この場所《ばしょ》は飼育員以外《しいくいんいがい》は入《はい》れない。

写真《しゃしん》のココに注目《ちゅうもく》！

追跡調査《ついせきちょうさ》でわかったこと

1 写真《しゃしん》を撮《と》ったときの様子《ようす》

撮影《さつえい》した場所《ばしょ》

動物園《どうぶつえん》。ゾウ舎《しゃ》の前《まえ》

撮影《さつえい》した時間《じかん》

午後《ごご》3時《じ》あたり

写真《しゃしん》を撮《と》った家族《かぞく》と親《しん》せきの家族《かぞく》で動物園《どうぶつえん》に出《で》かけた際《さい》に撮《と》った写真《しゃしん》。ちなみに右《みぎ》はしの少女《しょうじょ》の右手《みぎて》が消《き》えているように見《み》えるが、これはGジャンのなかに手《て》をしまっていただけとのことで、心霊写真《しんれいしゃしん》ではない。

2 写《うつ》りこんだモノの正体《しょうたい》…

花柄《はながら》のワンピースを着《き》た女性《じょせい》はハッキリと体《からだ》が写《うつ》りこむにもかかわらず、目《め》や鼻《はな》が消《き》えている。霊《れい》であることの証拠《しょうこ》だ。この霊《れい》は動物園近《どうぶつえんちか》くの大学病院《だいがくびょういん》で亡《な》くなった女性《じょせい》の霊《れい》である。家族《かぞく》で動物園《どうぶつえん》に遊《あそ》びに行《い》こうと約束《やくそく》していたが、はたせぬ約束《やくそく》になってしまい、そのさびしさでこの動物園《どうぶつえん》にあらわれているようだ。

3 写真《しゃしん》を撮《と》ったその後《ご》…

写真《しゃしん》を撮《と》った家族《かぞく》、親《しん》せきの家族《かぞく》ともに、なにも起《お》こってはいない。写真《しゃしん》から表情《ひょうじょう》は読《よ》みとれないが、動物園《どうぶつえん》を楽《たの》しむ家族《かぞく》を、ほほえましい気持《きも》ちで見《み》ているだけのようだ。恨《うら》みの黒《くろ》い念《ねん》は感《かん》じとれない。残《のこ》してきてしまった家族《かぞく》を思《おも》うさみしさや辛《つら》い気持《きも》ちとともに、楽《たの》しかった思《おも》い出《で》を思《おも》いだしているようだ。

空中《くうちゅう》を走《はし》るひとすじの光《ひかり》

※拡大《かくだい》のため画像《がぞう》が粗《あら》いです

写真《しゃしん》のココに注目《ちゅうもく》!

写真《しゃしん》の3か所《しょ》に注目《ちゅうもく》してほしい…。❶女性《じょせい》の右《みぎ》ヨコ部分《ぶぶん》。稲妻《いなずま》のような光《ひかり》が見《み》える。❷いちばん左《ひだり》の壁《かべ》に開《あ》いた窓《まど》の柱部分《はしらぶぶん》。うかびあがる男性《だんせい》の顔《かお》が見《み》える。❸右側《みぎがわ》の三角形《さんかくけい》の石《いし》の右側部分《みぎがわぶぶん》。地面《じめん》にうかびあがる女性《じょせい》の顔《かお》が見《み》える。

追跡調査《ついせきちょうさ》でわかったこと

1 写真《しゃしん》を撮《と》ったときの様子《ようす》

撮影《さつえい》した場所《ばしょ》

公園《こうえん》にあるモニュメント内《ない》

撮影《さつえい》した時間《じかん》

午後《ごご》5時《じ》あたり

公園《こうえん》に遊《あそ》びに来《き》た際《さい》、彼《かれ》が彼女《かのじょ》を撮影《さつえい》した1枚《まい》。少《すこ》しだけ霊感《れいかん》のある彼女《かのじょ》は、公園《こうえん》を訪《おとず》れたときから元気《げんき》がなかったそうだ。写真《しゃしん》も乗《の》り気《き》ではなかったが、思《おも》い出《で》のためにと説得《せっとく》して撮影《さつえい》した写真《しゃしん》だそうだ。

2 写《うつ》りこんだモノの正体《しょうたい》…

写《うつ》りこんだ顔《かお》は、公園《こうえん》ができる**ずっと昔《むかし》にこの土地《とち》に住《す》んでいた人《ひと》の霊《れい》**だ。この土地《とち》では50年以上前《ねんいじょうまえ》に全財産《ぜんざいさん》をだましとられた家《か》族全員《ぞくぜんいん》が自《みずか》ら命《いのち》を絶《た》つという悲《かな》しい事件《じけん》が起《お》こっていた。その恨《うら》みは強《つよ》く、**この場所《ばしょ》に地縛霊《じばくれい》となってさまよっている。**稲妻《いなずま》のような光《ひかり》はカメラをむけられたことへの怒《いか》りだ。

3 写真《しゃしん》を撮《と》ったその後《ご》…

彼女《かのじょ》は公園《こうえん》から帰《かえ》ると体《からだ》がダルイとすぐ寝《ね》てしまったという。数日後《すうじつご》には元気《げんき》になっていたそうだが、おそらくこれは、公園《こうえん》でさまよう霊魂《れいこん》の恨《うら》みの念《ねん》を感《かん》じてしまったからだと考《かんが》えられる。霊感《れいかん》がある人《ひと》は霊《れい》の念《ねん》をキャッチしやすく、その結果《けっか》、体調《たいちょう》が悪《わる》くなることはよくある。

目《め》がないブキミな女性《じょせい》…

写真《しゃしん》のココに注目《ちゅうもく》！

写真《しゃしん》の中央部分《ちゅうおうぶぶん》に注目《ちゅうもく》してみよう…。こちらをふり返《かえ》ってほほえむ、目《め》のない女性《じょせい》の顔《かお》が写《うつ》りこんでいる。ここにはだれもすわっていなかったうえに、ほかの人《ひと》にくらべてあきらかに体《からだ》がすけ、サイズ感《かん》もおかしい。

追跡調査《ついせきちょうさ》でわかったこと

1 写真《しゃしん》を撮《と》ったときの様子《ようす》

撮影《さつえい》した場所《ばしょ》

大学《だいがく》の記念講堂《きねんこうどう》

撮影《さつえい》した時間《じかん》

午前《ごぜん》11時《じ》あたり

大学《だいがく》の入学式後《にゅうがくしきご》、心霊写真《しんれいしゃしん》の投稿者《とうこうしゃ》・史織《しおり》さん（仮名《かめい》）の姉《あね》がスマホで講堂内《こうどうない》の様子《ようす》を撮影《さつえい》した1枚《まい》。入学式当《にゅうがくしきとう》日《じつ》、講堂《こうどう》には新入生《しんにゅうせい》やその家《か》族《ぞく》と多《おお》くの人《ひと》がいたが、変《か》わった様子《ようす》はなかったそうだ。

2 写《うつ》りこんだモノの正体《しょうたい》…

目《め》のない女性《じょせい》は、**この大学《だいがく》に合格《ごうかく》していたが、入学式《にゅうがくしき》の前《まえ》に病死《びょうし》してしまった女《じょ》性《せい》の霊《れい》**である。**自分《じぶん》が亡《な》くなったことに気《き》づいておらず、楽《たの》しい気分《きぶん》で入学式《にゅうがくしき》に参加《さんか》**しているようだ。ニッコリほほえんでいる。

3 写真《しゃしん》を撮《と》ったその後《ご》…

心霊写真《しんれいしゃしん》を怖《こわ》がった姉《あね》が史《し》織《おり》さんに相談《そうだん》するため、スマホに心霊写真《しんれいしゃしん》のデータを送《おく》った後《あと》、不可思議《ふかしぎ》なことが起《お》こったという。なんでも、史織《しおり》さんの写真《しゃしん》にこの女性《じょせい》が写《うつ》りこむようになったとか…。

くわしい調査《ちょうさ》のその後《ご》は…
次《つぎ》のページからマンガで紹介《しょうかい》！

心霊写真《しんれいしゃしん》マンガ

恐怖レベル

不運《ふうん》な遭遇《そうぐう》 黒い炎

ゾクッ

3話《わ》 変化《へんか》する心霊写真《しんれいしゃしん》

そして不思議《ふしぎ》なことに…
投稿者《とうこうしゃ》
史織《しおり》（仮名《かめい》）
――1週《しゅう》間《かん》前《まえ》
テイタンテン　ランタン♪
お姉ち
お姉《ねえ》ちゃんからだ…
もしもし？
この前《まえ》は心霊写真《しんれいしゃしん》の話《はなし》
聞《き》いてくれてありがとうね
う…うん

あの心霊写真《しんれいしゃしん》
写《うつ》ってた霊《れい》が消《き》えてたの
え!? 消《き》えた?
やっぱり気《き》のせいかもってあれからもう1回《かい》見《み》たら…消《き》えてて
なんだか心配《しんぱい》かけてごめんね〜 気《き》のせいでよかった…
……お…お姉《ねえ》ちゃん
わ…わたしの写真《しゃしん》…
え!? なに 史織《しおり》どうしたの?
アニメイベントに出《で》かけて自撮《じど》りした写真《しゃしん》に…

あの写真《しゃしん》で見《み》た
お…女《おんな》の人《ひと》の霊《れい》が…!
きっ…きっと
お姉《ねえ》ちゃんの写真《しゃしん》から
移動《いどう》してきたんだよ!!
まっ…まさか
そんなこと…
お姉《ねえ》ちゃん
怖《こわ》いよ!!
どうしよう…
わ…わたしも
だれかのスマホに
これを送《おく》れば…!!
うう
うう
し…史織《しおり》
おちついて!
今月末《こんげつまつ》…家《いえ》に
帰《かえ》るからそのとき
ゆっくり話《はな》そう…!

なるほど…お姉《ねえ》さんの写真《しゃしん》からは霊《れい》が消《き》えた
はい…どういうことなんでしょう
写真《しゃしん》の霊《れい》についてこちらもいろいろ調査《ちょうさ》しました
この女性《じょせい》は女子大《じょしだい》への入学《にゅうがく》が決《き》まりひとり暮《ぐ》らしを始《はじ》めたんだそうです
新生活《しんせいかつ》に期待《きたい》をふくらませていたところ自宅《じたく》で病気《びょうき》の発作《ほっさ》のため亡《な》くなってしまいました
連絡《れんらく》がとれず心配《しんぱい》したご両親《りょうしん》が家《いえ》をたずねたときには亡《な》くなって1週間《しゅうかん》がたっていたそうです
大学《だいがく》に入《はい》ってたくさんの友人《ゆうじん》やステキな彼《かれ》を作《つく》ろうと楽《たの》しみにしていたそうですが…

…そうだったんですね
史織《しおり》さんの霊《れい》が写《うつ》った写真《しゃしん》ぼくのスマホに送《おく》ってください
!?
いいんですか？そんなことしたら…
この霊《れい》はデータ内《ない》を移動《いどう》していますが人間《にんげん》には害《がい》をおよぼさないようです
おそらく亡《な》くなったことを本人《ほんにん》が気《き》づいていないのかもしれません
推測《すいそく》ですが…たくさんの友人《ゆうじん》を作《つく》ろうとしているあらわれかと考《かんが》えられます

画像《がぞう》を送《おく》って もらうなんて 本当《ほんとう》に平気《へいき》なんですか？
202
ああ
検証《けんしょう》しない ことにはね
これも大切《たいせつ》な 調査《ちょうさ》だよ
♪
おっ！史織《しおり》さん
さっきの心霊写真《しんれいしゃしん》が 届《とど》いたね
じゃあ さっそく
ぼくのスマホで ぼくを撮《と》ってくれ

カシャッ
カシャッ
カシャッ
カシャッ
さぁ…
チェックしてみよう
う〜ん
…写《うつ》ってないですね
あぁ…
そのようだ
1枚《まい》もない
お姉《ねえ》さんから史織《しお》さんには移動《いどう》…
史織《しおり》さんからぼくには移動《いどう》しない…

いったいどうしてだ？
なにか理由《りゆう》があるのか？
史織《しおり》さんに
写真《しゃしん》から霊《れい》が消《き》えたか確認《かくにん》とってみます
うーん
やっぱり何度《なんど》確認《かくにん》しても霊《れい》は写《うつ》ってない
女性《じょせい》の霊《れい》はたくさんの友人《ゆうじん》や彼《かれ》を作《つく》ることを楽《たの》しみにしていた…
史織《しおり》さん…写真《しゃしん》から霊《れい》が消《き》えたって…
ぞくっ
…お……大石《おおいし》さん……
……いっ……
います

大好きな娘ー
見ぃつけた…
大石《おおいし》さんのとなり…
ま…満面《まんめん》の笑《え》みで…

4話《わ》 走《はし》りだしたら止《と》まらない…

学《がっ》校《こう》のストーリー

恐怖レベル

欲《よく》ばり 黒い炎

ゾクッ

ハァ
ハァ
それって走《はし》ってるの？
おそ～
歩《ある》いてるんだよね？
あははっ
宇佐見《うさみ》さんが足引《あしひ》っぱったら
あたしがいくら速《はや》く走《はし》っても負《ま》けちゃうんだからね
………

風間《かざま》さん ヒドイよね！
いちばん速《はや》いからって エラそうに
トボトボ…
なんで運動会《うんどうかい》で 全員《ぜんいん》リレーなんか するんだろう…
速《はや》い人《ひと》だけで やればいいのに
ヌチョッ
犬のフン…
いやあぁっ
ゴシゴシ
もうやだぁ サイアクー
あらあら
大変《たいへん》！
ちょっと 待《ま》ってて！
速見

うちの娘《むすめ》の靴《くつ》なんだけど…
R.H
もう使《つか》わないからあげるわ
あ…
古《ふる》い靴《くつ》…しかもあんまりかわいくない…
でも犬《いぬ》のフンよりはマシか…
…ありがとうございます
にや…
この靴《くつ》をはくと速《はや》く走《はし》れるわよ…

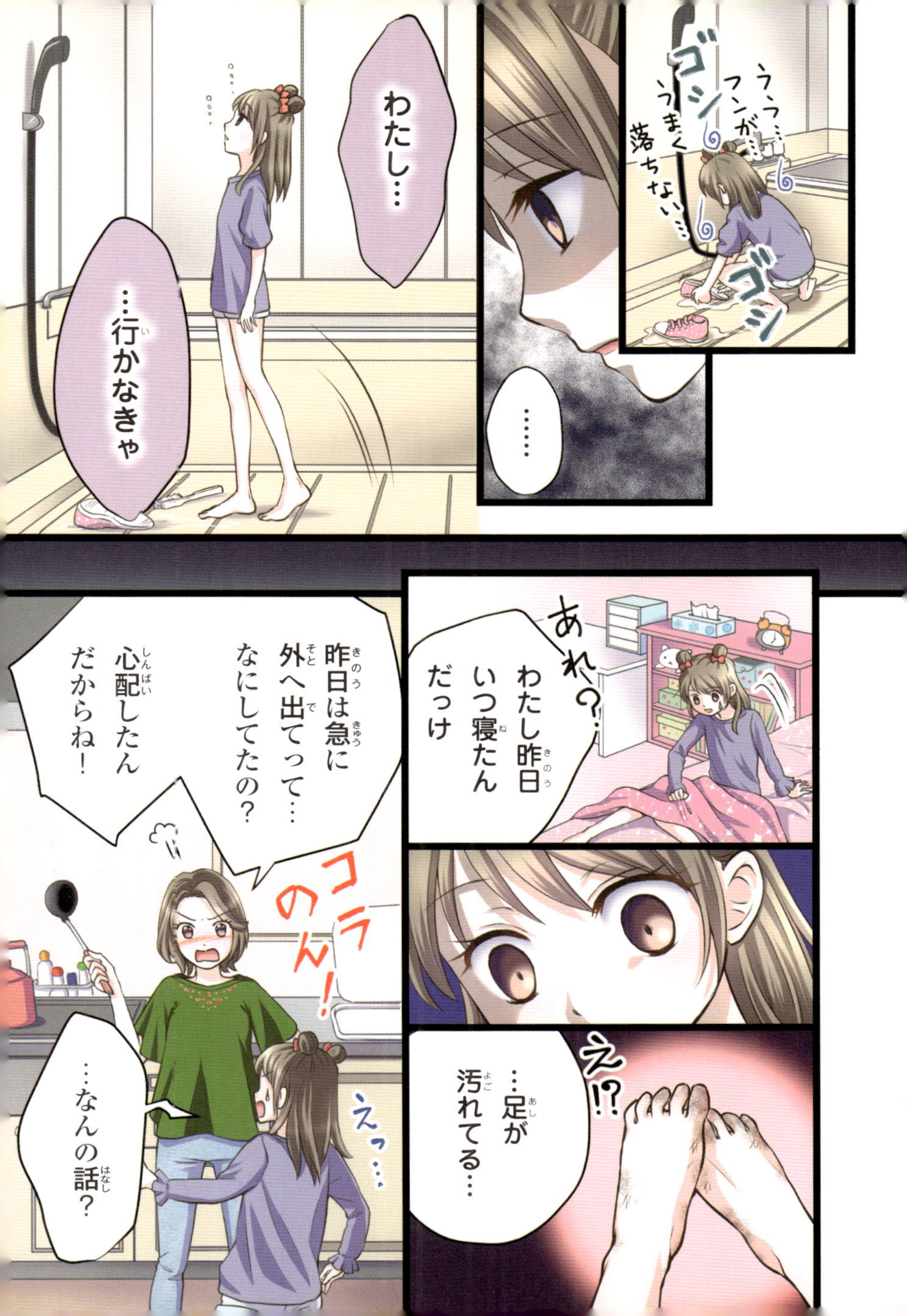
うう…フンが…うまく落ちない…
ゴシ
ゴシ
……
わたし…
…行《い》かなきゃ
あれ?
わたし昨日《きのう》いつ寝《ね》たんだっけ
え!?
…足《あし》が汚《よご》れてる…
コラのん!
昨日《きのう》は急《きゅう》に外《そと》へ出《で》てって…なにしてたの? 心配《しんぱい》したんだからね!
えっ…
…なんの話《はなし》?

ふざけないの！
ビクッ
ホントに知《し》らないのに…
あっ
そうだわたしのくつ
あれ〜？
ぬれたまんま！
びちゃあ〜っ
もらった靴《くつ》はくしかないかぁ
足《あし》が軽《かる》い！
速《はや》く走《はし》れる！
うそ！
どうしたの!?
がんばったね！
すごい！
えへへ
体育《たいいく》でほめられるの初《はじ》めて！

あたしにくらべたら
まだまだじゃん
ふんっ
ピチチ…
あなたまた
夜《よる》出《で》ていった
でしょう!?
どこ行ってるの!?
のん!
知《し》らないよ
それより
靴《くつ》かわいた?
ほら
かわいてるわ
あ…
あれ?
昨日《きのう》は
まぐれだった
のかなぁ…
この靴《くつ》を
はくと速《はや》く
走《はし》れるわよ…
まさか…

――そして次《つぎ》の体育《たいいく》
やっぱりこの靴《くつ》のおかげなの…!?
速い!
足が軽い!
これがあればもうイヤな思《おも》いをせずにすむ!
のんちゃん足速《あしはや》くなったよね!
昨日《きのう》…塾《じゅく》の帰《かえ》りに見《み》たよ
ひとりで練習《れんしゅう》してたんだね
え…
それわたしじゃないよ
人《ひと》ちがいじゃない?
どうしてママも衣音《ころね》ちゃんもおかしなこと言《い》うんだろう…

——運動会《うんどうかい》まで10日《か》
たたたっ
ぎゅんっ
なっ……！
いちばん速《はや》い姫華《ひめか》ちゃんをぬくなんて！
すごいね！
どうやったらそんなに足《あし》が速《はや》くなるの？
じつはこの靴《くつ》をはいてから速《はや》くなったんだよね
えへへ…
まさか～
ホントだって～

あれ…？
これのこと？
ひら
ひら
わたしの靴《くつ》！
返《かえ》して！
それがないと
速《はや》く走《はし》れない!!
へぇ
さっきの話《はなし》
ホントみたいね
ねぇ
この靴《くつ》
あたしに
ちょうだい

ええ!
ダメだよ
じゃあ
少《すこ》しの間《あいだ》貸《か》して！それならいいでしょ!!
わ…わかった 少《すこ》しだけだよ ゼッタイ返《かえ》してね！
はいはい
ギューンッ
すごい!!
こんな靴《くつ》 宇佐見《うさみ》さんにはもったいない
あたしこそがはくべきよ！

返《かえ》してなんか
やるもんか
フフッ…
——運動会《うんどうかい》まで8日《か》
ぎゅんっ
姫華《ひめか》ちゃん速《はや》すぎっ!!
姫華《ひめか》ちゃん そろそろ靴《くつ》返《かえ》してくれる? 少《すこ》しだけって約束《やくそく》だったよね
は?
なんのこと?
だって この前《まえ》っ
ほら次《つぎ》 宇佐見《うさみ》さんの番《ばん》だよ

やっぱり宇佐見《うさみ》さんにはビリが似《に》あってる
あははっ
…………
姫華《ひめか》ちゃんまだ靴《くつ》返《かえ》してくれない…
ひっく
ひっく
あの靴《くつ》がないとやっぱりダメだ…
だいじょうぶ!
あれっのんちゃん!?
……。
だってのんちゃんあんなにがんばって練習《れんしゅう》してるんだもん
毎日走ってるんでしょ?
いやっ
だからそれは…
それにね…昔《むかし》聞《き》いたこんなウワサを思《おも》いだしたんだ…

昔《むかし》リレーの選手《せんしゅ》に選《えら》ばれた子《こ》がいてね　毎晩《まいばん》…走《はし》る練習《れんしゅう》をしていたんだって
だけど交通事故《こうつうじこ》にあい両足《りょうあし》がつぶされて　そのまま亡《な》くなっちゃったの
それ以来《いらい》その子《こ》の靴《くつ》はかわりの足《あし》を求《もと》めてさまよっているんだって…
そしてその靴《くつ》にはイニシャルが書《か》かれてるとか…
イニシャル…
R.H

ま…まさか
あの靴《くつ》が…
速《はや》く走《はし》れるようにはなりたいけど…
もともともらった靴《くつ》だもん…
決《き》めた！
もう靴《くつ》の力《ちから》はいらない！
紗矢香《さやか》ちゃん
わたしに走《はし》り方《かた》教《おし》えて！
あっ
わたしも
よーし
残《のこ》りの毎日《まいにち》特訓《とっくん》するぞ～!!
おーっ

――運動会当日《うんどうかいとうじつ》
パァン
ハァ
ハァ
いいぞー
ひとりぬいたー
のんちゃんすごい！
練習《れんしゅう》の成果《せいか》でてる！
ハァ
ハァ
パシッ

アンカーのあたしがぶっちぎりで1位《い》になるから!!
ビックリしないでね
パシッ
!
!
!
!
ぎゅいいん
ほらねあたしがはいたほうが
この靴《くつ》もゼッタイ幸《しあわ》せなハズ!
見《み》て!ぶっちぎり1位《い》よ!!
ぐいっ

ウソ!
あ…足《あし》が止《と》まらない!
ビュン
ざわ〜
……
なんでまだ走《は》ってるの?
わかんない…
止《と》めてえええ!
たたたた
ハァ
だれか…
ハァ

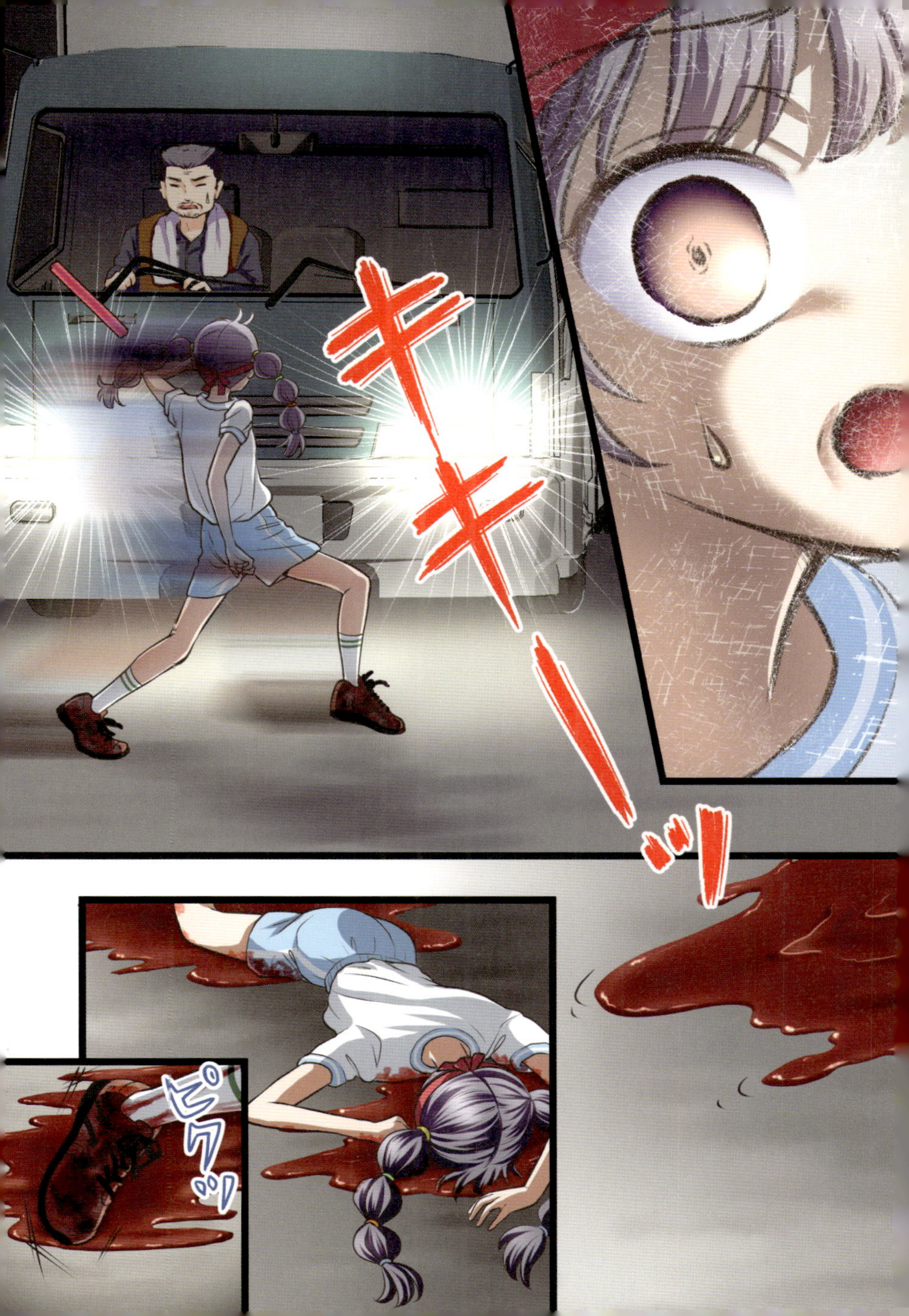
キキーッ
ピクッ

ぴちゃ…
ぴちゃ
ぴちゃ
ぴちゃ
ギギィー…

…おかえり
そう！リレーで1位《い》になったの！理爽《りさ》ちゃんはすごいわね！
それでいちばんにママに伝《つた》えたくて走《はし》って帰《かえ》ってきてくれたのね
ママうれしいわぁ…

速《はや》い
ステキな足《あし》
見《み》つかって
よかったわね…

恋《こい》のストーリー

恐怖レベル

嫉妬心《しっとしん》 黒い炎

ゾクッ

5話《わ》 一方通行《いっぽうつうこう》の恋《こい》

――ねえ
聞《き》いて！聞《き》いて‼
最近《さいきん》さ〜律《りつ》くんと目《め》があうんだぁ♡
えーっ！
それってちぃのことスキなんだよ！
そう思《おも》わない？
陽葵《ひまり》ってば！
陽葵《ひまり》っ
はっ

聞《き》いてた⁉
今《いま》の話《はなし》！
へ？
ちぃの恋《こい》バナ‼
あー…
恋《こい》バナ…？
ひまりーっ
帰《かえ》ってサッカーゲームしようぜ！
あっ
ごめん！
わたし先《さき》に帰《かえ》るね！
…陽葵《ひまり》に恋《こい》バナは早《はや》かったか
んー
でもさ

陽葵《ひまり》はいいよね～イケメンの幼《おさな》なじみがふたりもいてさ
碧斗《あおと》！
樹《いつき》！

よしっ!!
帰《かえ》るか!
ひまり アホだなーっ
なによーっ
もーっ
恋《こい》バナとか まだよく わからない…
だけど 本当《ほんとう》は
少《すこ》しだけ
樹《いつき》のことが… 気《き》になってる

だけど…
3人《にん》でいるのが
心地《ここち》いいから
恋《こい》よりも
このままが
いいって
思《おも》うんだ——…
で!
けっきょく
陽葵《ひまり》は
樹《いつき》くんと
碧斗《あおと》くん
どっちが
スキなの!?

え!?
どっちが…って
ふたりはただの幼《おさな》なじみだし…
なんで?
樹《しき》くんも碧斗《あおと》くんもモテるのに～
んー…っ
たしかにモテてるみたいだけど…
3回↓
ラブレター?
告られた
5回↑
3人《にん》でいたほうが楽《たの》しいもんな～
うんうん。
…って言《い》ってたし
もぉ～陽葵《ひまり》は少《すこ》しくらい中田《なかた》さんを見習《みなら》いなよ!
え?
中田《なかた》さんって

3組《くみ》の中田美織《なかたみおり》さんのこと?
そう! 美人《びじん》で女子力《じょしりょく》マックス男子《だんし》にモテモテ
でもあの子《こ》ってさあ~
男子《だんし》の前《まえ》でブッてて性格悪《せいかくわる》そうじゃん?
ちょっとやめようよ
わかるーっ
女子《じょし》の友《とも》だちいなさそ~
彼女《かのじょ》のことよく知《し》らないのにさ…
はいはーい

キーンコーン
カーンコーン
部活《ぶかつ》で遅《おそ》く
なっちゃった
たたたっ
小池《こいけ》さ～ん
あっ
中田《なかた》さん…!?

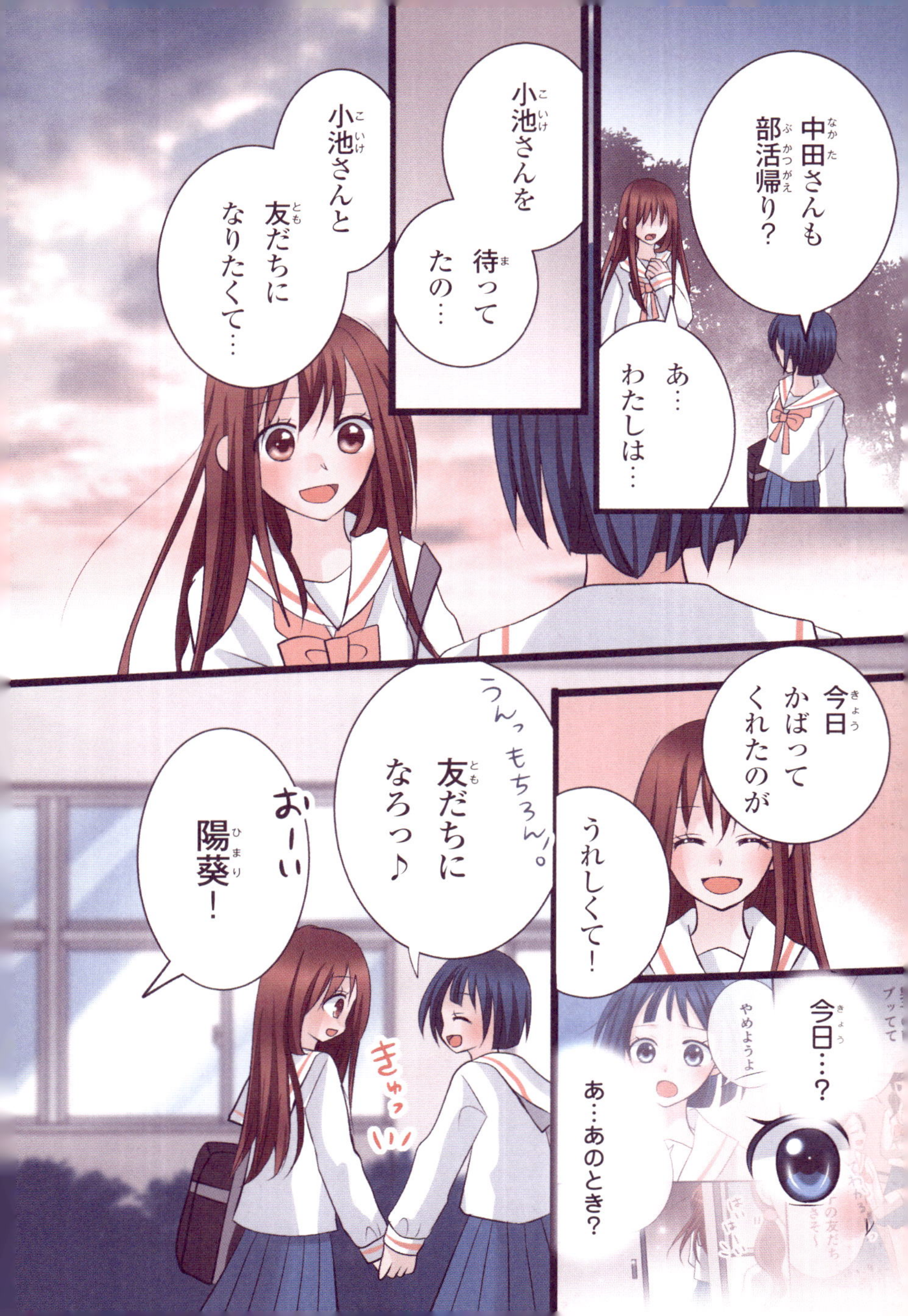
中田《なかた》さんも部活帰《ぶかつがえ》り？
あ…わたしは…
小池《こいけ》さんを待《ま》ってたの…
小池《こいけ》さんと友《とも》だちになりたくて…
今日《きょう》かばってくれたのがうれしくて！
今日《きょう》…？
やめようよ
あ…あのとき？
うんっもちろん！
友《とも》だちになろっ♪
きゅっ
おーい陽葵《ひまり》！

お〜す!!
土曜日《どようび》は樹《いつき》ん家《ち》に10時《じ》集合《しゅうごう》な！
おっけ〜
じゃあ また明日《あした》！
……
…陽葵《ひまり》ちゃん
わたしも土曜《どよう》 行《い》っても いいかな？
え？
もちろん いいけど…
ありがとう 陽葵《ひまり》ちゃん！

——土曜日《どようび》
これ作《つく》って きたんだ
食《た》べて ください
え!?
これ 美織《みおり》ちゃんの 手作《てづく》りなの!?
わ!
すっげー おいしい!
陽葵《ひまり》も 見習《みなら》え よな!
なっ
なによ~

美織《みおり》ちゃんお菓子《かし》作《づく》りとかするんだ～!!
そう好《す》きなの
美織《みおり》ちゃん部活《ぶかつ》なんだっけ?
わたし
帰宅部《きたくぶ》なの…
なによ
樹《いつき》…さっきから美織《みおり》ちゃん美織《みおり》ちゃんって
そうだ!
碧斗《あおと》くん
歴史研究《れきしけんきゅう》クラブなんだよね?
だったらわたしも入《はい》ろっかな♪
いや歴史好《れきしず》きじゃないと
入《はい》っても意味《いみ》ない…

それより いつもの ゲームしよ！
——…
トゥキ トゥキ♪
ん？ 樹《いつき》から メッセだ
美織《みおり》ちゃんって
すげぇ〜カワイイよな！
オレ、スキに
なっちゃったかも。
!?

ウ…
ウソ――…
トゥキトゥキ♪
おーい（；'∀'）なにか反応《はんのう》しろよな～
ごめん寝《ね》てた！ うん 美織《みおり》ちゃんカワイイよね♪
陽葵《ひまり》、応援《おうえん》してくれるよな！
うん。もちろんっ！
そっか…わたし
やっぱり樹《いつき》がスキなんだ…
…あれ？
なんで…？
ポロ…ッ
ポロ…

トゥチトゥチ♪
あ…っ美織《みおり》ちゃん
恋《こい》の護《ご》符《ふ》が有名《ゆうめい》な洞《どう》くつへ4人《にん》でお出《で》かけしない？
トゥチトゥチ♪
みんなで出《で》かけたらゼッタイ楽《たの》しいよね！
なによ…
わたし
行《い》きたくなんかないよ――…
樹《いつき》くん
あっち行《い》ってみようよ♪
おう！
わぁっ
キレイなところじゃない!?
……
陽葵《ひまり》…

今日《きょう》本当《ほんとう》は
来《き》たくなかっただろ?
え…っ
あのふたり見《み》てるの
辛《つら》いよな
碧斗《あおと》…
わたしのキモチ…
あのさ陽葵《ひまり》……
……オレ
…いや
辛《つら》かったら相談《そうだん》しろよ
うん…ありがと
恋の護符
あった!これこれ♡

両想《りょうおも》いの ふたりが 名前《なまえ》を書《か》くと 永遠《えいえん》に結《むす》ばれ るんだって！
恋の
やろーっ!
美織《みおり》ちゃん… 樹《いつき》の名前《なまえ》 書《か》くのかな…
中田美織
佐藤碧斗
!?
あっ… 見《み》ちゃった？
わたし 碧斗《あおと》くんが スキなの
こそっ
まだ両想いじゃないけどっ
でも 彼《かれ》って なかなか 手《て》ごわくて さぁ～

樹《いつき》くんと仲《なか》よくして
嫉妬《しっと》させようと思《おも》ってね
え……？
陽葵《ひまり》ちゃんが樹《いつき》くんをスキなこと
気《き》づいてたんだけど…
ごめんねっ
だっ
あっ陽葵《ひまり》ちゃん
待ってよ
すっ
中田美織
佐藤碧斗
………
碧斗《あおと》の名前《なまえ》

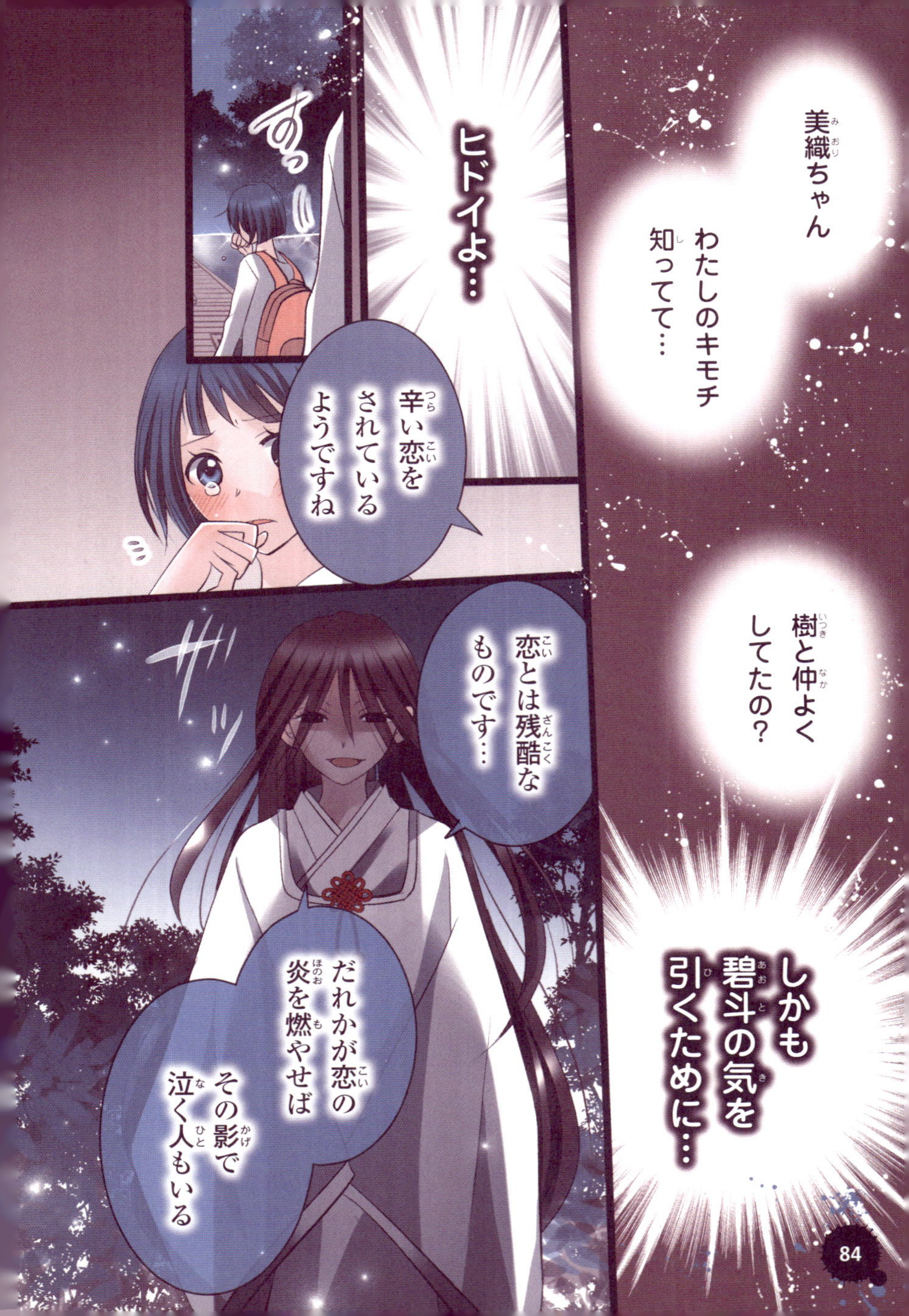
美織《みおり》ちゃん
わたしのキモチ
知《し》ってて…
樹《いつき》と仲《なか》よく
してたの？
しかも
碧斗《あおと》の気《き》を
引《ひ》くために…
ヒドイよ…
すっ
辛《つら》い恋《こい》を
されている
ようですね
恋《こい》とは残酷《ざんこく》な
ものです…
ザッ
だれかが恋《こい》の
炎《ほのお》を燃《も》やせば
その影《かげ》で
泣《な》く人《ひと》もいる

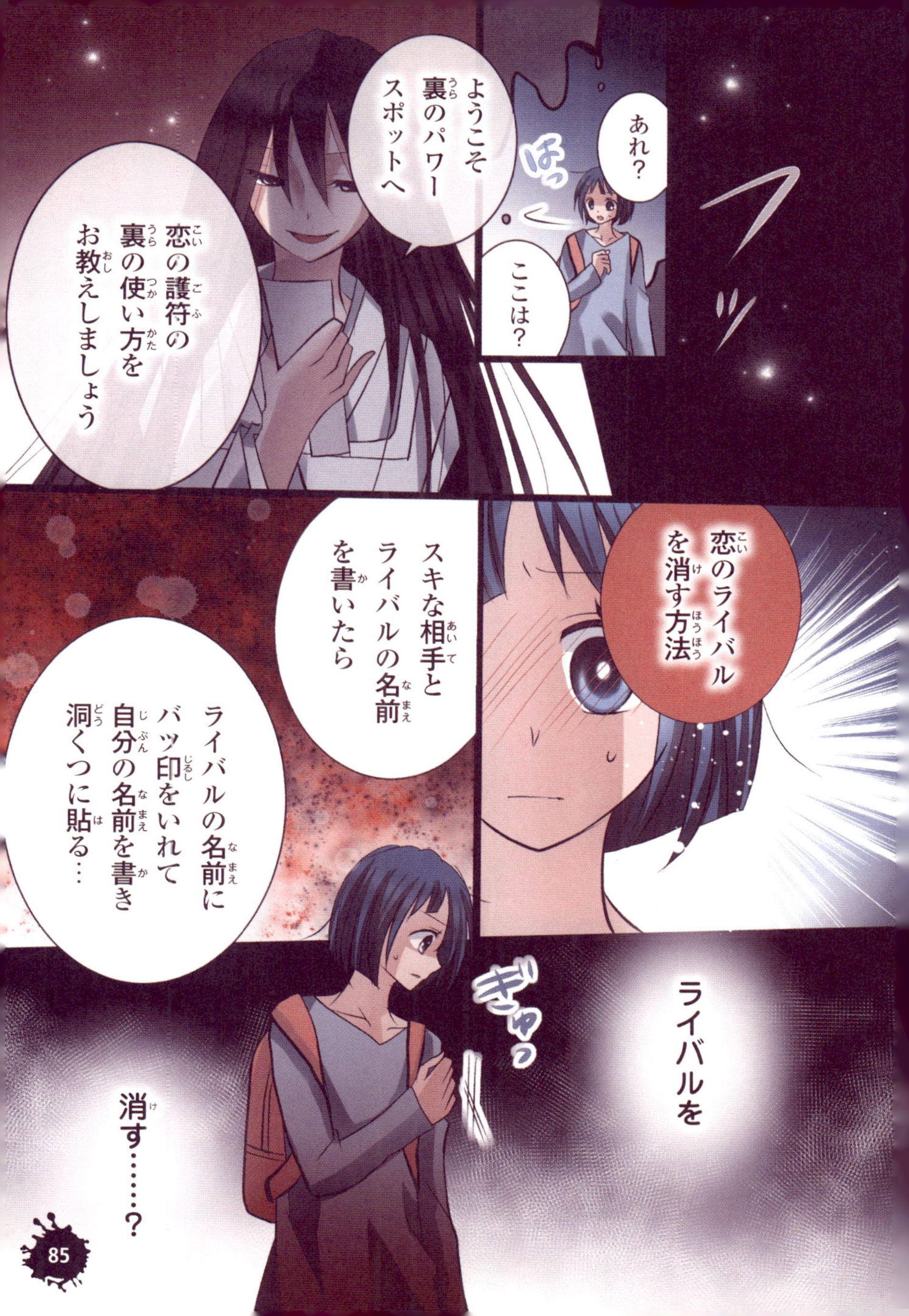
あれ？
はっ
ここは？
フッ
ようこそ裏《うら》のパワースポットへ
恋《こい》の護符《ごふ》の裏《うら》の使《つか》い方《かた》をお教《おし》えしましょう
恋《こい》のライバルを消《け》す方法《ほうほう》
スキな相手《あいて》とライバルの名前《なまえ》を書《か》いたら
ライバルの名前《なまえ》にバツ印《じるし》をいれて自分《じぶん》の名前《なまえ》を書《か》き洞《どう》くつに貼《は》る…
ぎゅっ
ライバルを
消《け》す……？

そうよ…
美織《みおり》のせいで
うちらの関係《かんけい》はおかしくなった……
美織《みおり》なんて消《き》えちゃえ!!
自業自得《じごうじとく》よ!!!
陽菜
中田美織
高山樹
ベタッ

コツコツ
あっ!
だれかくる…!
み…
美織《みおり》!?
コツコツ
はっ
碧斗《あおと》?
樹《いつき》も!
みんな…なにしてるの?
オォオォ…
小池陽葵
中田美織
オオ…
え…?なんの音《おと》?

オオオオ
オオォ
きゃあああ あああ
なにこれ!?
岩《いわ》から手《て》!?
これが…
護符《ごふ》の効果《こうか》!?
はっ
うわあああっ!!
樹《いつき》!
碧斗《あおと》!?

ズル
た…助《たす》け…
ズル…
どうして樹《いつき》と碧《あお》斗《と》まで!?
みなさまお使《つか》いになられたのですね…
フフ…
え…!? どういうこと…?
だれかがだれかのジャマ者《もの》だったのです——
裏《うら》の使《つか》い方《かた》はわたしにだけ教《おし》えてくれたんじゃ…

いいえ 公平《こうへい》にお伝《つた》えしましたよ…
ウフフ…
美織《みおり》さんにとっての ジャマ者《もの》は… ―あなた…

ショートマンガ

絶叫

恐怖レベル

だらしなさ

黒い炎

6話《わ》 戸《と》じまり

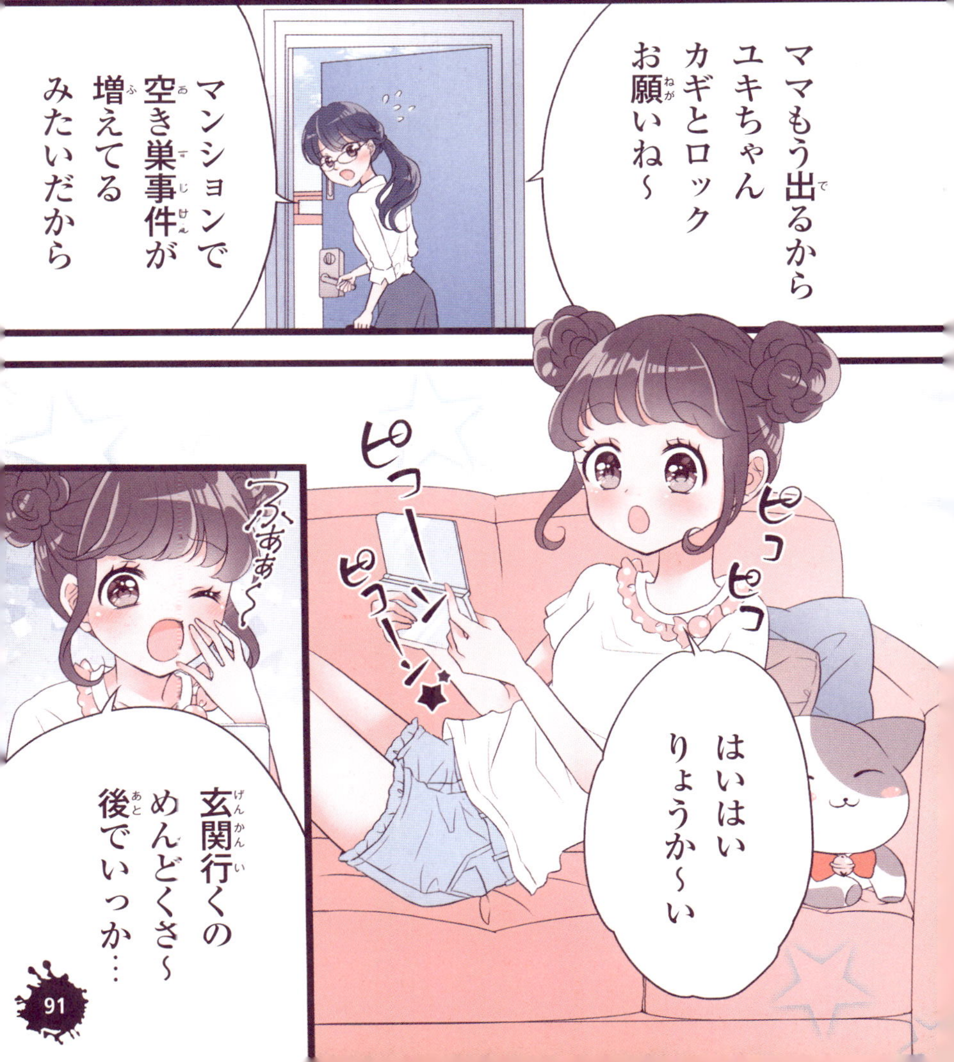

むにゃ
ピンポーン
ピンポーン
ガチャ
ガチャ
ガチャ
……
ぺた
ぺた
ぺた
ピンポーン
ピンポーン
ガチャ
ガチャ
ガチャ
……

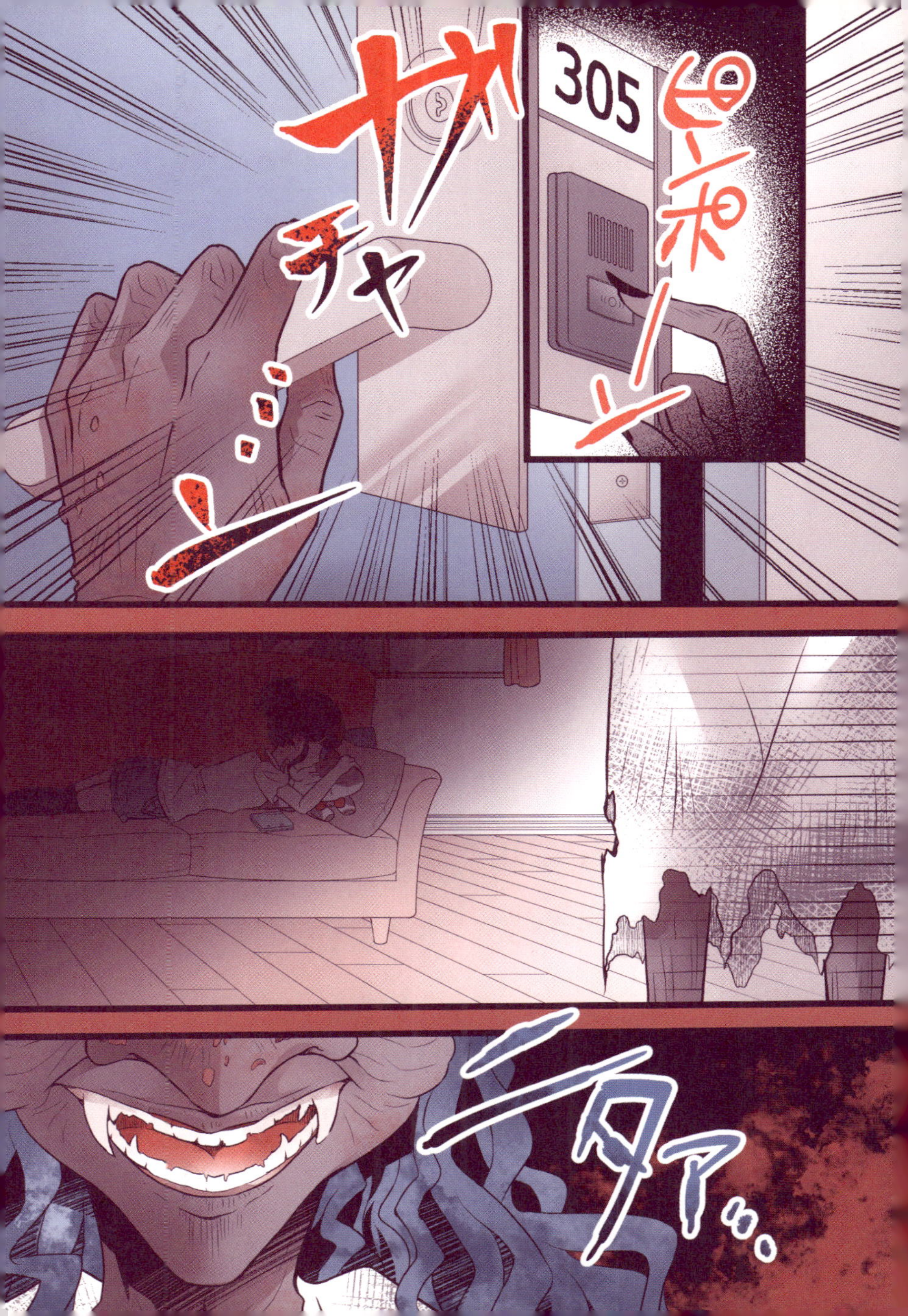
305
ピーポーン
ガチャ…ン
ニタア…

パチッ
がばっ
なっ…なに
今《いま》の夢《ゆめ》…!?
305号室《ごうしつ》ってウチ!?
そうだ!?
カギとロック
忘《わす》れてた…
マ…ママが
空《あ》き巣《す》とか
おどかすから…
たたたっ
え…
ピーポー
ピーポー
ガチャ
ガチャ

ピーポーン ピーポーン
ガチャガチャガチャ
近《ちか》づいてる…
ま… まさか…
ピポーン
ピポン!!
さっきの夢《ゆめ》の…!?
はっ 早《はや》くっ…

バンッ
夢《ゆめ》とは少《すこ》し
ちがうが…
まあいいか
ヒヒヒ…

ショートマンガ 絶叫 7話《わ》

恐怖レベル

不運《ふうん》な遭遇《そうぐう》

黒い炎

重《おも》いペダル

この道《みち》お墓《はか》を通《とお》るからいやだなぁ
とくにこんな時間《じかん》だと…
あれ…だれかいる…
なにしてるんだろ…
ビュッ
!
え!?

いない…
気《き》のせいだったかな…
!!
ペダル…重《おも》っ…
ググ…
ググ…
なん…で…
パンクはしてないみたいだけど…
…!
急《きゅう》に自転車《じてんしゃ》が重《おも》くなったときは気《き》をつけてください
けっしてうしろは見《み》ないこと――

うしろにナニカが
乗《の》っているかも
しれません……

後半《こうはん》には実話怪談《じつわかいだん》マンガもあるよ!

ミシェルの特別《とくべつ》インタビュー企画《きかく》

霊感《れいかん》がある人《ひと》とない人《ひと》のちがい

奇妙《きみょう》な世界《せかい》が好《す》きなみんなは「霊感《れいかん》」という言葉《ことば》をよく耳《みみ》にすると思《おも》うけれど、霊感《れいかん》がどんなものなのかはじつはよくわかっていないんじゃない？　今回《こんかい》わたしは、霊感《れいかん》がある人《ひと》と会《あ》うことが多《おお》い志月《しづき》かなでさんと、霊感《れいかん》をもつ疋田紗也《ひきたさや》さんを呼《よ》んで、霊感《れいかん》についていろいろとお話《はなし》を聞《き》いてみたわ。その様子《ようす》をみなさんにもお伝《つた》えするわね。

志月《しづき》かなでさん

疋田紗也《ひきたさや》さん

ミシェル

志月《しづき》かなでさん編《へん》

志月《しづき》かなでさん

女流怪談師《じょりゅうかいだんし》・女優《じょゆう》。小説《しょうせつ》の朗《ろう》読《どく》コンテストで賞《しょう》をもらったことをきっかけに、怪談《かいだん》の朗《ろう》読《どく》を始《はじ》める。昔《むかし》ながらの怪談《かいだん》と現代《げんだい》の怪談《かいだん》の両方《りょうほう》をとりいれた独自《どくじ》の語《かた》り口調《くちょう》で、朗読《ろうどく》会《かい》や怪談《かいだん》イベント、テレビ、ラジオなど幅広《はばひろ》く活躍中《かつやくちゅう》。

本当《ほんとう》に怖《こわ》いストーリーシリーズの「永遠《えいえん》の呪縛《じゅばく》」「DX《デラックス》」「MEGA《メガ》 幕開《まくあ》け」で、怪談《かいだん》を紹介《しょうかい》してもらっている。

志月《しづき》さんこんにちは。また会《あ》えてうれしいわ。今日《きょう》は霊感《れいかん》について、いろいろと話《はなし》を聞《き》かせてちょうだいね。志月《しづき》さんは、霊感《れいかん》がある人《ひと》とよく会《あ》うそうだけど…。

ミシェルさん、こんにちは。わたしも今日《きょう》の取材《しゅざい》、楽《たの》しみにしてきました。

はい。わたしは怪談師《かいだんし》（観客《かんきゃく》の前《まえ》で怪談《かいだん》を披《ひ》露《ろう》する）という仕事柄《しごとがら》、しょっちゅう霊感《れいかん》がある人《ひと》から恐怖体験談《きょうふたいけんだん》を聞《き》きます。そんな方々《かたがた》に、霊感《れいかん》についていろいろ聞《き》いてきましたよ。

さすが志月《しづき》さん、頼《たの》もしいわ。じゃあさっそく本題《ほんだい》に入《はい》っていこうかしら。

——志月《しづき》さんが感《かん》じる〝霊感《れいかん》がある人《ひと》の特《とく》ちょう〟って、なにかあるかしら？

う〜ん、おもしろい質問《しつもん》ですね。今《いま》まで気《き》にしたことはなかったですが、あらためて考《かんが》えてみると〝霊感《れいかん》がある人《ひと》に共通《きょうつう》する特《とく》ちょう〟って、たしかにありますね。

まず頭《あたま》にうかんだのは、みなさん「とても優《やさ》しい性格《せいかく》をされている」ことでしょうか。

霊《れい》が視《み》えない人《ひと》は、霊《れい》が視《み》える人《ひと》の話《はなし》をウソだと決《き》めつけてバカにすることも多《おお》いです。視《み》えないから信《しん》じられない、というのは仕方《しかた》ない話《はなし》かもしれませんが、本当《ほんとう》なのにウソだと言《い》われたら、だれだって悲《かな》しいですよね。

ふだんそういう思《おも》いをしているからなのか、霊《れい》に遭遇《そうぐう》するといった不思議《ふしぎ》な出来事《できごと》を体験《たいけん》しているからなのか、さまざまな物事《ものごと》に対《たい》して、広《ひろ》い心《こころ》で受《う》け止《と》めてくれる。そんな人《ひと》が多《おお》いような気《き》がします。

なるほど広《ひろ》い心《こころ》…ね。それに「霊《れい》」と「死《し》」って、切《き》りはなせないものよね。だから霊《れい》が視《み》える人《ひと》は「人《ひと》の死《し》」を考《かんが》える機《き》会《かい》も、ふつうの人《ひと》より多《おお》くなる。

他人《たにん》の痛《いた》みや苦《くる》しみがわかる人《ひと》は、自然《しぜん》と人《ひと》を思《おも》いやれるようになるものよね…。

本当《ほんとう》にそのとおりだと思《おも》います。優《やさ》しい心《こころ》の持《も》ち主《ぬし》の近《ちか》くには、霊《れい》も人間《にんげん》も変《か》わりなく集《あつ》まるのかもしれませんね。

あとほかに、霊感《れいかん》がある人《ひと》は「目《め》ヂカラ」が強《つよ》いように感《かん》じます。見《み》つめられるとなにかパワーを感《かん》じるような。これは霊感《れいかん》が強《つよ》い人《ひと》には、「第三《だいさん》の目《め》（おでこにある内《うち》なる目《め》）」があるからともいわれますよね。

――「霊感《れいかん》がある人《ひと》」と「霊感《れいかん》がない人《ひと》」のちがいって、いったいなんなのかしら？

「霊感《れいかん》」って、ひとつの能《のう》力《りょく》というか個性《こせい》だと思《おも》うんです。みなさんのなかには、足《あし》が速《はや》い人《ひと》、歌《うた》が上手《じょうず》な人《ひと》、計算《けいさん》が得意《とくい》な人《ひと》、話《はなし》がおもしろい人《ひと》…など、さまざまな能《のう》力《りょく》や個性《こせい》をもった人《ひと》がいますよね。霊感《れいかん》がある人《ひと》も、そのひとつなんじゃないでしょうか。

それに大昔《おおむかし》には人間《にんげん》だれしも霊《れい》を視《み》たり感《かん》じたりする力《ちから》をもっていたけれど、環境《かんきょう》の変化《へんか》によって生活《せいかつ》に霊感《れいかん》が必要《ひつよう》なくなり、おとろえてしまった、ともいわれますよね。

事故《じこ》や病気《びょうき》など死《し》に直面《ちょくめん》した経験《けいけん》がきっかけで、霊感《れいかん》をもつようになったという話《はなし》もよく聞《き》きますが、これは特別《とくべつ》な状況下《じょうきょうか》で、体《からだ》のなかに眠《ねむ》る「霊感《れいかん》」という能力《のうりょく》のスイッチが入《はい》ったということなのかもしれません。

志月《しづき》さんは怪談師《かいだんし》として、いろいろな怪《かい》談《だん》を語《かた》っているけれど、怪談師《かいだんし》さんには霊感《れいかん》がある人《ひと》が多《おお》いのかしら？

いいえ。わたしもそうですが、怪談師《かいだんし》には霊感《れいかん》がある人《ひと》は少《すく》ないですね。

怪談師《かいだんし》は語《かた》り口調《くちょう》や表情《ひょうじょう》、身《み》ぶり手《て》ぶりのすべてで、お客《きゃく》さんに恐怖《きょうふ》を感《かん》じさせます。霊感《れいかん》がある人《ひと》は霊《れい》が視《み》えることがふつうなので、視《み》えない人《ひと》の恐怖感覚《きょうふかんかく》が逆《ぎゃく》にわからないかと。

霊《れい》が視《み》えないからこそ、視《み》えない人《ひと》が感《かん》じる恐怖《きょうふ》を表現《ひょうげん》できると思《おも》っています。

たしかに、それはそのとおりね。志月《しづき》さんが語《かた》る怪談《かいだん》には、ついついひきこまれてしまうもの。この後《あと》、志月《しづき》さんが思《おも》わず恐怖《きょうふ》を感《かん》じたという「霊感《れいかん》がある人《ひと》の恐怖体験談《きょうふたいけんだん》」をふたつ話《はな》してもらおうと思《おも》うけれど、その話《はなし》はマンガで紹介《しょうかい》してもいいかしら？

もちろんです。耳《みみ》で聞《き》く怪談《かいだん》も怖《こわ》いですが、絵《え》の迫力《はくりょく》もいいですよね。

でもその前《まえ》に、わたしが霊感《れいかん》をもつ人《ひと》の前《まえ》で怪談《かいだん》をしたときの話《はなし》を聞《き》いてください。

これは、インターネットテレビの収録《しゅうろく》での出《で》来事《きごと》です。2チームにわかれたプロレスラーさんたちに怪談話《かいだんばなし》をして、怖《こわ》がるリアクションをくらべるという番組《ばんぐみ》だったのですが…。

2チームに怪談《かいだん》を披露《ひろう》し終《お》えた後《あと》、あるプロレスラーさんが言《い》いました。

「さっき、話《はなし》につまった部分《ぶぶん》があったよね？」

「ええ…なぜだかわからないんですが、急《きゅう》に頭《あたま》から話《はなし》がとんでしまって…」

「ああ…。あのさ…伝《つた》えようか迷《まよ》ったんだけど、さっき話《はな》につまっていたとき、ちょうど志月《しづき》さんの左足《ひだりあし》部分《ぶぶん》に、黒《くろ》いモヤがからみついたんだよね…。ビックリしちゃってさ…」

（ひ…左足《ひだりあし》に、く…黒《くろ》いモヤ？）

話《はなし》がとんでしまっていたそのとき、まさにわたしは左足《ひだりあし》にまつわる怪談《かいだん》をしていたのです。

これはぐうぜんでしょうか？ ゾクゾクッと背中《せなか》に寒気《さむけ》が走《はし》りました。番組《ばんぐみ》は盛《も》りあがりましたが、もしわたしにも黒《くろ》いモヤが視《み》えていたらと思《おも》うと、怖《こわ》くて仕方《しかた》ありません…。

113・127ページのマンガへと続《つづ》きます…。

疋田《ひきた》紗也《さや》さん編《へん》

疋田《ひきた》紗也《さや》さん、はじめまして。わたしはミシェルといいます。今日《きょう》は霊感《れいかん》について、いろいろ聞《き》かせてもらうわね。

はじめまして、疋田《ひきた》です。はい、なんでも聞《き》いてくださいね。

疋田《ひきた》さんは霊感《れいかん》があるそうね。霊感《れいかん》がある人《ひと》と話《はな》すのは初《はじ》めてだから、いったいどんな話《はなし》が聞《き》けるか、ワクワクするわ。

――あなたが、自分《じぶん》の霊感《れいかん》を意識《いしき》したのは、いつからかしら？

物心《ものごころ》ついたときから、霊《れい》が視《み》えていました。でもなにもわからないながらに、霊《れい》のことは人《ひと》に話《はな》しちゃダメだと考《かんが》えていました。話《はな》したら、霊《れい》がよってくると思《おも》っていたからです。

物心《ものごころ》ついたときからってことは、生《う》まれつき、霊感《れいかん》があったということ？

いいえ。生《う》まれつきではないと思《おも》います。わたしは1歳《さい》のときに百日《ひゃくにち》ぜきという病気《びょうき》で入院《にゅういん》し、心臓《しんぞう》が止《と》まって生死《せいし》のふちをさまよったそうなんです。

疋田《ひきた》紗也《さや》さん

スピリチュアルアイドル。15歳《さい》でグラビアアイドルとして芸能界《げいのうかい》デビュー。幼《おさな》いころから霊感《れいかん》をもち、人《ひと》や物《もの》のオーラを見《み》ることができる。テレビ、ラジオ、映画《えいが》、舞台《ぶたい》、写真集《しゃしんしゅう》、DVD《ディーブイディー》、イベントなど幅広《はばひろ》く活躍中《かつやくちゅう》。

今《いま》でもハッキリ覚《おぼ》えているんですが、そのときわたしは、いわゆる臨死体験《りんしたいけん》をしました。

わたしは不思議《ふしぎ》な光景《こうけい》のなかにいました。5メートルほどの幅《はば》の川《かわ》があり、川《かわ》のむこう岸《ぎし》には真《ま》っ暗《くら》な森《もり》が広《ひろ》がっていました。

（う～ん。わたし、この川《かわ》をわたらないといけないのかな？　どうしよう、いやだな。水《みず》は冷《つめ》たいのかな？　川《かわ》は深《ふか》いのかな？）

目《め》の前《まえ》の川《かわ》をわたるのが、とてもいやだったことを覚《おぼ》えています。するとそのとき、背後《はいご》からわたしを呼《よ》ぶ両親《りょうしん》の声《こえ》が聞《き》こえたのです。

「紗也《さや》ちゃん！　紗也《さや》ちゃん！」

わたしは声《こえ》のほうにふり返《かえ》りました。すると背後《はいご》には、キレイな花畑《はなばたけ》が広《ひろ》がっていました。

そしてわたしは、目《め》を覚《さ》ましたそうです。

死《し》に直面《ちょくめん》したことがきっかけで、霊感《れいかん》がうまれたというわけね？

（たしか志月《しづき》さんもこの話《はなし》、していたわね…）

そうなんです。でも不思議《ふしぎ》ですよね。わたしが見《み》たのは、おそらくこの世《よ》とあの世《よ》をわける「三途《さんず》の川《かわ》」だったのでしょうが、まだなにも知《し》らない1歳《さい》のとき、この川《かわ》はわたりたくないと、強《つよ》く感《かん》じたんですから。

1歳《さい》の記憶《きおく》がいまだにハッキリしていることも不思議《ふしぎ》といえば、不思議《ふしぎ》なんですが…。

——疋田《ひきた》さんには、霊《れい》っていったいどこで、どんなふうに視《み》えているのかしら？

家《いえ》のなか、交差点《こうさてん》、道路《どうろ》、公園《こうえん》、駅《えき》、電車《でんしゃ》のなか、学校《がっこう》、ビルの屋上《おくじょう》、林《はやし》、お墓《はか》、海《うみ》…など、霊《れい》はわたしたち人間《にんげん》と同《おな》じで、どこにでもいます。そして、昼間《ひるま》でも夜中《よなか》でも時間帯《じかんたい》に関係《かんけい》なくいつでも視《み》えます。

人間《にんげん》は「霊《れい》」をものすごく特別《とくべつ》な存在《そんざい》として怖《こわ》がるけれど、わたしからしたら、ただの「元人間《もとにんげん》」ってだけだけど…。

はい。そのとおりなんですよね。霊《れい》って、みんな元人間《もとにんげん》。だから人間《にんげん》がいる場所《ばしょ》のどこにでもいるんです。1か所《しょ》にとどまらず、場所《ばしょ》から場所《ばしょ》へ移動《いどう》していたりもします。ただ、死《し》ぬ前《まえ》に特定《とくてい》の場所《ばしょ》へ残《のこ》した想《おも》いが強《つよ》すぎた場合《ばあい》、そこからはなれられなくなってしまう霊《れい》もいたりしますが…。

そして霊《れい》の視《み》え方《かた》なのですが、すべて同《おな》じわけではなく、霊《れい》によってバラバラ。大《おお》きくわけると右図《みぎず》の4種類《しゅるい》になります…。

❶ **顔《かお》や体《からだ》がハッキリしている**

人間《にんげん》と同《おな》じ見《み》た目《め》なので、最初《さいしょ》は霊《れい》だと気《き》づかないことがほとんどですね。駅《えき》のホームで電《でん》車《しゃ》を待《ま》っているとき、わたしにむかってズンズンと歩《ある》いてくる人《ひと》がいて、危《あぶ》ないと思《おも》ってよけると、目《め》の前《まえ》で消《き》えてしまう。…なんだ、霊《れい》だったのか。なんてことも、けっこうあります。

2 顔《かお》や体《からだ》が影《かげ》のようにぼやける

亡《な》くなって時間《じかん》がたっていない霊《れい》は、ハッキリと顔《かお》や体《からだ》が視《み》え、時間《じかん》がたつにつれ、じょじょに顔《かお》や体《からだ》がぼやけてくる感《かん》じでしょうか。

3 白《しろ》い光《ひかり》のようなかたまり

4 黒《くろ》いモヤのようなかたまり

そして長《なが》い年月《ねんげつ》がたった霊《れい》は、白《しろ》い光《ひかり》やうずまきのような黒《くろ》いモヤのように視《み》えます。悪《わる》い念《ねん》をもった霊《れい》は、黒《くろ》いモヤですね。

霊《れい》の視《み》え方《かた》もいろいろなのね。これは聞《き》かないと、わからないことよね。

──疋田《ひきた》さんは、〝自分《じぶん》に霊感《れいかん》がある〟ことについて、どう思《おも》っているのかしら？

わたしは小《ちい》さなころからずっと霊《れい》が視《み》えますが、怖《こわ》いものは大《だい》の苦手《にがて》です。霊《れい》を感《かん》じるたびに、いやな思《おも》いもしますしね。

どうして霊感《れいかん》なんて、あるんだろう…と、長《なが》い間《あいだ》ずっと、感《かん》じてきました。

でも高校生《こうこうせい》のときに、助《たす》けを求《もと》める霊《れい》のタマシイを成仏《じょうぶつ》させてあげられたんです。

それをきっかけに、ほかの人《ひと》にはできない、〝霊《れい》と人間《にんげん》の橋《はし》わたし役《やく》〟をするのも、わたしの使命《しめい》なのかと感《かん》じました。現在《げんざい》、スピリチュアルアイドルとして心霊関係《しんれいかんけい》のお仕事《しごと》をしているのも、そんな理由《りゆう》があるからです。

…そうだったのね。〝霊《れい》と人間《にんげん》の橋《はし》わたし役《やく》〟って、わたしと同《おな》じね…。

疋田《ひきた》さん、霊《れい》が視《み》えた恐怖体験談《きょうふたいけんだん》と、霊感《れいかん》があってよかったと感《かん》じた話《はなし》を聞《き》かせて。このふたつはみんなにマンガで紹介《しょうかい》しようと思《おも》うわ。

140・151ページのマンガへと続《つづ》きます…。

霊《れい》感《かん》アリナシ診《しん》断《だん》

今回《こんかい》の取材《しゅざい》で、霊感《れいかん》がある人《ひと》には共通《きょうつう》する特《とく》ちょうがあることがわかったの。あてはまる特《とく》ちょうが多《おお》いほど、霊感《れいかん》が強《つよ》いということになるわ！

霊《れい》感《かん》がある人《ひと》に共《きょう》通《つう》する特《とく》ちょう8

特《とく》ちょう1　身《み》近《ぢか》な電《でん》化《か》製《せい》品《ひん》がよくこわれる…

スマホ、パソコン、デジカメ、ゲーム機《き》といった身近《みぢか》な電化製品《でんかせいひん》が年《ねん》に何度《なんど》もこわれてしまったり、心霊写真《しんれいしゃしん》を撮《と》ると、調子《ちょうし》が悪《わる》くなるらしい…。

その理由《りゆう》　霊《れい》は電流《でんりゅう》に混《ま》ざって移動《いどう》することがあるため、機械《きかい》の電気回路《でんきかいろ》が狂《くる》ってこわれやすくなるとされます。

特《とく》ちょう2　なにもない場《ば》所《しょ》で変《へん》な動《うご》きをする…

なにもない場所《ばしょ》で急《きゅう》に顔《かお》をそむけたり、人《ひと》をよけるような動作《どうさ》をして、まわりの人《ひと》から不思議《ふしぎ》がられたり、おどろかれたりすることが多《おお》いらしい…。

その理由《りゆう》　霊《れい》が視《み》えたため、顔《かお》をそむけたりよけたりしているようです。人《ひと》だと思《おも》ったら霊《れい》だったなんてことも。

特《とく》ちょう3　事《じ》故《こ》現《げん》場《ば》に遭《そう》遇《ぐう》することが多《おお》い…

自殺《じさつ》や事故《じこ》の現場《げんば》にぐうぜん遭遇《そうぐう》してしまったり、昔《むかし》そういったことがあった場所《ばしょ》に、気《き》づけば行《い》ってしまっていることが多《おお》いらしい…。

その理由《りゆう》　自殺《じさつ》や事故《じこ》が多《おお》い場所《ばしょ》には霊《れい》や邪気《じゃき》があふれており、それらに呼《よ》ばれてしまうからなんだとか。

特《とく》ちょう4　行《い》ったことがない場《ば》所《しょ》の夢《ゆめ》を見《み》る…

霊《れい》がいる場所《ばしょ》に出《で》かけることがある場合《ばあい》、その前《まえ》に鮮明《せんめい》な予知夢《よちむ》（未来《みらい》に起《お》こる出来事《できごと》を暗示《あんじ》する夢《ゆめ》）を見《み》ることが多《おお》いらしい…。

その理由《りゆう》　夢《ゆめ》をとおして、霊《れい》がその人《ひと》に、なにかしらのメッセージを送《おく》ってくるケースがよく報告《ほうこく》されています。

特《とく》ちょう5 おでこを見《み》せるヘアは苦手《にがて》…

おでこを人《ひと》に見《み》られるのがいやで、前髪《まえがみ》でかくすことが多《おお》いらしい…。

その理由《りゆう》 おでこには「第三《だいさん》の目《め》」と呼《よ》ばれる霊的《れいてき》な目《め》があるとされます。この第三《だいさん》の目《め》を人《ひと》に見《み》られたくない気《き》持《も》ちから、無意識《むいしき》におでこをかくしてしまう人《ひと》が多《おお》いらしいです。

特《とく》ちょう6 直感《ちょっかん》やひらめきがするどい

考《かんが》えがパッとひらめいたり、何気《なにげ》なく予想《よそう》したことが当《あ》たったりするらしい。スマホの着信音《ちゃくしんおん》だけで、だれからの連絡《れんらく》なのかわかることも…。

その理由《りゆう》 感受性《かんじゅせい》（いろいろな物事《ものごと》を感《かん》じる力《ちから》）が豊《ゆた》かな人《ひと》は、霊《れい》の気配《けはい》をキャッチする力《ちから》も強《つよ》いとされます。

特《とく》ちょう7 家族《かぞく》や親《しん》せきに霊感《れいかん》をもつ人《ひと》がいる

家族《かぞく》や親《しん》せきに、少《すく》なくともひとりは霊感《れいかん》がある人《ひと》がいるらしい…。

その理由《りゆう》 霊感《れいかん》はひとつの能力《のうりょく》なので、遺伝《いでん》によるものも大《おお》きいのです。代々《だいだい》、霊能者《れいのうしゃ》をする家系《かけい》もあるほど。霊感《れいかん》が強《つよ》い者同士《ものどうし》がいっしょに過《す》ごすことで、力《ちから》が高《たか》まるともいわれます。

特《とく》ちょう8 人《ひと》ごみに行《い》くととてもつかれる…

人《ひと》がたくさん集《あつ》まる街中《まちなか》やイベント、テーマパークなどに出《で》かけると、帰《かえ》った後《あと》にぐったりしてしまう。人《ひと》が多《おお》ければ多《おお》いほど、つかれるらしい…。

その理由《りゆう》 「気《き》」をキャッチするアンテナが敏感《びんかん》なため、人間《にんげん》が発《はっ》するさまざまな気《き》も入《はい》ってきてしまうようです。

質問《しつもん》に答《こた》えるだけ！

霊感判断《れいかんはんだん》テスト

質問《しつもん》 「昨日《きのう》の夕《ゆう》ご飯《はん》、なにを食《た》べましたか?」

食《た》べた料理《りょうり》を思《おも》いうかべた人《ひと》

あなたは霊感《れいかん》ナシ。ふつうに生活《せいかつ》をしていれば、霊《れい》が視《み》えたり、気配《けはい》を感《かん》じることはないでしょう。

夕《ゆう》ご飯中《はんちゅう》の自分《じぶん》を思《おも》いうかべた人《ひと》

あなたは霊感《れいかん》アリの可能《かのう》性大《せいだい》！ 感受性《かんじゅせい》が豊《ゆた》かで、霊《れい》を感《かん》じるアンテナも敏感《びんかん》なはず。心当《こころあ》たりは?

霊《れい》をはらう方《ほう》法《ほう》

霊感《れいかん》がある人《ひと》はしょっちゅう霊《れい》に遭遇《そうぐう》するため、それぞれみんな霊《れい》や邪気《じゃき》をはらう方法《ほうほう》を行《おこな》っているようね。カンタンな方法《ほうほう》を紹介《しょうかい》するので、気《き》になるときには試《ため》してみて！

1 洗面器《せんめんき》の水《みず》に邪気《じゃき》をとかす！

邪気《じゃき》などの悪《わる》いものは、水《みず》にとけるとされているよ。洗面器《せんめんき》に水《みず》をいれて両手《りょうて》をつけ、体《からだ》から悪《わる》いものがでていく様子《ようす》をイメージしよう。もちろんシャワーやおフロもオススメ！

2 どこかによってから家《いえ》に帰《かえ》る

怖《こわ》い話《はなし》を聞《き》いたり、心霊《しんれい》スポットに行《い》ってしまった場合《ばあい》はそのまま家《いえ》に帰《かえ》らず、街中《まちなか》のお店《みせ》や公園《こうえん》などによってから帰《かえ》ろう。でないと家《いえ》に霊《れい》や邪気《じゃき》を連《つ》れて帰《かえ》ってしまうことも。

3 大《おお》きく手《て》を１回《かい》たたく！

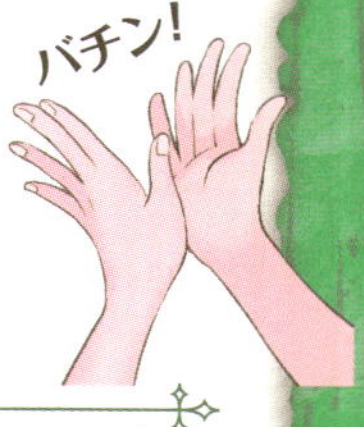

ブキミな気配《けはい》を感《かん》じる場所《ばしょ》や恐怖《きょうふ》を感《かん》じてしまったときは「バチン！」とその場《ば》で大《おお》きく手《て》をたたこう。これだけで自分《じぶん》のまわりから邪気《じゃき》をはらうことができるよ。

4 首《くび》のうしろをたたいてもらう

霊《れい》や邪気《じゃき》は首《くび》のうしろから、体《からだ》に入《はい》るとされているよ。体《からだ》の調子《ちょうし》が悪《わる》かったり、心《こころ》が不安《ふあん》で落《お》ちつかないときは、首《くび》のうしろ（右図《みぎず》の場所《ばしょ》）をだれかに軽《かる》く３回《かい》たたいてもらおう。

実話《じつわ》怪談《かいだん》 恐怖レベル ゾクッ

8話《わ》 恐怖《きょうふ》の手《て》まねき

ふつうの人《ひと》より人口《じんこう》が多《おお》い世界《せかい》に生《い》きている
ただただそれだけだよ
ええとそれって…
こんな感《かん》じですか？
わたしたちが見《み》ている世界《せかい》
マッキーさんが見《み》ている世界《せかい》

そのとおりよ
ステキな表現《ひょうげん》ですね
霊感《れいかん》があることを強《つよ》く意識《いしき》したのは高校《こうこう》のときだった…
修学旅行《しゅうがくりょこう》で沖縄《おきなわ》に行《い》ったんだけど…
あれ? わたしなんでこんなとこに
ここってどこ…? ※ガマ?
※沖縄本島《おきなわほんとう》の南部《なんぶ》に数多《かずおお》くある自然洞《しぜんどう》くつ。戦争中《せんそうちゅう》、住民《じゅうみん》や日本兵《にほんへい》の避難場所《ひなんばしょ》や野戦病院《やせんびょういん》として利用《りよう》された。
ここから
助《たす》けてほしい…
だれかわたしを呼《よ》んでる…?
はっ

自分《じぶん》はここで悪《わる》いことをたくさんしてしまった…
ここから助《たす》けてほしい
がばっ
また同《おな》じ夢《ゆめ》…
修学旅行前《しゅうがくりょこうまえ》にこの夢《ゆめ》を1週間《しゅうかん》続《つづ》けて見《み》たの
そして夢《ゆめ》で見《み》たとおり修学旅行中《しゅうがくりょこうちゅう》に訪《おとず》れたガマに兵隊《へいたい》さんが…

彼《かれ》を救《すく》おうと タマシイが 成仏《じょうぶつ》できるよう 祈《いの》った――
彼《かれ》はひとすじの 涙《なみだ》を流《なが》した後《あと》 光《ひかり》となり成仏《じょうぶつ》した…
霊感《れいかん》があるあなたが ガマに来《く》ることを知《し》り 霊《れい》がメッセージを？
ええ…成仏《じょうぶつ》できずに さまよう霊《れい》のタマシイは 生《い》きてる人間《にんげん》にしか 救《すく》えない――
わたしにしか できないことが あるって このとき感《かん》じたわ

ブブブ
ブブブ
マッキーさんだ！
マッキーさん
今《いま》平気《へいき》かな？
聞《き》いてほしい話《はなし》があるんだけど…
はい！ぜひ聞《き》かせてください！
最近《さいきん》ね引《ひ》っこしをしたんだけど不思議《ふしぎ》なことがあって…

街中《まちなか》でよく人《ひと》が立《た》ち止《ど》まる場所《ばしょ》ってあるでしょ？
駅前《えきまえ》の広場《ひろば》とか看板《かんばん》の前《まえ》とか
霊《れい》にもそういう場所《ばしょ》ってあるんだよね…
霊《れい》が立《た》ち止《ど》まりやすい場所《ばしょ》？
そんな場所《ばしょ》が？
うん…
それが家《いえ》のすぐ近所《きんじょ》にあってね…
ガチャ
やっぱり今日《きょう》もいる
見《み》ずにいられないなあ

それはよくある家《いえ》のまわりの塀《へい》なんだけど…
その前《まえ》には昼夜関係《ちゅうやかんけい》なく霊《れい》が立《た》ち止《ど》まっているの
いつもちがう霊《れい》だから霊《れい》の通《とお》り道《みち》を移動《いどう》するとちゅうの休《きゅう》けいだと思《おも》う

でも問題《もんだい》は その塀《へい》じゃなくて
反対側《はんたいがわ》にある 家《いえ》のサクで…
家《いえ》のサク？
それがどう したんですか？
……
ときどき そのサクから ナゾの手《て》が あらわれるの
おそらく女性《じょせい》かな… 真《ま》っ白《しろ》な手《て》が にゅるっとでて…

塀《へい》にむかって
おいでおいでって
手《て》まねきしてるん
だけど
霊力《れいりょく》は
弱《よわ》いらしく
その手《て》に近《ちか》づく
霊《れい》はいないんだよね…
霊《れい》たちを
呼《よ》ぶ手《て》…
でも霊《れい》たちは
その手《て》に
反応《はんのう》しない
ええ…その手《て》は
さみしくて
仲間《なかま》を呼《よ》んで
いるんだろうね
おいで
おいで

でもわたし
見《み》ちゃって…
おいで〜
おいで〜
フラッ
あ!
近《ちか》づいて
いった!

がしっ!!
そのままサクのなかに吸《す》いこまれていった…

その日《ひ》以《い》来《らい》…あの手《て》は見《み》ていないの
いったいなんだったんだろうね
ピッ
……
マッキーさんが見《み》ていないだけで…
人間《にんげん》だって吸《す》いこまれているのかも…
おいで～
おいで～

あなたをまねく手《て》を見《み》ても
けっして近《ちか》づかないでくださいね…

実《じつ》話《わ》怪《かい》談《だん》
恐怖レベル
絶叫
9話《わ》 落《お》ちてくる…
これはアスカさんという霊感《れいかん》をもつ女性《じょせい》が弟《おとうと》さんとふたりで一軒家《いっけんや》に住《す》んでいたときのお話《はなし》です
とても不思議《ふしぎ》で恐《おそ》ろしい話《はなし》だったため今回《こんかい》、みなさんに紹介《しょうかい》することにしました
その家《いえ》には2階《かい》に霊《れい》の通《とお》る道《みち》があったそうですが
生活《せいかつ》するのに問題《もんだい》はなかったそうです——

カチャ
姉《ねえ》ちゃんフロあがったよ～
ふぅ…
ガタ
ガタガタ
ガタガタガタガタ
びくっ
じゃあ…わたしも
ガチャ…
牛乳～
え？ 今《いま》って なんの音《おと》!?
!!!

きゃああああ
なんだよ姉《ねえ》ちゃん なにかあったの？
なに言《い》ってるの？ なにもないじゃん
ほ…ほら ひ…人《ひと》が！

コウには視《み》えてない……
霊《れい》ってことか…
その女性《じょせい》の霊《れい》はときどき家《いえ》にあらわれました
毎《まい》回《かい》同《おな》じように大《おお》きな音《おと》を立《た》て階段《かいだん》の下《した》にたおれている
そしていつのまにか消《き》えているんです——
ふぅ…
おフロそうじ完了《かんりょう》!
お茶でも飲もーっと♪
キィ…
ガタ
ガタガタガタ

こ…
この音《おと》
やっぱり
いったい
この霊《れい》は
なんなの?
いつも階段《かいだん》
から落《お》ちて
きてるのよね
弟《おとうと》にも見《み》て
もらうには…
カメラ…っと
トン トン
えっ?
動《うご》かない…
霊《れい》を撮影《さつえい》しようとした
スマホはこわれて
しまいました
最初《さいしょ》はわかり
ませんでしたが
どうやらこの霊《れい》は
おフロのドアを
ずっと開《あ》けていると
あらわれるようで——

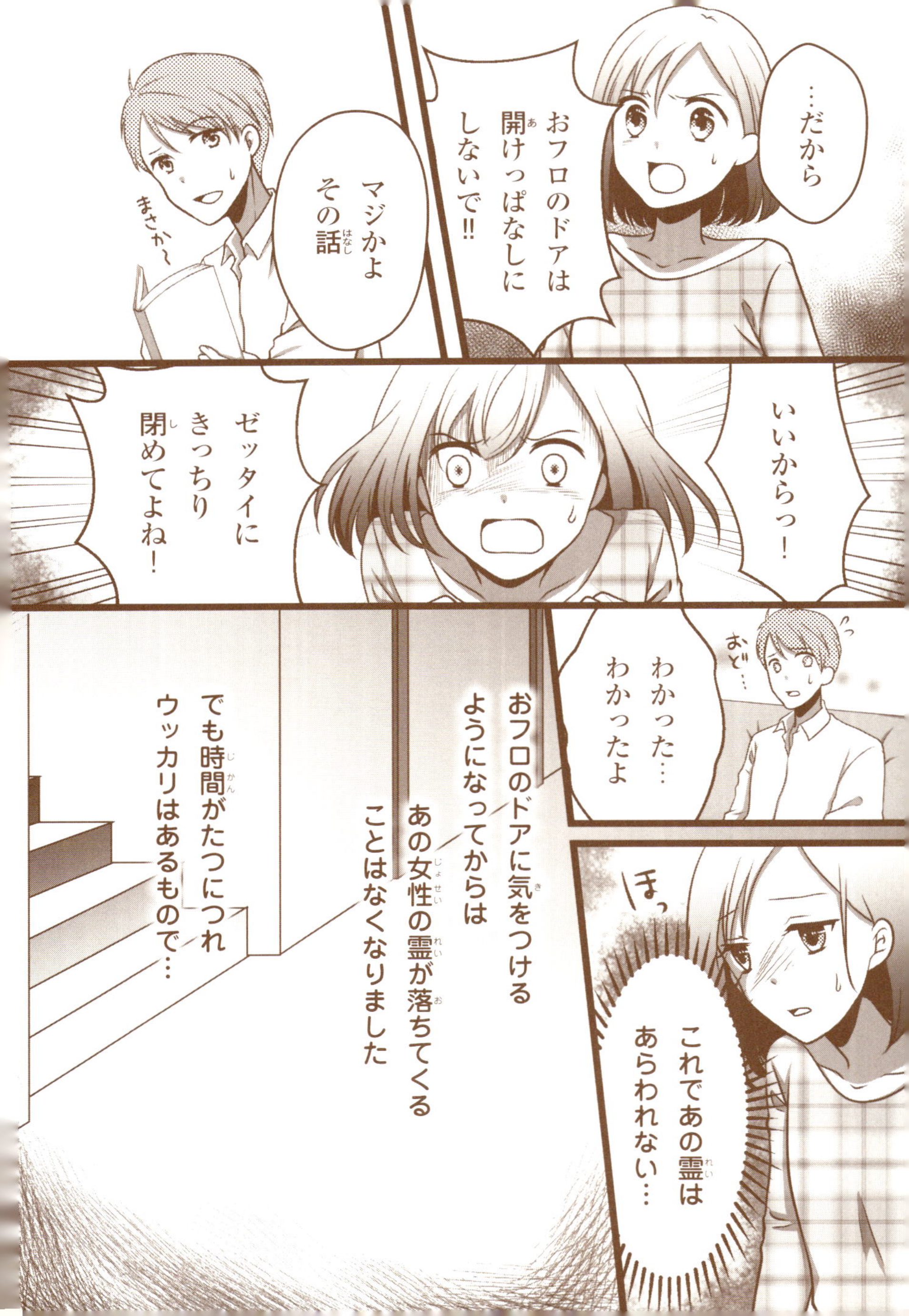
…だから
おフロのドアは開《あ》けっぱなしにしないで!!
マジかよ その話《はなし》
まさか〜
いいからっ！
ゼッタイにきっちり閉《し》めてよね！
おど…
わかった…わかったよ
ほっ
これであの霊《れい》はあらわれない…
おフロのドアに気《き》をつけるようになってからはあの女性《じょせい》の霊《れい》が落《お》ちてくることはなくなりました
でも時間《じかん》がたつにつれウッカリはあるもので…

♪トゥンタタティン〜♪
電話《でんわ》だ! 切《き》れないで〜
キィ…
なによ コウか〜 なんか用《よう》?
なんだよ それ
ブー
あははっ それで どうしたの?
はっ
……さっき おフロのドア…

ガタ!!
ガタガタガタガタ
や…やばい
あ…あの霊《れい》が

ガタ
ゴメ……

ギョロン

…ギ……
ギいいいいいいい
きゃあぁあぁあ

アスカさんはそのとき初《はじ》めて
霊《れい》が階段《かいだん》から落《お》ちてくる
瞬間《しゅんかん》に遭遇《そうぐう》したそうです
アスカさん
アスカさん、お願《ねが》いがあります。階段《かいだん》から落《お》ちてくる霊《れい》の写真《しゃしん》を、
てくれませんか？
彼女《かのじょ》からこの話《はなし》を
聞《き》いたわたしは
その女性《じょせい》の霊《れい》が
見《み》たくなりました
そこで画像《がぞう》を撮影《さつえい》して
送《おく》ってくれないかと
頼《たの》みました
ごめんなさい。霊《れい》の写真《しゃしん》を撮《と》って送《おく》ろうと思《おも》ったんですが、スマホがまたこわれてしまいました。そして最近《さいきん》…なんだか体《からだ》の調子《ちょうし》がおかしくて…。ちょっと怖《こわ》いので、霊《れい》の撮影《さつえい》はやめようと思《おも》います。

女性《じょせい》の霊《れい》が階段《かいだん》から落《お》ちてくるようになったのは、この町内《ちょうない》で殺人事件《さつじんじけん》が起《お》こってからです。でも、落《お》ちてくる女性《じょせい》の霊《れい》は、事件《じけん》で亡《な》くなられた人《ひと》ではないみたいです。
アスカさんと弟《おとうと》さんは少《すこ》しして、その家《いえ》から引《ひ》っこしたそうです
おフロのドアが開《ひら》くことで新《あら》たな霊道《れいどう》がつながってしまい
ふだんは霊道《れいどう》にひそむ霊《れい》が階段《かいだん》の下《した》へと落《お》ちてきていたのでしょうか？
アスカさんが引《ひ》っこしてしまった今《いま》…ナゾは永久《えいきゅう》に闇《やみ》のなかです——

実話《じつわ》怪談《かいだん》 恐怖レベル ゾクッ

10話《わ》 バレないように…

これは廃校《はいこう》となった
小学校《しょうがっこう》で心霊《しんれい》番組《ばんぐみ》の
撮影《さつえい》をしたときの
出来事《できごと》です
当時《とうじ》は
スピリチュアルアイドル
として霊《れい》に関《かん》する仕事《しごと》を
始《はじ》めたばかりで
まだ霊《れい》との
接《せっ》し方《かた》にも
なれていません
でした
ねぇ…
今朝《けさ》の出発《しゅっぱつ》時間《じかん》って
7時《じ》過《す》ぎてたよね？
ああ…
8時《じ》入《い》りにぴったり
間《ま》にあっただろ！
ゾッ

な…なんで今《いま》7時《じ》なんだ?
おかしいだろ
うん じ…時間《じかん》がもどってる…
ああ…きっと わたしは
なにかに 呼《よ》ばれてる
まぁいいや… もう行《い》こう
あぁ… いる……

玄関《げんかん》では子《こ》どもの霊《れい》が遊《あそ》んでいました
か～ごめ かごめ♪
か～ごのな～かの とおり～は～♪
疋田紗也 様 控え室
ここが楽屋《がくや》で
トイレはすぐ横《よこ》…
疋田紗也 様 控え室
いや立《たち》入《いり》禁《きん》止《し》か…
立入禁止

ぞくっ
うわっ
ここにもいる
立入禁止
撮影《さつえい》は体育館《たいいくかん》で
行《おこな》われました
視聴者《しちょうしゃ》には
わかりやすいほうが
いいと思《おも》うんで
水晶《すいしょう》を使《つか》って
霊《れい》を見《み》つける流《なが》れ
でお願《ねが》いします！

あぁこんなこと
したら……
でも仕方《しかた》ない
パーンッ
パンッ
パンッ
パンッ
パンッ
なんだ
この音《おと》?
マジで
怖《こ》えーよ!
あ～やっぱり
バレちゃったな

さっき玄関《げんかん》で視《み》た
子《こ》どもの霊《れい》たちが
集《あつ》まってきました
きゃはははっ
きゃはははっ
ごめんね
わたしはなにも
できないの
でも…もしも
なにかできる
ことがあるなら
霊《れい》は集《あつ》まってきたものの
撮影《さつえい》はとくにトラブルなく
無事《ぶじ》に終了《しゅうりょう》しました——
おつかれさまでした
ありがとうございました

ピタッ
ん？どうした？
あ…あそこ
屋上《おくじょう》に…
ヒッ⁉

シュッ
子《こ》どもの霊《れい》たちは
屋上《おくじょう》からひとりずつ
笑《わら》いながら
飛《と》びおりて
きたのです

1週間後《しゅうかんご》に別《べつ》の撮影《さつえい》で
出《で》かけた神社《じんじゃ》で
少女《しょうじょ》の霊《れい》と話《はな》して
しまったことも
ありました――
楽《たの》しそうに
笑《わら》うオマエが
ゆるせない
呪《のろ》ってやりたい
どうして
そんなこと
言《い》うの？
仕事《しごと》で来《き》てるの
だからゆるして
いや…ゆるせない
わたしは
辛《つら》かった
その日《ひ》から体調《たいちょう》が
どんどん悪《わる》くなり
理由《りゆう》もなく涙《なみだ》がでる
日《ひ》が続《つづ》きました
自分《じぶん》でも変《へん》だなと
思《おも》うのですが涙《なみだ》が
止《と》まらないのです
――そしてある霊媒師《れいばいし》
さんに相談《そうだん》すると…

子《こ》どもや若《わか》い女性《じょせい》なんかが
100体《たい》以上《いじょう》憑《つ》いているね…
霊《れい》は自分《じぶん》の思《おも》いを
伝《つた》えたかったり
どうにかしてほしくて
霊《れい》が視《み》える人間《にんげん》に
憑《つ》いてきてしまいます
だからわたしは
ふだんの生活《せいかつ》では
霊《れい》が視《み》えないふりを
しているのです

実話《じつわ》怪談《かいだん》

恐怖レベル　感動

11話《わ》 チェリーの想《おも》い

——でも今《いま》からお話《はなし》する
出来事《できごと》によって考《かんが》え方《かた》が
少《すこ》し変《か》わりました
これはわたしとチェリー
との不思議《ふしぎ》なお話《はなし》です
チェリーはもう
この世《よ》にはいません
数年前《すうねんまえ》に亡《な》くなって
しまったのです
チェリーとの出会《であ》いは
わたしが小学《しょうがく》3年生《ねんせい》のとき
それからずっといっしょに
暮《く》らしてきたのです

ぐうぜんなのか
運命《うんめい》なのか…
チェリーにもわたしと
同《おな》じ不思議《ふしぎ》な力《ちから》が
ありました
――ある日《ひ》のこと
チェリーどいて
わたしそろそろ
出《で》かけないと
ど…
どうしたの？
チェリー
ぐるる
ぐるるる
チェリーはけっきょく
どきませんでした
そしてなんとその後《あと》
大《おお》きな地震《じしん》が
起《お》きたのです

またわたしが
霊《れい》を感《かん》じるとき
チェリーは必《かなら》ず
同《おな》じ方向《ほうこう》を
見《み》ているのです
窓《まど》のむこう
なにかいるよな…
ぐるる
ぐるる
チェ…チェリーにも
視《み》えてるってこと？

チェリーはわたしの
誕生日《たんじょうび》の2日《か》前《まえ》に
亡《な》くなりました
わたしは仕事《しごと》があり
母《はは》からの連絡《れんらく》で
チェリーの死《し》を
知《し》ったのです
だいぶ長生《ながい》きは
したのですが
悲《かな》しくて悲《かな》しくて涙《なみだ》が
止《と》まりませんでした

しく しく
誕生日《たんじょうび》なんて うれしくない…… チェリーがいないもん
カチッ
そして誕生日《たんじょうび》を迎《むか》えた瞬間《しゅんかん》
ウ… ウソ
チェリーがあらわれ 話《はな》す言葉《ことば》が脳《のう》に入《はい》ってきたのです
こんなことは初《はじ》めてでした

本当《ほんとう》は紗也《さや》ちゃんのお誕生日《たんじょうび》まで
生《い》きていたかったけど
生《い》きられなくてゴメンね
もう泣《な》かないでもう悲《かな》しまないで
紗也《さや》ちゃんの辛《つら》い気持《きも》ち
ぜ～んぶ受《う》けとって天国《てんごく》へ行《い》くから

――そして昨日《きのう》も
不思議《ふしぎ》なことが
起《お》こりました
カリカリ
カリカリ
カリカリ
え？
なんの音《おと》
カリカリ
そろ……
カリ

チェリー!!
紗也《さや》ちゃん
元気《げんき》ない
みたいだね
でも大丈夫《だいじょうぶ》だよ
わたしが持《も》って
いってあげるから!
紗也《さや》ちゃんは
元気《げんき》になるよ

チェリーはそう伝《つた》えると
また消《き》えてしまったのです
7月《がつ》や8月《がつ》は
心霊《しんれい》に関《かん》する仕事《しごと》が
多《おお》くなる時期《じき》
自分《じぶん》でも気《き》づかぬうちに
霊《れい》が憑《つ》いていたり
気持《きも》ち的《てき》にもつかれてしまう
それを心配《しんぱい》した
チェリーが
助《たす》けにきてくれた
のでしょう
チェリーありがとう
ずっとずっと
大好《だいす》きだよ

ショートマンガ 絶叫

恐怖レベル

イタズラ心《こころ》

黒い炎

12話《わ》 クローゼットの奥《おく》

ガチャッ
♪
ただいまっ
あれ？
彩美《あやみ》…どこ行《い》ったんだろ
カタッ
クローゼットが開《ひら》いてる
キイッ…
！
ピンッ

かくれてわたしを
おどろかそうって
ことか…
くくっ
ほらっ!! 彩美《あやみ》
かくれてた♪
バレバレ
じゃん
足《あし》つかんで
びっくり
させちゃえ
そろ〜
う〜ん彩美《あやみ》
どこかな〜
…って
がしっ
わっ!

しーん…
あれ?
なに～彩美《あやみ》ってばノーリアクション?
こちょ
こちょ
こちょ
もお～ガマンしてるわけ? ほらいいから出《で》てきなって
ねえ…侑香《ゆうか》?

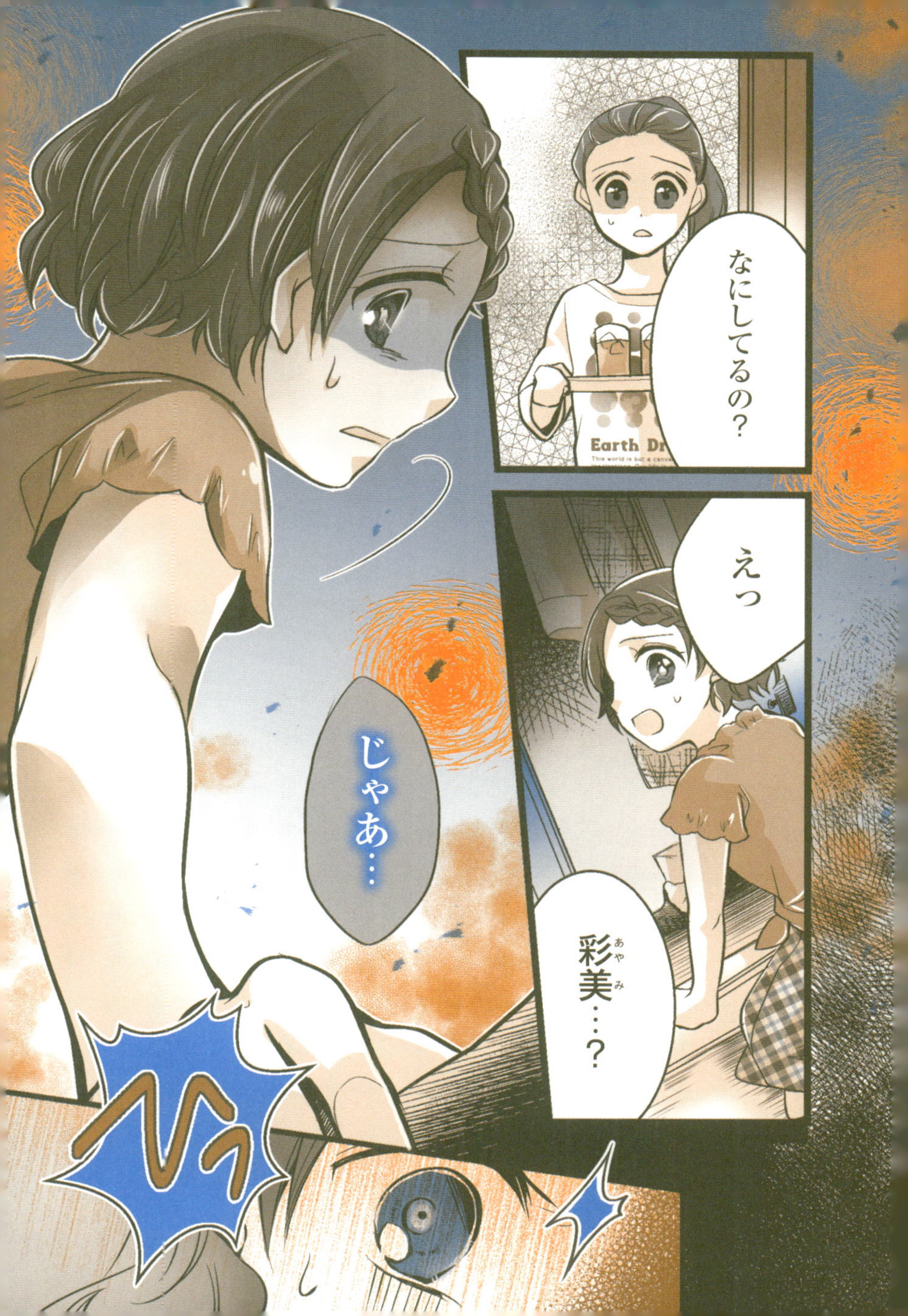
なにしてるの？
えっ
彩美《あやみ》…？
じゃあ…

こ…の…ア…シ

ショートマンガ ゾクッ

恐怖レベル

抱《かか》えこむ黒い炎

13話《わ》

バスの目的地《もくてきち》

はあ…
あーちゃん聞《き》いて!!
郁《いく》とノドカがわたしのことポッチャリって笑《わら》ったの
ひどくない?!
それはヒドイね
ごめん! わたしトイレ!
あーちゃんさっき唯《ゆい》たちとなに話《はな》してたの?
ゼッタイうちらの悪口《わるぐち》でしょ?
えっ
ドキッ

ちがうよ してないって
まぁ あーちゃんが そう言うなら…
でもさー 唯ってすぐ ウソつくじゃん？
あーちゃんは
…うるさい
ウチらの 味方《みかた》だよね？
うるさい
あの子《こ》たち ホント むかつく
あーちゃんも そう思《おも》うよね？
うるさい うるさい
あーちゃん
うるさいっ！
もう！ わたしを ひとりにしてよ!!

かしこまりました…
目的《もくてき》地《ち》変更《へんこう》します
はっ…
あれ…
寝《ね》ちゃってた
!?
なんでだれも
乗《の》ってないの…？
ばっ
えっ
今《いま》どこ!?

と…とりあえず降《お》りなきゃ
とまります
ピンポン
このまま目的地《もくてきち》までまいります
!?
あ…あのっ
わ…わたし
降《お》ります！
このまま目的地《もくてきち》までまいります
ちょっと停《と》めて！
停《と》めてください!!
ヒッ
ゴトッ

このまま目的《もくてき》地《ち》まで
まいります
異世界行き
いやあああ
あああああ
人間《にんげん》のいない
異世界《いせかい》でゆったり
お過《す》ごしください…

「涙《なみだ》ポロリ」「胸《むね》キュン」「ニッコリ」しちゃう…

怖《こわ》いだけじゃない ストーリー

「本当《ほんとう》に怖《こわ》いストーリーシリーズ」を読《よ》んでくれているあなたは
ゾクゾクしながら恐怖《きょうふ》ストーリーを読《よ》むのが、大好《だいす》きなんだよね。
でもみんなからのおたよりで、ハッピーエンドだったり
涙《なみだ》がこぼれたりするお話《はなし》も、人気《にんき》が高《たか》いことがわかったんだ。
そこでこの特集《とくしゅう》では、“怖《こわ》いけれど、怖《こわ》いだけじゃない”
そんなストーリーをまとめて紹介《しょうかい》していくよ!

あらシュナイザー、来《き》てたのね。今日《きょう》はひとり？　あなたが読書《どくしょ》なんて、めずらしいじゃない。どうしたの？

うん、ひとりだよ。ケンがいるかなと思《おも》ったけど、出《で》かけてるみたいだ。

それにさ、フランソワとサーヤの様《よう》子《す》も気《き》になってね。

ありがとう。でも、わたしもサーヤも大丈夫《だいじょうぶ》よ。すっかり元気《げんき》だから！

そっか、それならよかった。それにさ、闇月《やみづき》さんはタマシイが分裂《ぶんれつ》して、完全《かんぜん》に消滅《しょうめつ》したなんて、ぼくは今《いま》も信《しん》じていないんだ。

きっとどこかで、こまった人間《にんげん》のためになにかしてるんじゃない？

あなたが笑顔《えがお》でそんなふうに言《い》うと、本当《ほんとう》にそんな気《き》がしてくるわね。

ところでシュナイザーはいったい、どんな本《ほん》を読《よ》んでいるわけ？

主人公《しゅじんこう》が命《いのち》をかけて姫《ひめ》を助《たす》けにいく冒険小説《ぼうけんしょうせつ》さ。涙《なみだ》が止《と》まらないよ。怖《こわ》いだけじゃない話《はなし》が流行《はや》ってるんだけど、フランソワは知《し》らない？　知《し》ってたら、聞《き》かせてほしいな。

もちろん、あるわよ。胸《むね》がチクっとするせつない恋物語《こいものがたり》なんて、どう？

麗《れい》とサーヤとわたしが、この屋敷《やしき》で3人楽《にんたの》しく暮《く》らしていたころの話《はなし》。

フフッ、サーヤが恋《こい》をしたの…。サーヤって今《いま》はちがうけれど、昔《むかし》は人間《にんげん》の言葉《ことば》を話《はな》せたんだから…。

ウワサをすればなんとやらだ。サーヤじゃないか。だったらサーヤから、話《はなし》を聞《き》こうじゃないか……。

サーヤのお話《はなし》は212ページから始《はじ》まります…。

特集マンガ

恐怖レベル　感動

プレッシャー　黒い炎

14話《わ》　愛《あい》のレクイエム

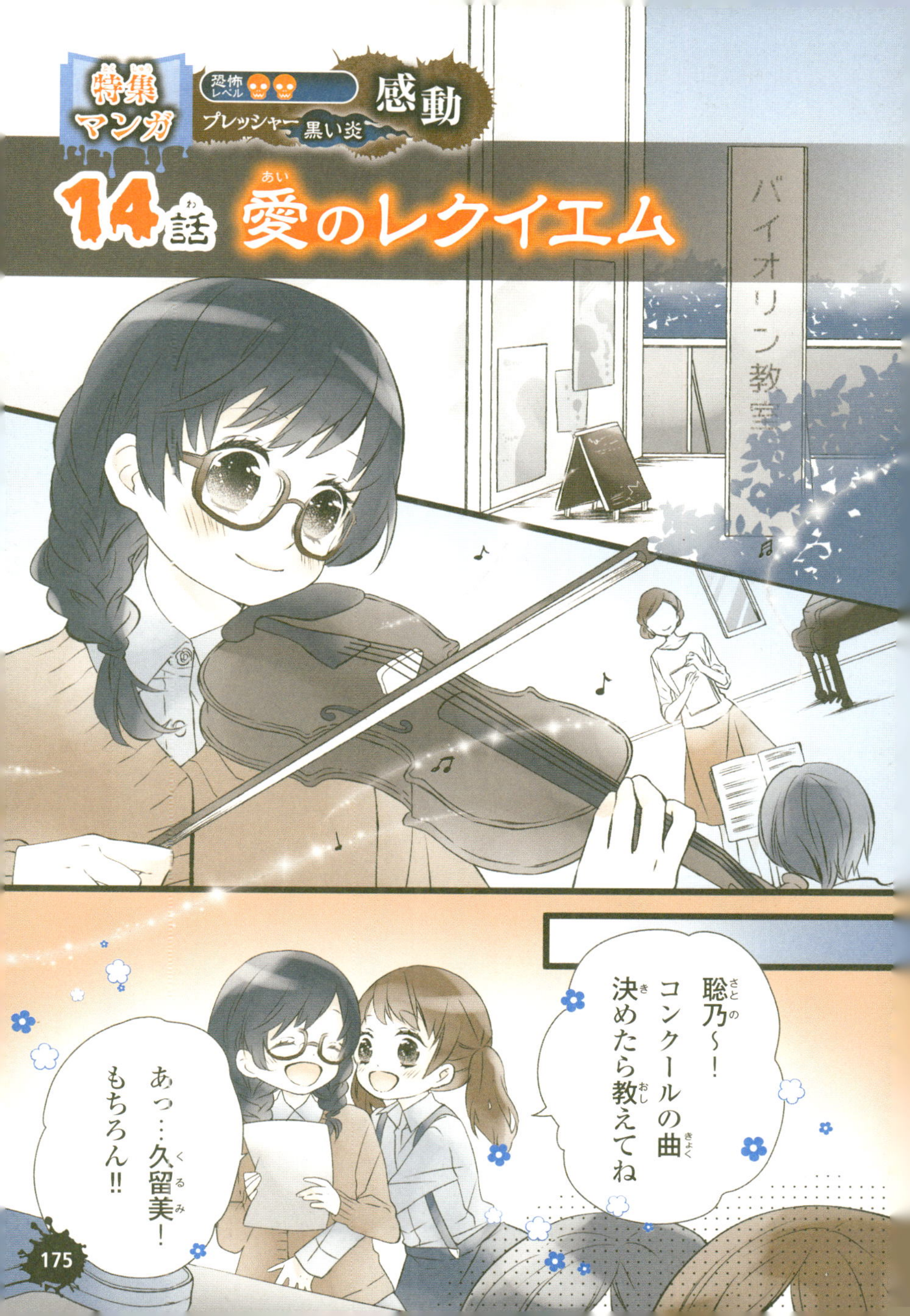

コンクールか…
曲選《きょくえら》びも練習《れんしゅう》も手《て》をぬくな
人《ひと》に勝《か》って結果《けっか》を残《のこ》すには人《ひと》と同《おな》じことをしていたらダメなんだ…人《ひと》より考《かんが》えて人《ひと》より努力《どりょく》するんだ わかってるな!
楽器
ゼッタイに予選《よせん》通過《つうか》しなきゃ…
コンクールの曲《きょく》どうしよう?

ねえ君《きみ》
なにか楽《がく》ふをさがしているの?
え?
は…はい
あっ…この人《ひと》もバイオリン弾《ひ》くんだ
コンクールで人《ひと》と同《おな》じにならない曲《きょく》をさがしていて…
だったらこんな曲《きょく》はどうかな?

ルララ…
心《こころ》に入《はい》ってくる音色《ねいろ》…
ラルル
ルルラリル ラララー
なんだか悲《かな》しいけどとっても温《あたた》かい…
なんていう曲《きょく》ですか!? 弾《ひ》きたいです!!
ありがとう ぼくが妻《つま》のために作曲《さっきょく》した愛《あい》のレクイエムさ
ぼくこそ君《きみ》にこの曲《きょく》を演奏《えんそう》してほしい
青《あお》木《き》誠《せい》治《じ》と いいます

ここがぼくの家《いえ》だよ
こまったらいつでも聞《き》きにおいで
この曲《きょく》ならコンクールで勝《か》てる！
ステキなオリジナル曲《きょく》を演奏《えんそう》できるなんてツイてる！
カチ
カチ
う〜んここ音程《おんてい》とりにくいな…
がんばらなきゃパパにほめてもらえない…

あ～ダメ ここで何度《なんど》も つまずく…
もし予選《よせん》で落《お》ちたら…
ダメ！ そんなの ありえない…
よしっ！ 青木《あおき》さんに教《おし》えて もらおう！
本当《ほんとう》に 来《き》ちゃったけど 平気《へいき》かな
ピンポーン…
ガチャ
やぁ 聡乃《さとの》ちゃん！
よく来《き》てくれた たわね さぁどうぞ！
うまく弾《ひ》けない 部分《ぶぶん》があって…

おじゃましま～す
あれ？今《いま》のって聡乃《さとの》？
久留美《くるみ》それキレイ！どうしたの？
水晶《すいしょう》だよ 親《しん》せきのおばさんがくれたんだ～
へぇ…
バリアをはって邪悪《じゃあく》な霊《れい》から守《まも》ってくれるお守《まも》りなの！
スゴイお守《まも》りだね
そうだ…昨日《きのう》あんな場所《ばしょ》でなにしてたの？
昨日《きのう》？

あぁ…青木《あおき》さん家《ち》のことかな？それはね…コンクー
やっぱなんでもない！
久留美《くるみ》には青木《あおき》さんの曲《きょく》や練習《れんしゅう》のことヒミツにしなきゃ…
マネされたくない…あの曲《きょく》は
わたしだけが演奏《えんそう》するの…
あのね…
知《し》りあいになったから毎日《まいにち》遊《あそ》びに行《い》ってるんだ
あんな古《ふる》い家《いえ》だれも住《す》んでないじゃん…
なに言《い》ってるの？新《あたら》しいし青木《あおき》さん夫婦《ふうふ》が住《す》んでるから
えー
わたし近所《きんじょ》だよウソだってすぐにわかるんだけど！
ウソじゃないよ！

聡乃《さとの》なにかかくしてるっ!!
コンクールの曲《きょく》だって教《おし》えてくれないし!!
なにもかくしてなんかないよ!!
はいはい静《しず》かにそこのふたり…レッスン始《はじ》めますよ
あんなところに毎日《まいにち》って…ゼッタイおかしい
今日《きょう》はここまでー
ちょっと!
わたしのバッグ!

今《いま》…楽《がく》ふぬすもうとしたでしょ！
ぐいっ
そんなことするわけないじゃん！
わたし…先《さき》に帰《かえ》るから
バタ
バタ
あぶなかった…
久留美《くるみ》には気《き》をつけないと…
は…早《はや》く青木《あおき》さん家《ち》に行《い》かなくちゃ…
ピンポーン

……やっぱり
入《はい》っていった
な…なかで
なにしてるの?
それにあの
聡乃《さとの》の様子《ようす》…
ガチャ…
ヒッ

さ…聡乃《さとの》！
なにしてるのっ！
え？
久留美《くるみ》？
ごめんなさい…
友《とも》だちが
ジャマ
するな
あ…
青木《あおき》さん？
え？
ここどこ？

ャマするな
ジャマするな
ジャマするな
ここにはだれも住《す》んでない…早《はや》く逃《に》げ…
久留美《くるみ》っ!
ど…どうしよう
そうだ! あの水晶《すいしょう》のお守《まも》りを!!
な…ない 持《も》ってないの
な…なんでよ

い…入《い》れたから…
聡乃《さとの》の
バイオリンケース
バカッ！
どうして
そんなこと
大切《たいせつ》な
お守《まも》りなのに…
聡乃《さとの》が…
し…心配《しんぱい》で…
ギリ…
どうしよう
粉々《こなごな》に砕《くだ》けてる
聡乃《さとの》を
守《まも》ったことで
もう限界《げんかい》みたい
どうしよう…
どうしよう…
わたしのせいで
久留美《くるみ》が…
正《ただ》しいか
わからないけど…
ぎゅっ
やるしかないっ！

レクイエム…
それは鎮魂歌《ちんこんか》…
どさっ
死者《しゃ》のタマシイを
しずめるための曲《きょく》…
ハァ
ハァ
は…初《はじ》めて
最後《さいご》まで完《かん》ペキ
に演奏《えんそう》できた…

ポゥ…
病気《びょうき》で亡《な》くなった妻《つま》を
天国《てんごく》に送《おく》るために作《つく》ったこの曲《きょく》
だけど曲《きょく》が完成《かんせい》した
その日《ひ》…ぼくまで事故《じこ》で
命《いのち》を落《お》としてしまった
悲《かな》しい思《おも》いを
残《のこ》したままになった
ぼくら
これでようやく
ふたりとも
成仏《じょうぶつ》できる…
聡乃《さとの》さん
ありがとう
聡乃《さとの》ちゃん
ありがとう…

久留美《くるみ》っ
大丈夫《だいじょうぶ》!?
わ…わたし
ごめんね…
た…助《たす》けて
くれて
ありが…と
ごめんね…
久留美《くるみ》の
大切《たいせつ》なお守《まも》り
粉々《こなごな》に…
そんなの平気《へいき》
だって——
わたしの大切《たいせつ》なもの
守《まも》ってくれたんだから

特《とく》集《しゅう》マンガ
恐怖レベル
意思《いし》の弱《よわ》さ
黒い炎
感動
15話《わ》
13歳《さい》の夏《なつ》休《やす》み
楽《たの》しいことなんてない
いいことなんて起《お》きない
人《ひと》はなんで生《い》きるんだろう…

さ～きか！
ビクッ
英語《えいご》の宿題《しゅくだい》やってきた？
う…うん
さっすが～お願《ねが》い写《うつ》させて！
わたしも！
またた…
でもいやって言《い》えないし…
い…いいよ
サンキュ～
咲華《さきか》ってマジ頼《たよ》りになる友《とも》だち
そ…そうかな？
だよね～神《かみ》だよね

あっ
次《つぎ》ってさ
理科室《りかしつ》じゃん
行《い》こっ
バタ
バタ
やばっ!
遅刻《ちこく》しちゃう
ぽつん…
友《とも》だち…って
いそげー
きゃははっ
タタタ…
なに?
夏休《なつやす》みってさ
ザザァン…
楽《たの》しまなきゃ
すぐ終《お》わっちゃう…
!

わたし真美《まみ》
よろしくね！
なにこの子《こ》いきなり…
あれ ハグのほうがいい？
ん？ この子《こ》どこかで会《あ》ったこと…
ない…よね？
せっかくの夏休《なつやす》みなのに友《とも》だちと遊《あそ》んだりしないの？
友《とも》だち…
………いないから
だったら作《つく》ればいいじゃん！
そんなカンタンなものじゃない…よ

カンタンだよ わたしと 友《とも》だちになろ！
そして 夏休《なつやす》み中《じゅう》 遊《あそ》ぼう！
13歳《さい》の夏休《なつやす》みは 1回《かい》きりだよ!!
冗談《じょうだん》かと思《おも》ったけど 真美《まみ》という子《こ》は 本気《ほんき》だったみたいで
わたしたちは 毎日《まいにち》11時《じ》ここで 待《ま》ちあわせた
8/3
あ 当たった
いいなら
8/7
ほら はずかしがらずに～
ククッ
う…うん
8/10
もう ねてる…
ZZZ

8/16
双子コーデしてみない？
なあにそれ？
8/20
ギャー
もう一回のろう！
ひぃ～
8/24
ずっとともだち
へんがお
8/27
咲華うまーい
えへへ
ママに似たのね
…ママ？
おーい咲華《さきか》！
ごめん遅《おそ》くなって
はぁ
はぁ
今日《きょう》はどこへ行《い》こっか？
う……うん どうしようか

具合悪《ぐあいわる》いんだね…
どうしてそう言《い》わないの
ドキッ
ダメなときはダメって
ちゃんと言《い》わなきゃ伝《つた》わらないよ
…う うん
大丈夫《だいじょうぶ》! ダメって言《い》っても嫌《きら》われないから!
今日《きょう》の遊《あそ》びは中止《ちゅうし》!
家《いえ》まで送《おく》るよ

千春《ちはる》ちゃん…
昔《むかし》からお花《はな》好《す》きだったもんな～
ママの名前《なまえ》…？
咲華《さきか》は自分《じぶん》の名前《なまえ》の由来《ゆらい》知《し》ってる？
え？
華《はな》のように大《おお》きな笑顔《えがお》が咲《さ》く人生《じんせい》になりますように
そんな願《ねが》いがこめられたんだよ
咲華《さきか》が生《う》まれたときみんなが喜《よろこ》んだ
いったいなんの話《はなし》？
ううん…じゃあ帰《かえ》るね
今《いま》の話《はなし》……どういうこと？

——翌日《よくじつ》
ザザァ…
具合《ぐあい》はどう？
もう大丈夫《だいじょうぶ》
じゃあ行《い》こうか
なにか飲《の》も！
うん
チラ
チラ
聞《き》きたいことがあるならハッキリ聞《き》く！
どうしてバレたの？
ドキッ

…わたしの名前《なまえ》の由来《ゆらい》とか生《う》まれた日《ひ》の話《はなし》
なんで知《し》ってるの？
ふふっ
ヒミツ
ハッ
ウソ…やだ結乃《ゆの》と果帆《かほ》だ
あ〜咲華《さきか》じゃんなにしてんの？
ギクッ

あ…結乃《ゆの》果帆《かほ》
いいなぁ～タピオカミルクティー
わたしも飲《の》みた～い
あたしたちにも買《か》ってきて～
ねぇお願《ねが》い！
ちゃんとお金だすし！
！
グッ
ご…ごめんムリ！
友《とも》だちと話《はな》してるから！
……
ダメだやっぱり言《い》えない…

ぐいっ
わたしたち今《いま》大事《だいじ》な話《はなし》をしてるの飲《の》みたければご自分《じぶん》で
ニコォ…
あ……そっか
じゃましてごめんね
ほっ…
ママ？なに見《み》てるの？
まー姉《ねえ》ちゃんと撮《と》った写真《しゃしん》
明日《あした》が命日《めいにち》だから…
まー姉《ねえ》ちゃんってママのお姉《ねえ》ちゃんだよね
わたしにも見《み》せ…て

ま……真美《まみ》⁇
真美《まみ》お姉《ねえ》ちゃん
ママの3つ上《うえ》でまだ13歳《さい》のとき病《びょう》気《き》で亡《な》くなってね
もうずっとお墓参《はかまい》りに行《い》けてないから怒《おこ》ってないといいけど
ウソ…
そ…そんなことって
そうだわたし…
真美《まみ》の顔《かお》…
小《ちい》さいころに見《み》てたんだ…‼

わ…わたしが
会《あ》っていたのは
まちがいなく
あのまー姉《ねえ》ちゃん…
ガク
ガク
ぜんぶ
バレちゃった
みたいね
!?

ま……真美《まみ》
あ…あなた…
し…死《し》んでるのよ
ズル…
知《し》ってる……
今日《きょう》はわたしの命日《めいにち》だもん
8月31日
オオオ…
わたしの13歳《さい》の夏休《なつやす》みはね…
最悪《さいあく》だった

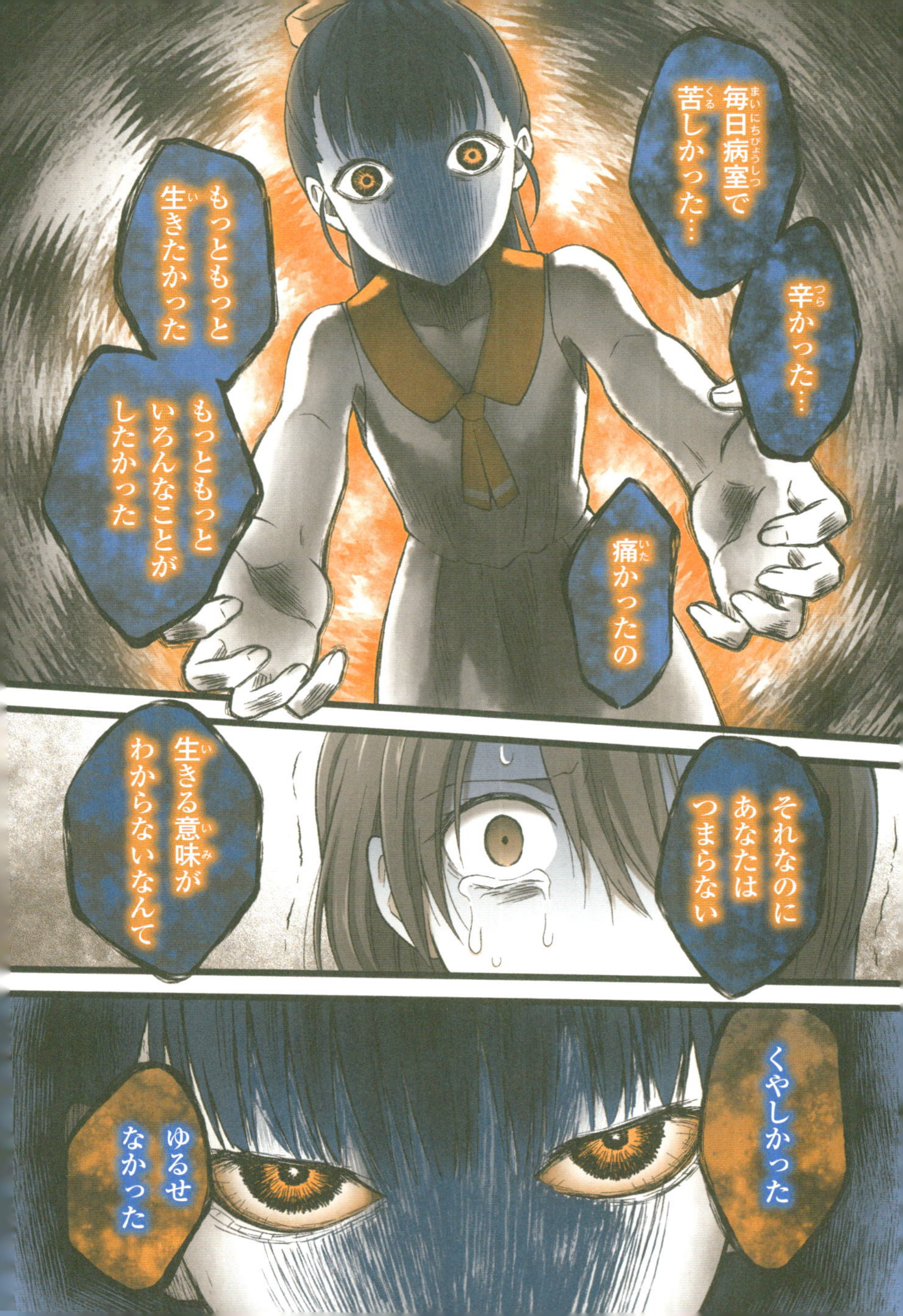
毎日病室《まいにちびょうしつ》で苦《くる》しかった…
辛《つら》かった…
痛《いた》かったの
もっともっと生《い》きたかった
もっともっといろんなことがしたかった
それなのにあなたはつまらない
生《い》きる意味《いみ》がわからないなんて
くやしかった
ゆるせなかった

わ…わたしを あの世《よ》に つれてくの？
だってあなた… つまらないんでしょ？
ブルブル
や…やめて
あなたのおかげで 楽《たの》しい夏休《なつやす》みを 過《す》ごせた
それはあなたも 同《おな》じでしょ
もう思《おも》い残《のこ》すことは ないでしょ？
さあ…

やめてぇ!!
いやっ!
あの世《よ》には
いかないっ!
わたしだって
もっともっと生《い》きて
いろんなことしたい!
ちゃんと
言《い》えたじゃん

そこでわたしの記憶《きおく》はとだえました———
翌朝《よくあさ》わたしはふつうに目《め》を覚《さ》ましました
でも…あの夜《よる》の出来事《できごと》はマボロシだとは思《おも》いません
真美《まみ》はわたしが生《う》まれてからずっと見守《みまも》ってくれていて
今《いま》のわたしを助《たす》け生《い》きることの幸《しあわ》せを伝《つた》えるためにあらわれてくれたのだと思《おも》います
わたしたちの13歳《さい》の夏休《なつやす》み最高《さいこう》だったね
ずっとともだち

闇月麗《やみづきれい》
スピンオフストーリー

サーヤの初恋《はつこい》

（あ～あ、今日《きょう》は通《とお》らなかったな…。塾《じゅく》の日《ひ》だったのかな？　それともサッカークラブ？）

わたしは屋根《やね》からテラスへとおりると、そのままキッチンにむかった。キッチンからは麗《れい》とフランソワの話《はな》し声《ごえ》が聞《き》こえてくる。

「ねぇ麗《れい》、最近《さいきん》のサーヤって、様子《ようす》が変《へん》だと思《おも》わない？　今《いま》までは倉庫《そうこ》で寝《ね》てばかりいたのに、最《さい》近《きん》は夕方《ゆうがた》になると、いっつも屋根《やね》にいるのよ」

「夕焼《ゆうや》けでもながめてるのかしらね？　もしくは人間観察《にんげんかんさつ》でもしてるんじゃない？」

「それはないわ。だって、サーヤは人間《にんげん》が嫌《きら》いだもの。とくに子《こ》どもはすぐにイタズラしてくるから、大嫌《だいきら》いだって前《まえ》に話《はな》してたわ…」

「ねぇ…わたしがいったいどうしたって？」

わたしはふたりの会話《かいわ》をさえぎるように、キッチンの奥《おく》へと入《はい》っていった。

「サーヤ、なんだかうかない顔《かお》ね。どうしたの？　もうすぐご飯《はん》になるわよ」

「わたし、いらないわ……。もう寝《ね》るから…」

「最近《さいきん》、ご飯《はん》を食《た》べないことも多《おお》いわよね。なになに、ダイエットでもしてるの？」

「………サーヤ、どうしちゃったのかしらね」

わたしは毎日《まいにち》、夕方《ゆうがた》になると屋根《やね》にのぼる。
だって1秒《びょう》でも早《はや》く、カレを見《み》つけたいから。
（航太《こうた》くん…今日《きょう》は来《き》てくれるかな？）
航太《こうた》くんは小学《しょうがく》5年生《ねんせい》で、1か月前《げつまえ》にこの街《まち》へ引《ひ》っこしてきたばかり。ネコが大好《だいす》きなんだけど、ママとふたりで暮《く》らすマンションでは、動物《どうぶつ》は飼《か》えないんだって…。だからミルクを持《も》って、ときどきわたしに会《あ》いに来《き》てくれるんだ。

「あっ！　航太《こうた》くん」
わたしは急《いそ》いで屋根《やね》からおり、庭《にわ》へとかけていった。
「クロちゃん、また来《き》たよ。元気《げんき》だった？」

「ミャー、ミャー。ミャー、ミャー。（わたしは元気《げんき》だったわ。航太《こうた》くんは元気《げんき》だった？）」
「今日《きょう》もミルクを持《も》ってきたんだ。クロちゃん、おなかすいてるだろ？」
航太《こうた》くんは、わたしをクロちゃんって呼《よ》ぶ。黒《くろ》い毛《け》なみがキレイだからだって。フフッ、でもねわたし本当《ほんとう》は、サーヤって名前《なまえ》なのよ。
「クロちゃん、今日《きょう》は体育《たいいく》でサッカーしたんだ。ぼく2点《てん》もゴール決《き》めたんだ。すごいだろ！」
「ミャー（航太《こうた》くん、すごい！）」
「ありがと。クロちゃんほめてくれるんだね」
航太《こうた》くんは、いつもいろんな話《はなし》をしてくれる。学校《がっこう》であったこととか、ママとの話《はなし》とか。
だからわたしも、航太《こうた》くんに大好《だいす》きな麗《れい》やフランソワの話《はなし》をしたいって思《おも》うけど……。

「ごめんね、クロちゃん。スーパーへ買《か》い物《もの》に行《い》くから、そろそろ帰《かえ》らなきゃ…。今日《きょう》の夕《ゆう》ご飯《はん》はレタスチャーハンを作《つく》るんだ。とってもおいしいから、いつかクロちゃんにも食《た》べてほしいな」

「ミャーミャー（じゃあね、航太《こうた》くん）」

わたしはカレが帰《かえ》るとまたすぐさま屋根《やね》にのぼり、その姿《すがた》が遠《とお》く見《み》えなくなるまで、手《て》をふった。…いや、そんなキモチでずっと見《み》つめた。

（フフッ、航太《こうた》くんの作《つく》るチャーハンか…）

フランソワが話《はな》していたように、わたしは人間《にんげん》が嫌《きら》い。だって、人間《にんげん》は自分勝手《じぶんかって》だから。

麗《れい》がフランソワをつれてこの屋敷《やしき》にやってくる100年《ねん》以《い》上前《じょうまえ》から、わたしはこの屋敷《やしき》にいる。

わたしの飼《か》い主《ぬし》は屋敷《やしき》を建《た》てた夫婦《ふうふ》で、わたしのことをとてもかわいがってくれたわ。

でも彼《かれ》らはどんどんおじいさんとおばあさんになっていき、やがて亡《な》くなってしまった。そして屋敷《やしき》は売《う》りにだされ、新《あら》たな人間《にんげん》がやってきた。

「キャッ！　あ、あなた、ネコがいるわ！」
「どこかの野良猫《のらねこ》が住《す》みついたのか？　シッシッ、あっちいけ。おまえの住《す》む場所《ばしょ》じゃない」
「ずうずうしいネコね、動《うご》こうともしない。それに黒猫《くろねこ》なんて、なんだか縁起《えんぎ》が悪《わる》いわ」
わたしは全身《ぜんしん》の毛《け》を逆立《さかだ》てて、威嚇《いかく》した。
「フギャ!!（ここはわたしの家《いえ》よ。アンタたちこそ、どこかいきなさいよ！）」
そして思《おも》いきり、ツメでひっかいてやった。
「イタッ、なんだこいつ。ひっかきやがった」
「キャア！　このネコどうにかしてちょうだい」
「つかまえて退治《たいじ》してやる！　うわっダメだ」
そして降参《こうさん》したとばかりに屋敷《やしき》を出《で》ていった。
（フフッ、いい気味《きみ》よ。わたしの家《いえ》に勝手《かって》に住《す》もうなんて、ゼッタイにゆるさないんだから）

それからわたしは、屋敷《やしき》にやってくる人間《にんげん》を追《お》いだす方法《ほうほう》をいろいろ考《かんが》えて実行《じっこう》した…。
姿《すがた》を見《み》せずに暗闇《くらやみ》から物音《ものおと》を立《た》てたり、真夜中《まよなか》決《き》まって同《おな》じ時間《じかん》に鳴《な》いてみたり、リビングに置《お》かれた物《もの》を寝室《しんしつ》のベッドへ移動《いどう》させたり…。
人間《にんげん》を少《すこ》しおどろかせるために始《はじ》めたことだったけれど、これは予想《よそう》以上《いじょう》の効果《こうか》をよんだ。
「ねぇ…この屋敷《やしき》、幽霊《ゆうれい》がいると思《おも》うの…」
「ああ、まちがいない。すぐ出《で》ていこう…」
こんなことを続《つづ》けるうちに、屋敷《やしき》は〝幽霊屋敷《ゆうれいやしき》〟とウワサされるようになり、人間《にんげん》はだれも近《ちか》よらなくなっていった…。
（あ〜静《しず》かで、うれしい。ゆっくり眠《ねむ》れる…）
そしてわたしはこの屋敷《やしき》でひとり暮《く》らした。麗《れい》とフランソワがやってくる日《ひ》まで…。

もちろん、麗《れい》やフランソワがこの屋敷《やしき》で暮《く》らしだした後《あと》も、幽霊屋敷《ゆうれいやしき》のウワサは消《き》えなかった。それどころか、人影《ひとかげ》が見《み》えるだとか、宙《ちゅう》にうかぶ人形《にんぎょう》を見《み》ただとか、話《はな》し声《ごえ》や笑《わら》い声《ごえ》が聞《き》こえるなどと、ウワサはさらに広《ひろ》がっていった。

でも迷惑《めいわく》なことに、幽霊屋敷《ゆうれいやしき》と聞《き》いてきもだめしにやってくる子《こ》たちも増《ふ》える一方《いっぽう》だった…。

「おい、知《し》ってるか？　ここ幽霊《ゆうれい》でるんだぜ」

「マジかよ～。おもしろそうじゃん！」

「探検《たんけん》しようぜ。幽霊《ゆうれい》なんているわけないし！」

もちろん、どんな強気《つよき》なことを話《はな》していても、ブキミな雰囲気《ふんいき》が漂《ただよ》う屋敷《やしき》に入《はい》ってこれる子《こ》たちはいなかった。せいぜい、庭《にわ》を探検《たんけん》する程度《ていど》。でも、こんな子《こ》どもたちに見《み》つかったら最後《さいご》。とくに乱暴《らんぼう》な男《おとこ》の子《こ》だと、最悪《さいあく》なことになる…。

「うわっ、化《ば》け猫《ねこ》がでたぞ！」

「よし、攻撃《こうげき》しろ～。化《ば》け猫退治《ねこたいじ》だ～！」

わたしを追《お》いかけまわし、石《いし》を投《な》げてきたり、水鉄砲《みずでっぽう》で攻撃《こうげき》してくるのだ。こんなことが続《つづ》くものだから、わたしは子《こ》どもが大嫌《だいきら》いになった。

でも、航太《こうた》くんは、まったくちがった。

あの日《ひ》も、わたしが気持《きも》ちよく日《ひ》なたぼっこしているところ、近所《きんじょ》の悪《わる》ガキたちが庭《にわ》にやってきて、石《いし》を投《な》げようとしていたらしい。

「おい、おまえら！　なにしてるんだ？」

「だれだよおまえ、見《み》たことないヤツだな」

「ほらっ、あそこにネコがいるだろ？　あれ、化《ば》け猫《ねこ》なんだよ。だから退治《たいじ》してやるんだ」

「やめろよ。化《ば》け猫《ねこ》なんかじゃないさ。カワイイ黒猫《くろねこ》じゃないか」

「おまえ、この家《いえ》が幽霊屋敷《ゆうれいやしき》って言《い》われること、知《し》らないんだな。あれは化《ば》け猫《ねこ》なんだよ」

「とにかく動物《どうぶつ》に石《いし》を投《な》げるなんて、ゼッタイにダメだ。ぼくがゆるさないぞ！」

「な、なんだよ、おまえ。めんどくせぇな。もういいや。みんな行《い》こーぜ」

「二度《にど》とこの子《こ》にイタズラするなよ。見《み》つけたら、おまえらに同《おな》じことをするからな！」

——これが航太《こうた》くんとの出会《であ》いだった。

「ヒドイことをするヤツもいるんだな。でも大丈夫《だいじょうぶ》だよ、ぼくが君《きみ》を守《まも》ってあげるからね」

そして航太《こうた》くんはわたしにゆっくりと近《ちか》より、優《やさ》しく背中《せなか》をなでた。

「キレイな毛《け》なみだね。真《ま》っ黒《くろ》だ。う～ん、君《きみ》はクロちゃんだ！　ぼくは石川航太《いしかわこうた》。こんにちは」

そういってカレは、ニッコリほほえんだ。

（へえ～こんな人間《にんげん》もいるのね。人間《にんげん》に優《やさ》しくされたのは、飼《か》い主《ぬし》の秋元《あきもと》さん夫婦《ふうふ》以来《いらい》だ…）

「クロちゃんは、ひとりぼっちなの？」

「ニャー、ニャー（ちがうわ。麗《れい》とフランソワといっしょに暮《く》らしているのよ）」

「そっか。ひとりぼっちなら、さみしいよね。でも、ぼくがときどき遊《あそ》びにくるからさ」

（当然《とうぜん》だけど、わたしの言葉《ことば》はわからないわよね。フフッ、まあいいか…）

「ご飯《はん》はどうしてるのかな？　毛《け》なみはキレイだから、エサは食《た》べてるようだけど。だれかがエサを持《も》ってきてくれているのかな…？」

（この男《おとこ》の子《こ》、もしかしてわたしのことを……心《しん》配《ぱい》してくれてるの？）

胸《むね》の奥《おく》の奥《おく》が、ボワっと熱《あつ》くなる気《き》がした。

そして出会《であ》ったあの日《ひ》から、気《き》づけはカレのことばかり考《かんが》えている。こんなふうに人間《にんげん》のことを考《かんが》えるのは、初《はじ》めてのことだった――。

（航太《こうた》くん…今日《きょう》は来《き》てくれるかな？）

（航太《こうた》くん…ママと仲直《なかなお》りできたのかな？）

（航太《こうた》くんの笑顔《えがお》、早《はや》く見《み》たいな…）

わたしの心《こころ》、いったいどうしたんだろう。なにか、病気《びょうき》にでもかかったのかな。カレの姿《すがた》を見《み》つけると、ドクドクドクドクってスピードが速《はや》くなるし、カレに会《あ》えなかった日《ひ》は、ギューっておしつぶされたように苦《くる》しくなる…。

ハア～。ハア～。ハア～。ハア～。

「ちょっと麗《れい》。サーヤ、また大《おお》きなため息《いき》。朝《あさ》からもう、125回目《かいめ》よ。わたし数《かぞ》えてるんだから」

「たしかに、ため息《いき》ばかりついているわね」

「サーヤ！　サーヤってば!!　聞《き》いてる？」

「………どうしたの、フランソワ？」

「もぉ～。どうしたのじゃ、ないわよ」

「サーヤ。……あなた、恋《こい》してるのね」

「ええ!?　恋《こい》？　コイって、あの恋《こい》のこと？」

「お相手《あいて》はよく屋敷《やしき》にやってくる少年《しょうねん》かしら？」

わたしの頭《あたま》にパッと航太《こうた》くんの顔《かお》がうかんだ。

「サーヤの顔《かお》が真《ま》っ赤《か》よ。黒猫《くろねこ》なのに～」

「フフッ。どうやら図星《ずぼし》だったみたいね」

（そっか。このキモチって、恋《こい》だったんだ……）

「……ねえ、麗《れい》。ネコのわたしが人間《にんげん》の男《おとこ》の子《こ》に恋《こい》するなんて、バカげてるわよね？」
「そんなことないわ。ステキじゃない？」
「わたしね、いつか人間《にんげん》の言葉《ことば》でカレと話《はな》してみたいの。いつも話《はな》を聞《き》くばっかりだから…」
「だったら、すぐにでもそうすればいいじゃない？　サーヤには、その力《ちから》があるんだし…」
「ネコが人間《にんげん》の言葉《ことば》をしゃべったら、ブキミがられるわ。本当《ほんとう》の化《ば》け猫《ねこ》だって、嫌《きら》われちゃう…」
「大丈夫《だいじょうぶ》よ。カレはそんな子《こ》じゃないでしょ？」
「うん。でも………。麗《れい》、お願《ねが》いがあるの。わたしを少《すこ》しの間《あいだ》、人間《にんげん》の姿《すがた》にしてちょうだい！　カレの住《す》む世界《せかい》を、人間《にんげん》として感《かん》じてみたいの」
「………サーヤ。わかったわ！」
麗《れい》はほほえみ、わたしのひたいに手《て》をあてた。

「うわ〜！　美人《びじん》さんじゃない。サーヤ」

「本当《ほんとう》ね、サーヤ。とってもステキよ」

「人間《にんげん》って、こんなに遠《とお》くまで見《み》わたせるのね。わたしいつも見《み》あげてばかりだから…。それにほら、フランソワを持《も》ちあげることもできるわ」

「サーヤ。わかってると思《おも》うけど、その姿《すがた》はあくまで仮《かり》の姿《すがた》。だから、人間《にんげん》と話《はな》してはダメよ。声《こえ》をかけることも、ゼッタイにしてはダメ！」

「うん。そ、それは…わかってる」

「体《からだ》のなかでわたしの力《ちから》と、あなたの力《ちから》が反発《はんぱつ》しあうことになる。その姿《すがた》で人間《にんげん》の言葉《ことば》を口《くち》にした瞬間《しゅんかん》、あなたは人間《にんげん》の言葉《ことば》を話《はな》す力《ちから》を失《うしな》う…」

「麗《れい》、心配《しんぱい》いらないわ。はずかしくて、わたしカレに話《はな》しかけるなんてできないし…」

「……うん。それなら、いいんだけど…」

せっかく人間《にんげん》の姿《すがた》に変《か》えてもらったのに、なんだかとってもはずかしくなってしまい、けっきょく街《まち》にはくりだせないままだった。

——そして3日《か》後《ご》。わたしはソワソワしながら、髪《かみ》の毛《け》をブラシでとかしていた。

（よし！　今日《きょう》こそこの姿《すがた》で、航太《こうた》くんといっしょに街《まち》を歩《ある》くんだ。もちろん、うしろからこっそり、ついていくだけだけど……）

人間《にんげん》の姿《すがた》のわたしは、屋根《やね》の上《うえ》ではなく、門《もん》の近《ちか》くでカレを待《ま》っていた。

（来《き》たっ！　航太《こうた》くんが来《き》たっ!!）

「クロちゃ〜ん！　クロちゃ〜ん！　あれ？　いないのかな？　いつもならすぐ出《で》てくるのに…」

（ごめんね、航太《こうた》くん。ここにいるんだけど…）

航太《こうた》くんは庭《にわ》にミルクを置《お》くと、さみしそうに屋敷《やしき》をあとにした。わたしは少《すこ》し距離《きょり》をあけて、カレのうしろを歩《ある》き始《はじ》めた。
（すごい！　わたし今《いま》、航太《こうた》くんのうしろを歩《ある》いてる。うわ～、見《み》える景色《けしき》がぜんぜんちがう…）
航太《こうた》くんは、街路樹《がいろじゅ》の近《ちか》くで立《た》ち止《ど》まる。すっとかがんで、なにかをしているようだ。
「ごめんね。今《いま》すぐ、どかしてあげるからね」
そう言《い》って立《た》ちあがった航太《こうた》くんは、手《て》にベットボトルやビニール袋《ぶくろ》のゴミを持《も》っていた。
（航太《こうた》くん…なにしてたんだろう……）
そこにはひっそりとタンポポが咲《さ》いていた。タンポポの上《うえ》には、さっきまでゴミが落《お》ちていたのだろう。そのゴミを航太《こうた》くんは拾《ひろ》っていたのだ。
わたしはなんだかとてもうれしいキモチになって、テレパシーでタンポポに話《はな》しかけた。

「航太《こうた》くんって、本当《ほんとう》に優《やさ》しくてステキよね」
タンポポはうれしそうにゆれていた。
（スキになった人《ひと》が、ステキな人《ひと》でよかった）
わたしの心《こころ》は、幸《しあわ》せなキモチで満《み》たされた。
（あれ？　航太《こうた》くん、どこに行《い》ったかな？）
あたりを見《み》わたすと、航太《こうた》くんは道《みち》をはさんだ歩道《ほどう》を歩《ある》いていた。足《あし》が悪《わる》いおばあさんの荷物《にもつ》を持《も》ってあげているようだった。
――――そのとき、わたしの脳《のう》に、ある映像《えいぞう》がとびこんできた。わたしは言葉《ことば》を失《うしな》った。
数分後《すうふんご》、航太《こうた》くんとおばあさんのもとに、ブレーキがこわれたバイクがつっこんでくる。
（このままじゃふたりが…。どうしよう。あぁ）

「航太《こうた》くん、危《あぶ》ない！　そこにいちゃ、ダメ!!」

わたしは、ノドがちぎれんばかりに大《おお》きな声《こえ》で叫《さけ》んでいた。しかし雑踏《ざっとう》の騒音《そうおん》にかき消《け》されて、わたしの声《こえ》はカレに届《とど》かなかった。

（ダメだ。もっと近《ちか》くで叫《さけ》ばないと！）

わたしは急《いそ》いで横断歩道《おうだんほどう》をわたり、航太《こうた》くんたちの背中《せなか》にむかって、もう一度《いちど》叫《さけ》んだ！

「フギャー。ギャー。ギャー‼」

（あ…あれ？　人間《にんげん》の言葉《ことば》がでない！）

（…そっか、わたしさっきも…。もう、人間《にんげん》の言葉《ことば》はしゃべれない。どうしよう、急《いそ》がないと間《ま》にあわない。この方法《ほうほう》しか…‼）

わたしはネコの姿《すがた》にもどると、むこうから走《はし》ってくるバイクの前《まえ》に飛《と》びだした。

バイクの運転手《うんてんしゅ》はわたしをよけるために大《おお》きく

ハンドルを切《き》る。バイクはわたしの体《からだ》をかすりつつ、カーブして歩道《ほどう》の植木《うえき》につっこんで止《と》まった。

（よ、よかった……航太《こうた》くん）

わたしはその後《あと》、長《なが》い夢《ゆめ》を見《み》た。せつないような、でもとても幸《しあわ》せな夢《ゆめ》だった気《き》がする――。

青《あお》ざめた顔《かお》をした航太《こうた》くんが走《はし》ってくる。

「クロちゃん！　急《きゅう》に飛《と》びだしたら危《あぶ》ないじゃないか。早《はや》く病院《びょういん》につれていかなくちゃ！」

そう言《い》ってカレはわたしを抱《だ》きかかえた。航太《こうた》くんの腕《うで》のなかはとっても温《あたた》かくて、なんだかフワフワしたキモチになった。

「今日《きょう》、わたしが出《で》かけようと決意《けつい》できたのは、きっと航太《こうた》くんを助《たす》けるためだったんだね…」

「クロちゃん、ありがとう。ぼくのために…」

夢《ゆめ》のなかで、わたしは航太《こうた》くんと話《はなし》をしていた。わたしはとってもうれしかった。

目《め》を覚《さ》ますと、そこは屋敷《やしき》のベッドだった。麗《れい》とフランソワが心配《しんぱい》そうにわたしを見《み》つめる。

「よかった！　1週間《しゅうかん》ぶりに目《め》を覚《さ》ました！」

「航太《こうた》くんがあなたをつれてきてくれたのよ」

（あぁ…あれは、夢《ゆめ》じゃなかったんだ…）

麗《れい》の話《はなし》によると、航太《こうた》くんははなれていたパパとまた3人《にん》で暮《く》らせるようになり、昨日《きのう》ずっと遠《とお》くの街《まち》へ引《ひ》っこしていったそうだ。

「カレ毎日《まいにち》ずっと、お見舞《みま》いに来《き》てくれてたのよ。あなたが目《め》を覚《さ》ましたら、きちんとお別《わか》れを言《い》いたいって。ステキなカレに恋《こい》したのね…」

（…………そっか。航太《こうた》くん………）

あなたに出会《であ》えてよかった。
一度《いちど》くらい、となりを歩《ある》いてみたかったな。
元気《げんき》でね。またいつか会《あ》えたら、いいな…。

大地《だいち》のエネルギーをとりこむ！

ジオマンシー占《うらな》い

これまでにもたくさんの占《うらな》いをみんなに紹介《しょうかい》してきたけれど、世界各国《せかいかっこく》にはまだまだぼくらの知《し》らない占《うらな》いがたくさん存在《そんざい》するみたいだね。そこで今回《こんかい》は別名《べつめい》「土占《つちうらな》い」とも呼《よ》ばれる、大地《だいち》のエネルギーをとりこむ占《うらな》いを紹介《しょうかい》するよ。君《きみ》の知《し》りたいことを、ぜひ占《うらな》ってみて!!

ジオマンシー占《うらな》いって？

まず最初《さいしょ》に「占《うらな》いの背景《はいけい》」を知《し》ることで、この占《うらな》いがより身近《みぢか》なものになるよ！

ジオマンシーとは「大地《だいち》の予言《よげん》」

もともとは手《て》ににぎった小石《こいし》や砂《すな》を宙《ちゅう》にむかって投《な》げ、地面《じめん》に落《お》ちたその形《かたち》を見《み》て運勢《うんせい》や吉凶《きっきょう》を占《うらな》ったことから、土占《つちうらな》いと呼《よ》ばれました。ジオマンシーとはギリシャ語《ご》で「大地《だいち》の予言《よげん》」という意味《いみ》があります。

古《ふる》い歴史《れきし》のある神秘的《しんぴてき》な占《うらな》い

今《いま》から1200年前《ねんまえ》（9世紀《せいき》）ごろに、アラビア半島《はんとう》で生《う》まれたとされるこの占《うらな》い。アラビアからアフリカ、そしてヨーロッパへと伝《つた》わり進化《しんか》していきました。技術《ぎじゅつ》や特別《とくべつ》な道具《どうぐ》がなくてもできたことから、貴族《きぞく》から一般《いっぱん》の人《ひと》まで広《ひろ》く親《した》しまれました。シンプルながら奥深《おくぶか》い、神秘的《しんぴてき》な占《うらな》いとされています。

「アラジンと魔法《まほう》のランプ」にも登場《とうじょう》する占《うらな》い！

日本《にほん》ではあまり知《し》られていませんが、アフリカやヨーロッパで行《おこな》われてきたこの占《うらな》い。「アラジンと魔法《まほう》のランプ」の話《はなし》には、悪《わる》い魔法使《まほうつか》いがジオマンシー占《うらな》いを使《つか》って、アラジンの居場所《いばしょ》をさがすシーンが登場《とうじょう》します。またフランス革《かく》命《めい》期《き》（1789 ～ 1799 年《ねん》）に大活《だいかつ》やくした、かの皇帝《こうてい》ナポレオンも、生涯《しょうがい》の間《あいだ》ずっと、このジオマンシー占《うらな》いを信《しん》じて実践《じっせん》していたとされます。

次《つぎ》のページから さっそく占《うらな》ってみよう！

占《うらな》い 1 16のシンボル占《うらな》い

「恋《こい》」「友情《ゆうじょう》」「近《ちか》い未来《みらい》」について、16 のシンボルがさししめすメッセージを読《よ》みとく占《うらな》い。

▶P228で紹介《しょうかい》

占《うらな》い 2 YES《イエス》/NO《ノー》占《うらな》い

どんな質問《しつもん》にも「YES《イエス》」か「NO《ノー》」の結果《けっか》がでる、シンプルでわかりやすい占《うらな》い。

▶P229で紹介《しょうかい》

おまじない シンボルを使《つか》ったおまじないもあるよ！

▶P240で紹介《しょうかい》

占《うらな》い 1 16のシンボル占《うらな》い

占《うらな》えること　恋《こい》のゆくえ、友情運《ゆうじょううん》、近《ちか》い未来《みらい》に起《お》こる変化《へんか》
※自分《じぶん》のことだけでなく、友《とも》だちのことも占《うらな》えるよ。

使《つか》うもの　占《うらな》いチップ、封筒《ふうとう》

占《うらな》いのやり方《かた》

1 手《て》をよく洗《あら》って清《きよ》めよう

2 占《うらな》いたいことを心《こころ》のなかでとなえる

▶わたしの今《いま》の恋《こい》のゆくえについて教《おし》えてください。

▶わたしの今《いま》の友情運《ゆうじょううん》について教《おし》えてください。

▶近《ちか》い未来《みらい》、わたしに起《お》こることを教《おし》えてください。

※友《とも》だちを占《うらな》う場合《ばあい》……「わたし」を「友《とも》だちの名前《なまえ》」に変《か》えてね。

3 チップを準備《じゅんび》しよう

本《ほん》の最初《さいしょ》についている占《うらな》いチップを8枚《まい》に切《き》りはなそう。すべてのチップを封筒《ふうとう》にいれて、よくふってまぜてね。

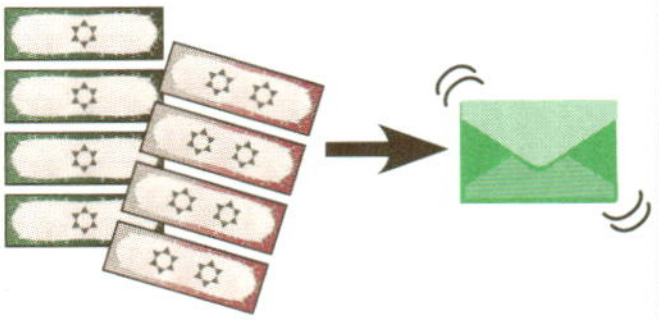

4 チップを4枚ひく

封筒《ふうとう》のなかを見《み》ないようにしてチップを1枚《まい》ずつ引《ひ》いていこう。下《した》図《ず》左《ひだり》のように上《うえ》から順番《じゅんばん》にならべてね。合計《ごうけい》4回《かい》ひくと、下《した》図《ず》右《みぎ》のようなシンボルが完成《かんせい》するよ。

5 完成《かんせい》したシンボルで結果《けっか》を見《み》よう！

占《うらな》い結果《けっか》はP230～

結果《けっか》のなかから「完成《かんせい》したシンボル」をさがし、そこに書《か》かれたメッセージを読《よ》みとこう。

占《うらな》い 2 YES《イエス》/NO《ノー》 占《うらな》い

占《うらな》えること　「はい」か「いいえ」で答《こた》えがでる質問《しつもん》ならなんでもOK！
※自分《じぶん》のことだけでなく、友《とも》だちのことも占《うらな》えるよ。

使《つか》うもの　占《うらな》いチップ、封筒《ふうとう》

占《うらな》いのやり方《かた》

1 手《て》をよく洗《あら》って清《きよ》めよう

2 占《うらな》いたいことを心《こころ》のなかでとなえる

答《こた》えが「はい」か「いいえ」になるよう、具体的《ぐたいてき》に質問《しつもん》しよう。
「いつ」「どこ」「だれ」「どうなる」などをいれると具体的《ぐたいてき》になるよ。

例《れい》　1か月以内《げついない》にわたしは●●くんと両想《りょうおも》いになれますか？

例《れい》　今日《きょう》の午後《ごご》、家《いえ》の近所《きんじょ》で雨《あめ》が降《ふ》りますか？

例《れい》　これからわたしがこのお手伝《てつだ》いをすると、ママは喜《よろこ》びますか？

3 チップを準備《じゅんび》しよう

本《ほん》の最初《さいしょ》についている占《うらな》いチップを8枚《まい》に切《き》りはなそう。すべてのチップを封筒《ふうとう》にいれて、よくふってまぜてね。

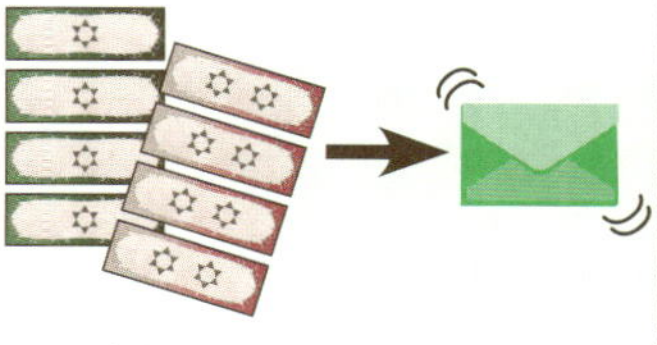

4 チップを4枚《まい》ひく

封筒《ふうとう》のなかを見《み》ないようにしてチップを1枚《まい》ずつ引《ひ》いていこう。下図左《したずひだり》のように上《うえ》から順番《じゅんばん》にならべてね。合計《ごうけい》4回《かい》ひくと、下図右《したずみぎ》のようなシンボルが完成《かんせい》するよ。

5 完成《かんせい》したシンボルで結果《けっか》を見《み》よう！

占《うらな》い結果《けっか》はP238〜

結果《けっか》のなかから「完成《かんせい》したシンボル」をさがし、そこに書《か》かれたメッセージを読《よ》みとこう。

ポプラス

シンボル

♥その恋《こい》のゆくえ　みんなで楽《たの》しく

友《とも》だちをふくめて遊《あそ》ぶ関係《かんけい》が◎　少《すこ》しずつ仲《なか》よくなるのにいいタイミングだよ。片想《かたおも》いの子《こ》はみんなで遊《あそ》ぶときにスキな人《ひと》をさそってみて！　両想《りょうおも》いの子《こ》はハッピーに過《す》ごせるはず。いろいろな話《はなし》をしてみよう。

♣現在《げんざい》の友情運《ゆうじょううん》　友《とも》だちの輪《わ》が広《ひろ》がりそう！

新《あたら》しく出会《であ》う子《こ》はもちろん、すでに知《し》っている子《こ》や友《とも》だちの友《とも》だちとも仲《なか》よくなれそう。あなたの笑顔《えがお》が友《とも》だち同士《どうし》を仲《なか》よくさせるから、みんなに優《やさ》しくしてあげて。まわりにたくさんの友《とも》だちが集《あつ》まってくるよ！

大地《だいち》のキーワード

- 安定《あんてい》
- みんな
- 数《かず》が多《おお》い

◆近《ちか》い未来《みらい》の変化《へんか》　ふつうの毎日《まいにち》ってハッピー

今《いま》までと同《おな》じハッピーな日《ひ》が続《つづ》くはず。特別《とくべつ》な変化《へんか》は起《お》こらなそうだけど、いつもどおりに過《す》ごせるのは幸《しあわ》せな証拠《しょうこ》。家族《かぞく》や友《とも》だち、みんなと仲《なか》よくすることで、ふつうの毎日《まいにち》がもっとステキなものになるよ！

ヴィア

シンボル

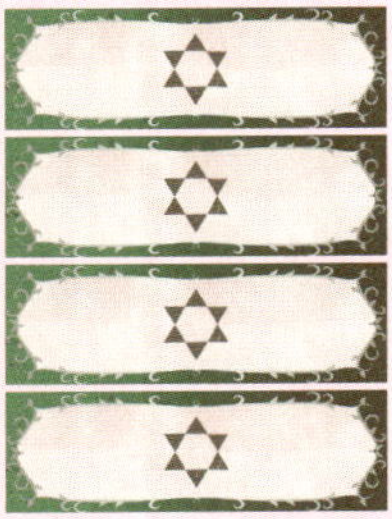

♥その恋《こい》のゆくえ　変化《へんか》の予感《よかん》

片想《かたおも》い中《ちゅう》でも両想《りょうおも》い中《ちゅう》でも、変化《へんか》が起《お》こりそう。あなたか相手《あいて》のキモチが変《か》わったり、席《せき》がえや班決《はんぎ》め、引《ひ》っこしなどでふたりのキョリが変《か》わってしまうのかも。変化《へんか》にあわせ、なにかを決《き》めることになりそう。

♣現在《げんざい》の友情運《ゆうじょううん》　仲《なか》よしの友《とも》だちが変《か》わる？

気《き》のあう子《こ》が変《か》わったり、今《いま》まであまり仲《なか》よくなかった子《こ》と遊《あそ》ぶようになるかも。また、係《かかり》や班《はん》などが変《か》わってチームを組《く》む子《こ》も新《あたら》しくなりそう。すぐに仲《なか》よくなれるはずだから、楽《たの》しい気分《きぶん》で過《す》ごせばOKだよ！

大地《だいち》のキーワード

- 変化《へんか》
- 決断《けつだん》
- 旅行《りょこう》

◆近《ちか》い未来《みらい》の変化《へんか》　環境《かんきょう》かあなたに変化《へんか》あり

なにかが新《あたら》しくなるのか、あなた自身《じしん》が変《か》わろうとしているときかも。遊《あそ》びや勉強《べんきょう》、家族《かぞく》との約束《やくそく》で忙《いそが》しくなりそうだから、予定《よてい》をたててやることや約束《やくそく》を忘《わす》れないように。おこづかいの使《つか》い道《みち》でケチると後悔《こうかい》しそう。

コンジャンクショ

シンボル

大地《だいち》のキーワード

- キズナ
- 同《おな》じ目的《もくてき》で集合《しゅうごう》
- 結《むす》びつき

その恋《こい》のゆくえ　幸《しあわ》せいっぱいの恋《こい》

恋《こい》のキズナが生《う》まれるハッピーなときだよ。今《いま》はまだスキな人《ひと》がいない子《こ》も、いきなりスキな相手《あいて》ができてそのまま一気《いっき》に両《りょう》想《おも》いになっちゃうかも♪　すでに両想《りょうおも》いの子《こ》は、これからもおたがいを想《おも》いあえるステキな関係《かんけい》が続《つづ》いていくはず♡

現在《げんざい》の友情運《ゆうじょううん》　親友《しんゆう》や本当《ほんとう》の仲間《なかま》になれる

友《とも》だちとの信頼関係《しんらいかんけい》やキズナがぐっと高《たか》まる予感《よかん》。悩《なや》みを聞《き》いてあげたり、なにかを手伝《てつだ》ってあげたり、いっしょに力《ちから》をあわせるといいよ。また、同《おな》じ目標《もくひょう》をもっている子同士《こどうし》が集《あつ》まってみんなで協力《きょうりょく》すれば、最強《さいきょう》のチームになれるときだよ！

近《ちか》い未来《みらい》の変化《へんか》　協力《きょうりょく》するとよい結果《けっか》が！

ひとつのことに集中《しゅうちゅう》してがんばると上達《じょうたつ》できそう。同《おな》じ目標《もくひょう》をもつ子《こ》と集《あつ》まって協力《きょうりょく》すると、よりよく進《すす》めていけるはず。おこづかいはなるべく貯金箱《ちょきんばこ》にいれておくと◎　残《のこ》りわずかでも使《つか》いきらずに残《のこ》しておくと、お金《かね》がお金《かね》を呼《よ》んでくれそう！

カルサー

シンボル

大地《だいち》のキーワード

- 妨《さまた》げられる
- 孤独《こどく》
- 現状維持《げんじょういじ》

その恋《こい》のゆくえ　よくも悪《わる》くも同《おな》じ

片想《かたおも》いの子《こ》はまだまだしばらく片想《かたおも》いが続《つづ》きそうかな。両想《りょうおも》いの子《こ》はトラブルなく仲《なか》よく過《す》ごせそう。たとえケンカしてもすぐに仲直《なかなお》りできるよ。スキな人《ひと》がいない子《こ》は、勉強《べんきょう》や家族《かぞく》とのことで大忙《おおいそが》しになり、恋《こい》について考《かんが》える時間《じかん》がなくなりそう。

現在《げんざい》の友情運《ゆうじょううん》　グッとガマンするとき

悲《かな》しい出来事《できごと》があったり、さびしいキモチになってしまうときかも。イジワルする子《こ》がいるかもしれないけれど、それはあなたがうらやましいからみたい。あなたのキモチをわかってくれる友《とも》だちがちゃんと見《み》ていて、助《たす》けてくれるから安心《あんしん》して。

近《ちか》い未来《みらい》の変化《へんか》　なにかと調子《ちょうし》が悪《わる》そう…

カゼをひいたり、ウッカリして忘《わす》れ物《もの》をするかもしれないから気《き》をつけて！　あれもこれもとよくばって、いろいろがんばりすぎちゃうのはダメだよ。あせらずにひとつのことに集中《しゅうちゅう》するようにしてね。そのうち必《かなら》ず、うまくいくときがくるから！

フォーチュナ・メジャー

シンボル

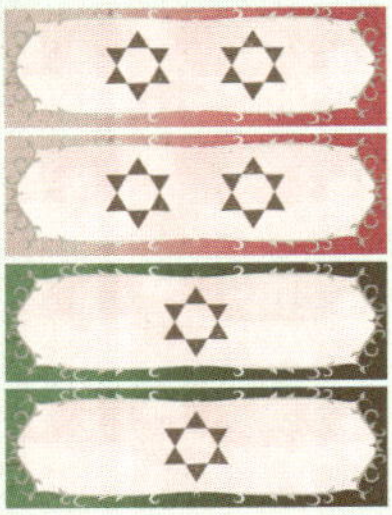

♥その恋《こい》のゆくえ　最強《さいきょう》のモテ期到来《きとうらい》

片想《かたおも》いの子《こ》は相手《あいて》にキモチが通《つう》じて両想《りょうおも》いになれそう。両想《りょうおも》いの子《こ》は今《いま》までよりもラブラブに♡　恋《こい》がしたいと願《ねが》う子《こ》は、ステキだなと思《おも》える理想《りそう》のタイプがあらわれるかも！　モテ期《き》だからこそ、みんなに優《やさ》しくしてファンを増《ふ》やしちゃおう！

♣現在《げんざい》の友情運《ゆうじょううん》　人気運《にんきうん》がアップするとき！

だれからも好《す》かれるときだね。こまったことが起《お》きてもみんなに助《たす》けてもらえて、悩《なや》みごともすぐに解決《かいけつ》するはず！　なにかしてもらったら感謝《かんしゃ》をこめてありがとうと伝《つた》えたり、みんなに対《たい》して明《あか》るく親切《しんせつ》にすると、さらに人気運《にんきうん》がアップするよ！

大地《だいち》のキーワード

- 大《おお》きな幸運《こううん》
- 自分《じぶん》の能力《のうりょく》
- 絶好調《ぜっこうちょう》

♦近《ちか》い未来《みらい》の変化《へんか》　幸運《こううん》の女神《めがみ》があなたの味方《みかた》に

ビックリするようなぐうぜんがラッキーな出来事《できごと》を引《ひ》きよせ、どんな願《ねが》いもかなっちゃいそう。この幸《しあわ》せな状況《じょうきょう》をより強《つよ》くするには、あなたの幸《しあわ》せをみんなにわけてあげること。こまっている子《こ》の悩《なや》みが消《き》えるように、いっしょに願《ねが》うのもステキ！

フォーチュナ・マイナー

シンボル

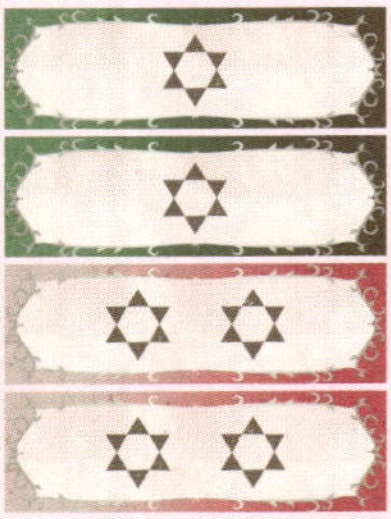

♥その恋《こい》のゆくえ　プチラッキーあり

スキな人《ひと》と何度《なんど》も目《め》があったり、ぐうぜんにいっしょの日直《にっちょく》になったりなど思《おも》わぬ出来事《できごと》でドキドキする場面《ばめん》がありそう！　両想《りょうおも》い中《ちゅう》・片想《かたおも》い中《ちゅう》・スキな人《ひと》のいない子《こ》みんなに小《ちい》さな幸《しあわ》せが訪《おとず》れるはず。チャンスにできるかどうかはあなた次第《しだい》！

♣現在《げんざい》の友情運《ゆうじょううん》　だれとでも仲《なか》よくできそう

仲《なか》よしの子《こ》はもちろん、ニガテなあの子《こ》とも楽《たの》しくおしゃべりできるときだよ。今《いま》まであなたをゴカイしていた子《こ》も「思《おも》ってたイメージとちがうかも…いいじゃん」と思《おも》い直《なお》してくれる予《よ》感《かん》。友《とも》だちのナイスなフォローが、ラッキーをまねきそう♪

大地《だいち》のキーワード

- 小《ちい》さな幸運《こううん》
- だれかの力《ちから》
- ラッキー

♦近《ちか》い未来《みらい》の変化《へんか》　思《おも》わぬラッキーにニッコリ

大好《だいす》きなおやつが食《た》べられたり、見《み》たいテレビが見《み》られたり、待《ま》っていた本《ほん》を借《か》りられたり、お手伝《てつだ》いで思《おも》わぬごほうびをもらえたり…。そんなプチラッキーがありそう。願《ねが》いがかないそうなチャンスを感《かん》じたら、しっかりゲットするようにして。

アクウィシショ

シンボル

✡ ✡

✡

✡ ✡

✡

大地《だいち》のキーワード

- 収穫《しゅうかく》
- 利益《りえき》
- 心身《しんしん》ともに満足《まんぞく》

♥その恋《こい》のゆくえ　ハッピーに満足《まんぞく》

スナオなキモチが幸運《こううん》を呼《よ》ぶカギに。片想《かたおも》いの子《こ》はスキな人《ひと》から告白《こくはく》されそう！　両想《りょうおも》いの子《こ》はおたがいのキモチを確認《かくにん》できてラブ度《ど》がアップ♡　スキな人《ひと》のいない子《こ》は、ステキな人《ひと》があらわれるはず。ライバルがいても今《いま》ならあなたが勝《か》てそう。

♣現在《げんざい》の友情運《ゆうじょううん》　キモチをわかりあえるとき

親友《しんゆう》とさらに仲《なか》よしになれ、あまりよく知《し》らない子《こ》とも友《とも》だちになれそう。どんな子《こ》ともしっかり話《はな》して、おしゃべりを楽《たの》しむことが友情運《ゆうじょううん》アップのポイント。おたがいのことを「そうなんだ。おもしろいね！」と理解《りかい》すれば、どんどん仲《なか》よしに！

♦近《ちか》い未来《みらい》の変化《へんか》　うれしいことが続《つづ》きそう！

「こうなったらいいな」と思《おも》っていたことが実現《じつげん》するかも！　だれかにお礼《れい》を言《い》われたらモジモジしないで、スナオに「どういたしまして！」と答《こた》えてね。その言葉《ことば》が相手《あいて》を喜《よろこ》ばせるはずだよ。もらったお菓子《かし》はみんなでシェアすると◎

アミッシヨ

シンボル

✡

✡ ✡

✡

✡ ✡

大地《だいち》のキーワード

- 失《うしな》う
- 手放《てばな》す
- 空《から》っぽ

♥その恋《こい》のゆくえ　新《あら》たな恋《こい》に進《すす》むとき

片想《かたおも》いの子《こ》はもっとスキな人《ひと》があらわれそう。両想《りょうおも》いの子《こ》は相手《あいて》が別《べつ》のだれかをスキになったり、恋《こい》よりも友《とも》だちやスポーツ、趣味《しゅみ》に夢中《むちゅう》になり、キョリがはなれてしまうかも…。スキな人《ひと》をさがしている子《こ》は、近《ちか》くにいる人《ひと》の魅力《みりょく》に気《き》づくとき！

♣現在《げんざい》の友情運《ゆうじょううん》　友《とも》だちグループに変化《へんか》あり

あなたのグループのなかから、だれかがはなれていくかも…。それは引《ひ》っこしや転校《てんこう》、もしくは別《べつ》グループの子《こ》と仲《なか》よくなるのかもしれないし、イジワルな子《こ》やニガテな子《こ》がいなくなる可能性《かのうせい》も！　今《いま》より楽《たの》しいグループになるといいね！

♦近《ちか》い未来《みらい》の変化《へんか》　紛失《ふんしつ》や破損《はそん》に注意《ちゅうい》して…

物《もの》を失《な》くしてしまったり、こわしてしまうことがあるかも。今《いま》は大切《たいせつ》な物《もの》は持《も》ち歩《ある》かず、友《とも》だちとの物《もの》の貸《か》し借《か》りもやめておいたほうがいいね。今日《きょう》はツイてないなと思《おも》ったら、少《すこ》し長《なが》めにおフロに入《はい》って体《からだ》を清《きよ》めて。悪《わる》い運気《うんき》が流《なが》れていくよ。

ウエティーシャ

シンボル

✡

✡ ✡

✡ ✡

✡ ✡

大地《だいち》のキーワード

- 幸《しあわ》せ
- 楽《たの》しさ
- 笑顔《えがお》

♥その恋《こい》のゆくえ　恋《こい》の願《ねが》いがかなう？

片想《かたおも》いの子《こ》は両想《りょうおも》いになるチャンス。勇気《ゆうき》をだしてキモチを伝《つた》えるといい返事《へんじ》をもらえるかも！　両想《りょうおも》いの子《こ》は仲《なか》よし度《ど》が高《たか》まって、みんなにうらやましがられそうだよ。スキな人《ひと》をさがしている子《こ》は、胸《むね》キュンが止《と》まらないトキメキが訪《おとず》れる予感《よかん》♪

♣現在《げんざい》の友情運《ゆうじょううん》　イベントで大盛《おおも》りあがり♪

遠足《えんそく》や運動会《うんどうかい》、学芸会《がくげいかい》などの学校行事《がっこうぎょうじ》、だれかのお誕生日会《たんじょうびかい》などで、大盛《おおも》りあがりできそう。みんなでおもいきり笑《わら》いあって最高《さいこう》にハッピーなキモチになれるはず。いやなことがあって落《お》ちこんでいる子《こ》にも、笑顔《えがお》のパワーをわけてあげると◎

♦近《ちか》い未来《みらい》の変化《へんか》　ニンマリが止《と》まらない…

ほしかった物《もの》を買《か》ってもらえたり、人《ひと》からほめられたり、ゲームに勝《か》ったりなど、うれしい出来事《できごと》が多《おお》そうだよ。歌《うた》やダンス、楽器《がっき》が上達《じょうたつ》して、楽《たの》しい気分《きぶん》でハッピーを感《かん》じる人《ひと》もいそう。特別《とくべつ》なおこづかいがもらえそうな予感《よかん》も！

トリスティシャ

シンボル

✡ ✡

✡ ✡

✡ ✡

✡

大地《だいち》のキーワード

- 不幸《ふこう》
- 宿命《しゅくめい》
- 悲《かな》しみ

♥その恋《こい》のゆくえ　せつなさや悲《かな》しみ

両想《りょうおも》いの子《こ》は悲《かな》しいトラブルで、はなればなれになる予感《よかん》。でもここで、キモチをひとつにしてピンチをのりこえられれば、さらにお似《に》あいのふたりになれるはず。片想《かたおも》い中《ちゅう》・スキな人《ひと》をさがしている子《こ》は、今《いま》はまだ、恋《こい》は始《はじ》まらない…みたい。

♣現在《げんざい》の友情運《ゆうじょううん》　悪《わる》いトラブルの予感《よかん》

友《とも》だちや仲間《なかま》と、すれちがいやケンカが起《お》こりそう。だれかのイジワルやカンチガイが原因《げんいん》だとわかっても、今《いま》は相手《あいて》をせめないこと。相手《あいて》をせめると、おたがいの関係《かんけい》がさらに悪《わる》くなってしまいそう。ふつうに接《せっ》していれば、仲直《なかなお》りできるよ。

♦近《ちか》い未来《みらい》の変化《へんか》　凹《へこ》むことがあってもガマン

トラブルにまきこまれたり、ニガテなことをマスターできずに落《お》ちこんでしまいそう。いろいろうまくいかないときはだれにでもあるから、ステキな未来《みらい》の準備期間《じゅんびきかん》だと考《かんが》えてガマン！　辛《つら》くてもこらえて、今《いま》できることをやっておこうね。

プエラ

シンボル

✡

✡ ✡

✡

✡

大地《だいち》のキーワード

- 女性《じょせい》
- 愛情《あいじょう》
- 美《うつく》しさ

♥その恋《こい》のゆくえ　恋《こい》で女子力《じょしりょく》アップ

だれかを想《おも》うキモチがあなたを美《うつく》しく輝《かがや》かせ、女子力《じょしりょく》がアップしそうだよ。片想《かたおも》いの子《こ》はスキな人《ひと》と仲《なか》よくなれそうなチャンスあり！　両想《りょうおも》いの子《こ》は楽《たの》しいデートができそう。今《いま》スキな人《ひと》がいない子《こ》は、もうすぐヒトメボレの恋《こい》がやってくる予感《よかん》が！

♣現在《げんざい》の友情運《ゆうじょううん》　ガールズトークを楽《たの》しんで

おしゃれコーデやお気《き》にいりアイテムの話《はなし》、恋《こい》バナ、今《いま》の悩《なや》みなどを話《はな》すと、仲《なか》よし度《ど》がぐっと高《たか》まるよ！　女子同士《じょしどうし》ならではの会話《かいわ》が友情運《ゆうじょううん》アップのポイント。いっしょに映画《えいが》やドラマ、アニメの DVD《ディーブイディー》 を見《み》たり、読書《どくしょ》をするのもオススメ。

♦近《ちか》い未来《みらい》の変化《へんか》　心《こころ》がホッコリする出来事《できごと》が

キモチをわかってもらえたり、スキな人《ひと》や友《とも》だち、家族《かぞく》と過《す》ごして心《こころ》が温《あたた》かくなる場面《ばめん》が多《おお》そう。思《おも》わぬ場所《ばしょ》でおこづかいをもらえたり、ほしかったものが手《て》に入《はい》ることも！　いつも笑顔《えがお》でスナオな態度《たいど》でいるとさらに◎　ムダづかいには注意《ちゅうい》して！

プエル

シンボル

✡

✡

✡ ✡

✡

大地《だいち》のキーワード

- 男性《だんせい》
- 戦《たたか》い
- 未熟《みじゅく》さ

♥その恋《こい》のゆくえ　恋《こい》の勝利《りょうり》をつかむ

ライバルをけちらし、恋《こい》の勝利《しょうり》をつかめるとき。片想《かたおも》いの子《こ》は自信《じしん》をもって相手《あいて》にアピール！　両想《りょうおも》いの子《こ》は相手《あいて》に言《い》いにくかった文句《もんく》を伝《つた》えると、うれしい態度《たいど》が見《み》られるかも。スキな人《ひと》をさがしている子《こ》は、人気男子《にんきだんし》に注目《ちゅうもく》すると発見《はっけん》あり。

♣現在《げんざい》の友情運《ゆうじょううん》　ケンカしちゃいそう…

友《とも》だちとケンカしたり、グループの仲間《なかま》われやグループ同士《どうし》の対立《たいりつ》など、争《あらそ》いの予感《よかん》が…。言《い》いたいことを言《い》うのはいいけれど、悪口《わるぐち》やキツイ言《い》い方《かた》は相手《あいて》を怒《おこ》らせるだけ。ゴカイされないように、いったんキモチを落《お》ちつかせてから話《はな》そう。

♦近《ちか》い未来《みらい》の変化《へんか》　積極的《せっきょくてき》にチャレンジが◎

やる気《き》がいっぱい満《み》ちあふれているみたい。なにかを始《はじ》めたり、チャレンジするとうまくいきそうだよ！　でも、口《くち》にするだけで行動《こうどう》しないのはダメ。そして思《おも》ったようにいかなくても、やってみること。あきらめずに挑戦《ちょうせん》すれば、よい結果《けっか》が！

アルブス

シンボル

✡ ✡

✡ ✡

✡

✡ ✡

大地《だいち》のキーワード

- 正義《せいぎ》
- 公平《こうへい》
- 清《きよ》らかさ

♥その恋《こい》のゆくえ　今《いま》はお休《やす》み期間《きかん》

恋愛《れんあい》について考《かんが》えている場合《ばあい》じゃないみたい。今《いま》はスキな人《ひと》よりも、目《め》の前《まえ》に大切《たいせつ》にすべきことがありそう。もしくは相手《あいて》のほうが恋愛《れんあい》をしたいキモチじゃないということも！　恋《こい》はいったんお休《やす》みにして、今《いま》やるべきことについて考《かんが》えてね。

♣現在《げんざい》の友情運《ゆうじょううん》　やってよいこと、悪《わる》いこと

物事《ものごと》の善悪《ぜんあく》をしっかり考《かんが》えることが友情運《ゆうじょううん》アップのカギ。あなたがだれかを悲《かな》しませているのなら、それは本当《ほんとう》にしたいことなの？　悲《かな》しんでいる子《こ》を見《み》て見《み》ぬふりしているのだったら、本当《ほんとう》にそのままでいいの？　勇気《ゆうき》をだして自分《じぶん》を変《か》えてみて。

◆近《ちか》い未来《みらい》の変化《へんか》　正義《せいぎ》が勝《か》つときが訪《おとず》れる

本当《ほんとう》はやっていないことでゴカイされていたり、ズルをされて怒《おこ》っていることがあったら、真実《しんじつ》がハッキリするはず。反対《はんたい》にあなたがズルイことをしていたら、天罰《てんばつ》がくだるかも！　思《おも》いあたることがあるなら、相手《あいて》にしっかりあやまっておこう。

ルベウス

シンボル

✡ ✡

✡

✡ ✡

✡ ✡

大地《だいち》のキーワード

- 情熱《じょうねつ》
- 闘争心《とうそうしん》
- 破壊《はかい》

♥その恋《こい》のゆくえ　ライバルが登場《とうじょう》？

片想《かたおも》いの子《こ》も両想《りょうおも》いの子《こ》もライバルがあらわれ、相手《あいて》をめぐってバトルになる可能性大《かのうせいだい》！　ゼッタイに負《ま》けないという強《つよ》いキモチがないと、大変《たいへん》なことになる予感《よかん》が…。スキな人《ひと》をさがしている子《こ》は、後悔《こうかい》しそうな人《ひと》をスキになってしまうかも。

♣現在《げんざい》の友情運《ゆうじょううん》　ケンカしてより仲《なか》よしに

友《とも》だちとケンカになってしまったら、正直《しょうじき》なキモチをしっかりぶつけてみて。おたがいのキモチがわかれば、気分《きぶん》もスッキリして、より仲《なか》よくなれるはず。きちんと伝《つた》えないとわからないことはけっこう多《おお》いから、本音《ほんね》を語《かた》ることがポイントだよ！

◆近《ちか》い未来《みらい》の変化《へんか》　勇気《ゆうき》をだして立《た》ちむかう

人《ひと》からジャマをされたり、一方的《いっぽうてき》になにか言《い》われることがありそう。そんなときは勇気《ゆうき》をだして、相手《あいて》に立《た》ちむかおう。わたしは正《ただ》しいという強《つよ》いキモチがあれば、大丈夫《だいじょうぶ》！　物《もの》をとられたり、ケガをする可能性《かのうせい》もあるから、注意《ちゅうい》しておこう。

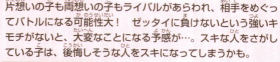

カプト・ドラコニス

シンボル

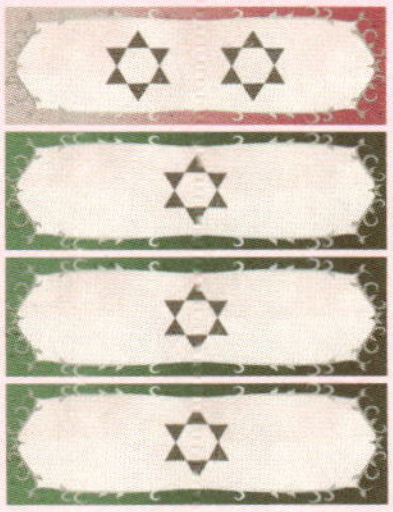

♥その恋《こい》のゆくえ　新《あら》たな展開《てんかい》アリ

片想《かたおも》いの子《こ》は今《いま》が告白《こくはく》するタイミングかも！　両想《りょうおも》いの子《こ》は今《いま》までとはちがう話《はなし》をしたり、いっしょに趣味《しゅみ》や勉強《べんきょう》を始《はじ》めるとより仲《なか》よくなれるよ。恋《こい》をしたいと思《おも》っている子《こ》は、思《おも》わぬ場《ば》所《しょ》でウンメイを感《かん》じるような、とつぜんの恋《こい》が始《はじ》まるはず！

♣現在《げんざい》の友情運《ゆうじょううん》　友情《ゆうじょう》がスタートするとき

新《あたら》しい友《とも》だちができそう。ほかのクラスの子《こ》と仲《なか》よくなったり、転校生《てんこうせい》がやってくるのかも。おしゃべりの内容《ないよう》や遊《あそ》ぶ場所《ばしょ》が変《か》わって、あなたの世界《せかい》も広《ひろ》がるはず。リーダーとしてみんなを引《ひ》っぱっていく可能性《かのうせい》も。はずかしがらずにやってみて。

大地《だいち》のキーワード

- スタート
- 入場《にゅうじょう》する
- 新《あら》たなステージ

◆近《ちか》い未来《みらい》の変化《へんか》　ラッキーもアンラッキーも

うれしいこと、悲《かな》しいことの両方《りょうほう》がいろいろ起《お》こって、心《こころ》がバタバタと落《お》ちつかないかも。学校《がっこう》や家《いえ》で活《かつ》やくできるときだから、どんな場面《ばめん》でも自信《じしん》をもってチャレンジしてみて。後《あと》からあなたを応《おう》えんする仲間《なかま》がどんどんあらわれるから大丈夫《だいじょうぶ》！

カウダ・ドラコニス

シンボル

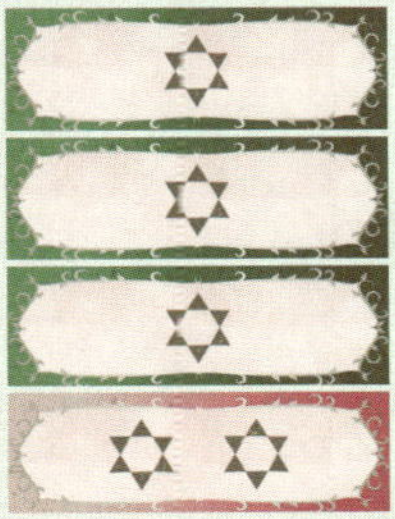

♥その恋《こい》のゆくえ　今《いま》の恋《こい》は終《お》わり…

片想《かたおも》いの子《こ》は片想《かたおも》いが終《お》わって両想《りょうおも》いになれたり、別《べつ》の人《ひと》をスキになる可能性《かのうせい》が！　両想《りょうおも》いの子《こ》はこれまでのふたりとはちがう状況《じょうきょう》になりそう。それが別《わか》れなのかはわからないけれど、あなたが新《あたら》しい恋《こい》にむかうタイミングのときになるはず。

♣現在《げんざい》の友情運《ゆうじょううん》　サヨナラと新《あら》たな出会《であ》い

引《ひ》っこしや転校《てんこう》で会《あ》えなくなったり、別《べつ》グループに入《はい》ってしまうなど、キョリがはなれる友《とも》だちがいるかも。あまり気《き》にしすぎないことが大切《たいせつ》だよ。もしも今《いま》、ガマンして仲《なか》よくしている子《こ》がいるのなら、あなたからはなれてみるのも◎

大地《だいち》のキーワード

- 終《お》わり
- 退出《たいしゅつ》する
- 最終《さいしゅう》ステージ

◆近《ちか》い未来《みらい》の変化《へんか》　新《あら》たな自分《じぶん》に変《か》わるとき

賞《しょう》をもらったり、進級《しんきゅう》テストに合格《ごうかく》したり、選抜《せんばつ》メンバーに選《えら》ばれたりなど、いろいろな場面《ばめん》でステップアップできる予感《よかん》。子《こ》どもっぽい考《かんが》えや行動《こうどう》を卒業《そつぎょう》して、少《すこ》しオトナになる人《ひと》も。「今《いま》のあなた」から、「新《あら》たなあなた」に変《か》わるときだね。

質問《しつもん》の答《こた》えは YES《イエス》！です

YES《イエス》レベル 3

ポプラス

✡ ✡
✡ ✡
✡ ✡
✡ ✡

よくばらなければ、成功《せいこう》するよ

フォーチュナ・メジャー

✡ ✡
✡ ✡
✡
✡

みんなに幸《しあわ》せをわけてあげて

アクウィシショ

✡ ✡
✡
✡ ✡
✡

スナオな感謝《かんしゃ》が幸運《こううん》を呼《よ》ぶ

YES《イエス》レベル 2

ラエティーシャ

✡
✡ ✡
✡ ✡
✡ ✡

目《め》の前《まえ》の喜《よろこ》びを存分《ぞんぶん》に味《あじ》わって

アルブス

✡ ✡
✡ ✡
✡
✡ ✡

正《ただ》しいと思《おも》うことを大切《たいせつ》に

YES《イエス》レベル 1

プエラ

✡
✡ ✡
✡
✡

人《ひと》を気《き》づかう心《こころ》が吉《きち》

フォーチュナ・マイナー

✡
✡
✡ ✡
✡ ✡

何気《なにげ》ないラッキーを大切《たいせつ》に

コンジャンクショ

✡ ✡
✡
✡
✡ ✡

みんなと協力《きょうりょく》して成功《せいこう》

カプト・ドラコニス

✡ ✡
✡
✡
✡

目標《もくひょう》にむかい真剣《しんけん》に進《すす》もう

数字《すうじ》が大《おお》きいほど、YES《イエス》度《ど》が強《つよ》い

質問《しつもん》の答《こた》えは NO!です

NOレベル 3

カルサー

よくばらずあせらずにね

アミッショ

きれいさっぱり忘《わす》れよう

トリスティシャ

その悲《かな》しみは未来《みらい》の幸《しあわ》せに

プエル

チャレンジはいいけどやけくそはダメ

NOレベル 2

ルベウス

強《つよ》い覚悟《かくご》で勝利《しょうり》をつかむ

結果《けっか》に落《お》ちこんだり
深《ふか》く悩《なや》まないようにしてね。
あくまで今《いま》この瞬間《しゅんかん》の答《こた》えだからね！
なにかに背中《せなか》をおしてもらいたいとき
オススメの占《うらな》いだと考《かんが》えてね

NOレベル 1

ヴィア

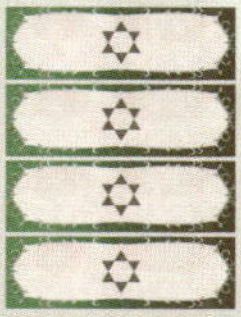

決《き》めるのは自分《じぶん》。勇気《ゆうき》をだして

カウダ・ドラコニス

次《つぎ》のステージに進《すす》むとき

数字《すうじ》が大《おお》きいほど、NO《ノー》度《ど》が強《つよ》い

シンボルを使《つか》ってハッピーに

おまじない

どれもカンタンにできちゃうおまじないだから、さっそく試《ため》してみてね！

1 スキな男子《だんし》とのキョリが近《ちか》づく！

❶白《しろ》い紙《かみ》に「コンジャンクショ」をイメージしたハートを紫色《むらさきいろ》のペンで描《か》き、きれいにぬりつぶして。❷紙《かみ》をまくらの下《した》にいれ「●●くんと近《ちか》づけますように！」と、となえてから眠《ねむ》ろう。

2 みんなから注目《ちゅうもく》されちゃう！

❶朝《あさ》、顔《かお》を洗《あら》って歯《は》をみがいた後《あと》に行《おこな》うよ。❷鏡《かがみ》を見《み》ながら人差《ひとさ》し指《ゆび》の先《さき》で、おでこ→左眉《ひだりまゆ》→右眉《みぎまゆ》→鼻《はな》の頭《あたま》→アゴの順《じゅん》に軽《かる》く押《お》していくよ（「プエラ」の形《かたち》に！）。❸最《さい》後《ご》に「ケデメル、ケデメル、みんなをハッピーに」と笑顔《えがお》でとなえてね。

3 ケンカした友《とも》だちと仲直《なかなお》り！

❶白《しろ》い紙《かみ》に「カルサー」をイメージした三角形《さんかくけい》を黒《くろ》いペンで描《か》くよ。❷「●●ちゃんと仲直《なかなお》りできる！」とつぶやこう。❸ふたつの三角形《さんかくけい》を結《むす》ぶ線《せん》をたせばOK。次《つぎ》にその子《こ》と会《あ》うときには、あなたから笑《わら》いかけてみてね！

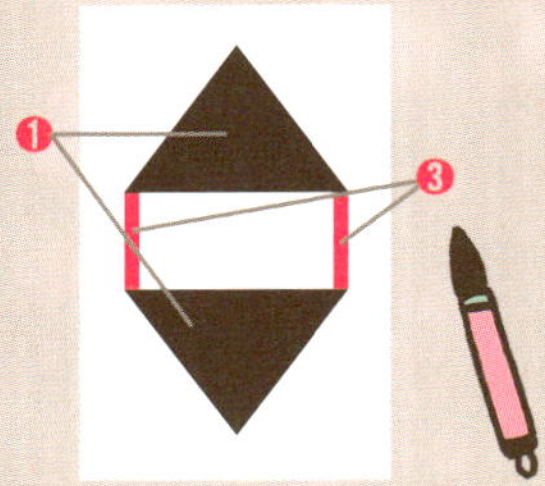

4 ラッキーなことが起《お》こる！

❶タテヨコ2cmに切《き》った黄色《きいろ》い紙《かみ》を6枚用意《まいようい》してね。❷その紙《かみ》を「フォーチュナ・メジャー」の形《かたち》になるよう、図《ず》の順番《じゅんばん》でならべよう。❸「幸運《こううん》の風《かぜ》をまきおこせ！」と声《こえ》にだして、ならべた紙《かみ》を息《いき》でふきとばせばOK！

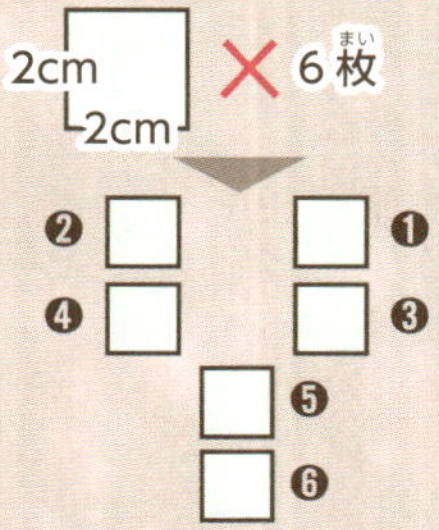

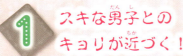

あの主人公《しゅじんこう》やあの霊《れい》のその後《ご》はいったい…

続編《ぞくへん》ストーリーを楽《たの》しもう!

『本当《ほんとう》に怖《こわ》いストーリー　闇月麗《やみづきれい》シリーズ』は全部《ぜんぶ》で10冊《さつ》。
紹介《しょうかい》された恐怖《きょうふ》ストーリーの合計数《ごうけいすう》は、なんと304話《わ》にもなるんだって！
この304話《わ》のなかから「お話《はなし》の続《つづ》きが読《よ》みたい！」と
リクエストが多《おお》かったストーリーの続編《ぞくへん》を紹介《しょうかい》していくよ!
前《まえ》のお話《はなし》を読《よ》んだことがない人《ひと》でも楽《たの》しめる内容《ないよう》になっているけれど
できれば前《まえ》のお話《はなし》も読《よ》んでみて。楽《たの》しみが2倍《ばい》になるよ！

続編《ぞくへん》マンガ 1

ひきこさん

「本当《ほんとう》に怖《こわ》いストーリー 永遠《えいえん》の呪縛《じゅばく》」P33〜

あらすじ クラスで「ひきこさん」という霊《れい》のウワサを聞《き》いたみちか。ひきこさんは子《こ》どもを見《み》つけると、襲《おそ》ってくるらしい。話《はなし》を信《しん》じていないみちかだったが、本当《ほんとう》にひきこさんと遭遇《そうぐう》してしまう。とっさにウソをつき襲《おそ》われずにすんだみちかは、ひきこさんに遭遇《そうぐう》した話《はなし》を、おおげさにしておもしろおかしくみんなに話《はな》した。しかし、ひきこさんについたウソによって……。

みんなの声《こえ》

★みちかがあの後《あと》どうなったのか、気《き》になります…。わたしも場《ば》を盛《も》りあげるために、話《はなし》をおおげさにしちゃうことがあるので反省《はんせい》。

★ひきこさんっていったい何者《なにもの》？　自分《じぶん》をいじめていた子《こ》と同《おな》じ名前《なまえ》の子《こ》やいじめられていた子《こ》は襲《おそ》わない理由《りゆう》を知《し》りたいです。

★肉《にく》のかたまりになるまでひきこさんに引《ひ》きずられるなんてこ、怖《こわ》すぎる。わたしはゼッタイに会《あ》いたくないですね…。

マンガ家《か》・hnk《ハナコ》さんよりメッセージ

「ひきこさん」は初《はじ》めてミラクルきょうふシリーズで執筆《しっぴつ》したお話《はなし》だったので思《おも》い入《い》れが強《つよ》く、続編《ぞくへん》が描《か》けてとてもうれしいです！　じつはわたしはホラーが苦手《にがて》なので、ひきこさんを描《か》くのは大変《たいへん》でした。お気《き》にいりキャラはやはり、ひきこさん。怖《こわ》くていやなのに、描《か》いていると愛着《あいちゃく》がわいてしまいました(笑)。ふたりのひきこさん？に注目《ちゅうもく》ください…。

▶続編《ぞくへん》マンガは244ページから！

もう一度《いちど》会《あ》いたい…

「本当《ほんとう》に怖《こわ》いストーリー 亡霊《ぼうれい》の叫《さけ》び」P147～

あらすじ 大好《だいす》きなおばあちゃんが亡《な》くなり、悲《かな》しくて仕方《しかた》がないひなた。家族《かぞく》にはナイショで、おばあちゃんの家《いえ》やお墓《はか》に出《で》かけていた。そんなある日《ひ》、お墓《はか》でナゾの少年《しょうねん》に出会《であ》う。その少年《しょうねん》は「気《き》まぐれな死神《しにがみ》」と名《な》のり、死人《しにん》を生《い》き返《かえ》らせるという粉《こな》をくれた。半信半疑《はんしんはんぎ》ながらもその粉《こな》を使《つか》ってみると、おばあちゃんは本当《ほんとう》に生《い》き返《かえ》っていた。大喜《おおよろこ》びするひなただが、おばあちゃんの様子《ようす》はだんだんとおかしくなっていき…。

みんなの声《こえ》

★お墓《はか》で出会《であ》ったあの少年《しょうねん》はいったい何者《なにもの》？　でもおばあちゃんは本当《ほんとう》に生《い》き返《かえ》ったし、やはり死神《しにがみ》なんでしょうか？

★おばあちゃんのひなたを想《おも》う気持《きも》ちに感動《かんどう》しました。人間《にんげん》の記憶《きおく》をどんどん忘《わす》れちゃっても、ひなたのことは忘《わす》れなかったから。

★ひなたとおばあちゃんは、あの後《あと》どうなったのでしょうか？ ひなたもゾンビになってしまったの？　続《つづ》きが読《よ》みたいです。

マンガ家《か》・sanarin《サナリン》さんよりメッセージ

このお話《はなし》はゾンビが登場《とうじょう》するので、絵《え》の資料《しりょう》のために怖《こわ》い思《おも》いをしてゾンビの画像《がぞう》をさがすのが大変《たいへん》ですが（笑）、気《き》まぐれな死神《しにがみ》のファッションやヘアが個人的《こじんてき》に好《す》きで、楽《たの》しんで描《か》いていたことを思《おも》いだしました。猫《ねこ》のシーンに注目《ちゅうもく》して見《み》てください。猫好《ねこず》きな子《こ》にはいやなシーンですが、肋骨《ろっこつ》などこだわって書《か》きました。そして今回《こんかい》もラストにおどろきが！

▶続編《ぞくへん》マンガは266ページから！

リクエストマンガ

恐怖レベル

復讐心《ふくしゅうしん》 黒い炎 絶叫

16話《わ》 ミガワリサガシ

小学生《しょうがくせい》のころに
ひどいイジメにあったから
子《こ》どもを見《み》つけると
仕返《しかえ》しのために襲《おそ》うらしいの
肉《にく》のかたまりになるまで
子《こ》どもを引《ひ》きずるみたい…
だけど…いじめられてる子《こ》は
襲《おそ》われないんだって——

ひきこさんに会《あ》うことを
だれもが恐《おそ》れていた…
だけど…わたしは
ひきこさんに会《あ》いたい…
2組
ほらっ！
有紀子《ゆきこ》!!
早《はや》くブタの
鳴《な》きマネしなよ！
そうだよ～
ブーブーってさ
ウケル！
ほら早《はや》く～
みんなも聞《き》き
たいでしょ～？
くすくす
聞《き》きたいって
お願《ねが》いしないと
そうそう

アハハ
ハハハ
ハハハハ
アハハハ
わたしは毎日《まいにち》…
この3人《にん》に
いじめられていた
クラスのみんなは
見《み》て見《み》ぬふりだった
ひきこさんのウワサを
もちろん本気《ほんき》で
信《しん》じてたわけじゃ
なかったけど…
ひきこさんならあいつらに
仕返《しかえ》ししてくれると
信《しん》じたかった――
ひきこさんなら…わたしの
気持《きも》ちわかるでしょ

いない
いない
いない…
ハッ…
ザ
!
アンタ…雨《あめ》の日《ひ》いっつも歩《ある》きまわってるみたいね
クスッ

アンタがひきこさん
なんじゃない？
こわい
こわい
気持《きも》ちわる～
さっさと行《い》こ～
ドン
ひきこさんをさがして
5か月《げつ》…今日《きょう》も
会《あ》えなかった
やっぱりただの
都市伝説《としでんせつ》だよね…

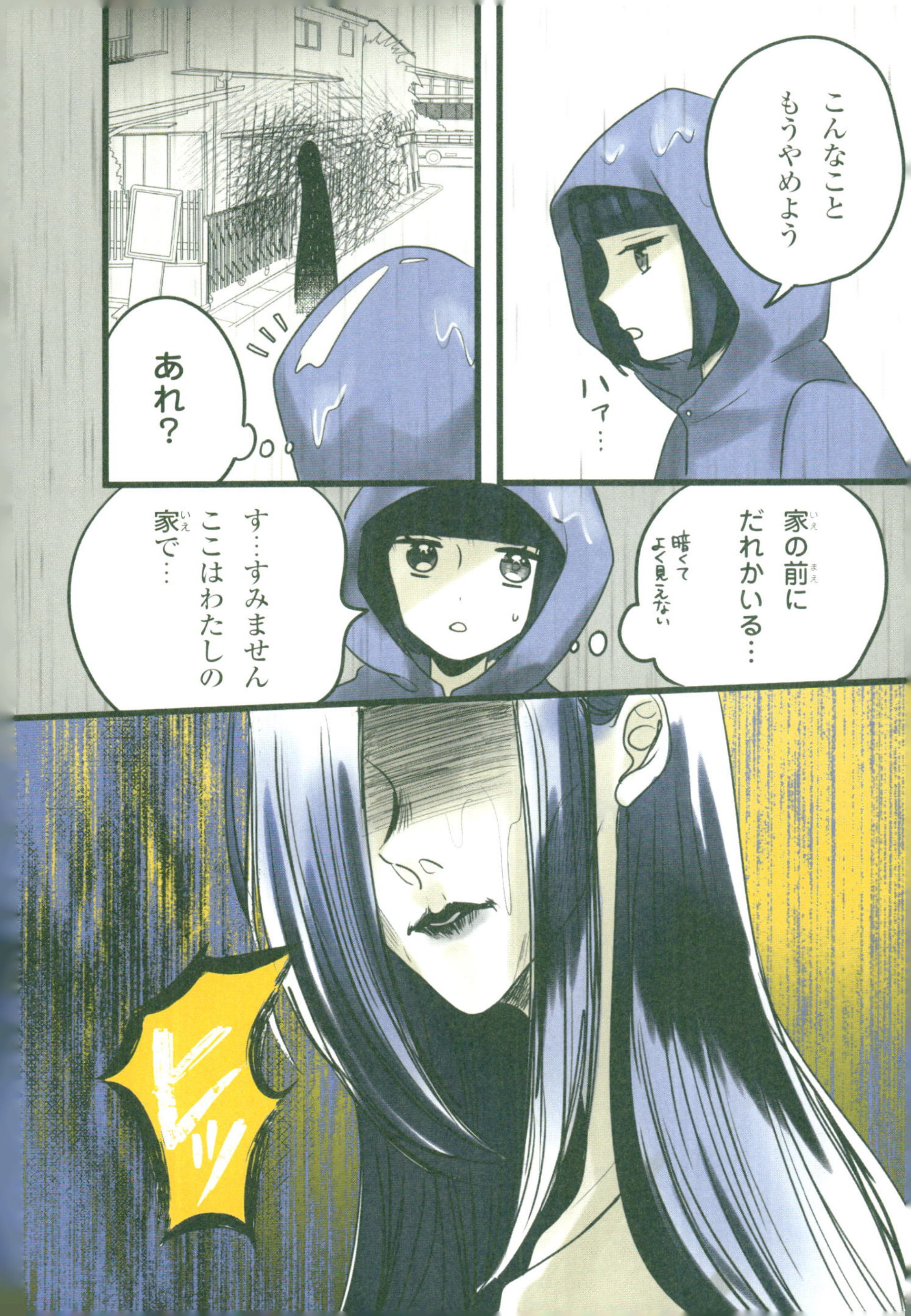
こんなこと
もうやめよう
ハァ…
あれ？
家《いえ》の前《まえ》に
だれかいる…
暗くて
よく見えない
す…すみません
ここはわたしの
家《いえ》で…
ヒッ

ひきこさんだ…なぜか瞬間的《しゅんかんてき》にわたしはそう感《かん》じた
あ…あなたはひきこさんですか？
わ…わたしも毎日《まいにち》いじめられてるんです
多恵《たえ》と美奈《みな》智子《ともこ》の３人《にん》に仕返《しかえ》ししてっ！
なんでもします！だからお願《ねが》いっ!!

ニタァ…
——翌々日《よくよくじつ》
昨日《きのう》は多恵《たえ》たち3人《にん》とも休《やす》みだった…
ガラッ
……
どうしたの？そのケガ！

チラ…
!
バッ
ちょ…ちょっと転《ころ》んだだけ
ガタ
ガタ
ガタ
ひ…ひきこさんだ

そしてその日《ひ》から3人《にん》のいじめはピタリとやんだ
学年《がくねん》も変《か》わってわたしの学校生活《がっこうせいかつ》はすっかり平和《へいわ》になった
そういえばあの3人《にん》
ひきこさんにやられたってウワサが広《ひろ》まってるけど…
じつはわたしも体中《からだじゅう》に引《ひ》きずられたようなアザがあったの…
見《み》ちゃった
え～まさかひきこさんなんているわけないよ

まあ…正直《しょうじき》スカッとはしたけど！
有紀子《ゆきこ》ずっと助《たす》けられなくてゴメンね
わたしもあの3人《にん》が怖《こわ》くて…
ううん…みんなは悪《わる》くないって
もういいんだ
バイバーイ
また明日ー！
じゃあね～

あれ？雨《あめ》が…
ポツ
ポツ
やっぱり天《てん》気《き》予《よ》報《ほう》は当《あ》たるな～
バサッ
ウ…ソ…
カシャーン

オ‥マエ
ダノシンソウダ

ワタシ…ツライ…
…ツライ……
イジメラレテ…
ツラクテ…
イノチステタ…
ウラミツラミ
ワスレラレナイ…
ダケド…シンデモ…
ラクニナンテ…ナラナイ
レイノママ…コノヨカラ
ハナレラレナクナッタ…

デモ…
キづいた
ダレかガワタシノ
カワリにナレバ
アノヨにイケる…
スルイ
ダから…
あなたが
かわってよ!

な…なにそれ
そんなのムリ…！
願《ねが》いを聞《き》いたら
なんでもするって
言《い》ったじゃない
ダッ
あんな言葉《ことば》ウソに
決《き》まってるでしょ！

逃《に》げてもムダよ！
ガッ
きゃああああぁ
ズザァ

雨《あめ》が降《ふ》る夕方《ゆうがた》
わたしの体《からだ》は勝手《かって》に
街《まち》を徘徊《はいかい》する——
ズリ

あれから何十年《なんじゅうねん》
たったんだろう
ズズズ…
有紀子《ゆきこ》だったころの
記憶《きおく》はもう遠《とお》い…
ズズズ…
わたしはさがしている
わタシとカワってくれる
ヤサしい…トモダチニ
わたしは待《ま》っている
デアウ…ヒヲ…
ズズズ…

ヌッ…
わ…
わたしもクラスで
みんなから
いじめられているの!!
ピタッ
だから
あなたの気持《きも》ちが
よくわかるんだ…
…ねっ
仲《なか》よくしましょ！

くるっ
デア…エタ
トモダチ

リクエストマンガ　恐怖レベル　好奇心《こうきしん》　黒い炎　ゾクッ

17話《わ》 最後《さいご》のお別《わか》れ

悪霊《あくりょう》がすむ家《いえ》!?

宮本小晴《みやもとこはる》の調査《ちょうさ》メモ

＊だれもいないのに電気《でんき》がつくらしい。人影《ひとかげ》の目撃談《もくげきだん》もあり!

＊昼夜関係《ちゅうやかんけい》なく家《いえ》からうめき声《ごえ》のような音《おと》が聞《き》こえる。

＊近所《きんじょ》から野良猫《のらねこ》が消《き》えている??

ここ…が その家《いえ》ね…
悪霊《あくりょう》を写真《しゃしん》に おさめて みんなをビックリ させちゃお！
ガチャ
あ… 開《ひら》いた
キィ…
お…
おじゃま しま～す
だれも住《す》んで ないのにキレイ…
こんな場所《ばしょ》に 悪霊《あくりょう》が…？

なんだか生《なま》ぐさい
ずるっ
ドスッ
イタッ
なに?
これって血《ち》!?
ガターン
ビクッ

ガタ
ガタ
ガタ
あ…
悪霊《あくりょう》が
で…でた?
ガタ
なんだ
ネコか…
お〜い
ネコちゃん
おいで〜
ニャ…
…ニャ…
ぐにゃあああ

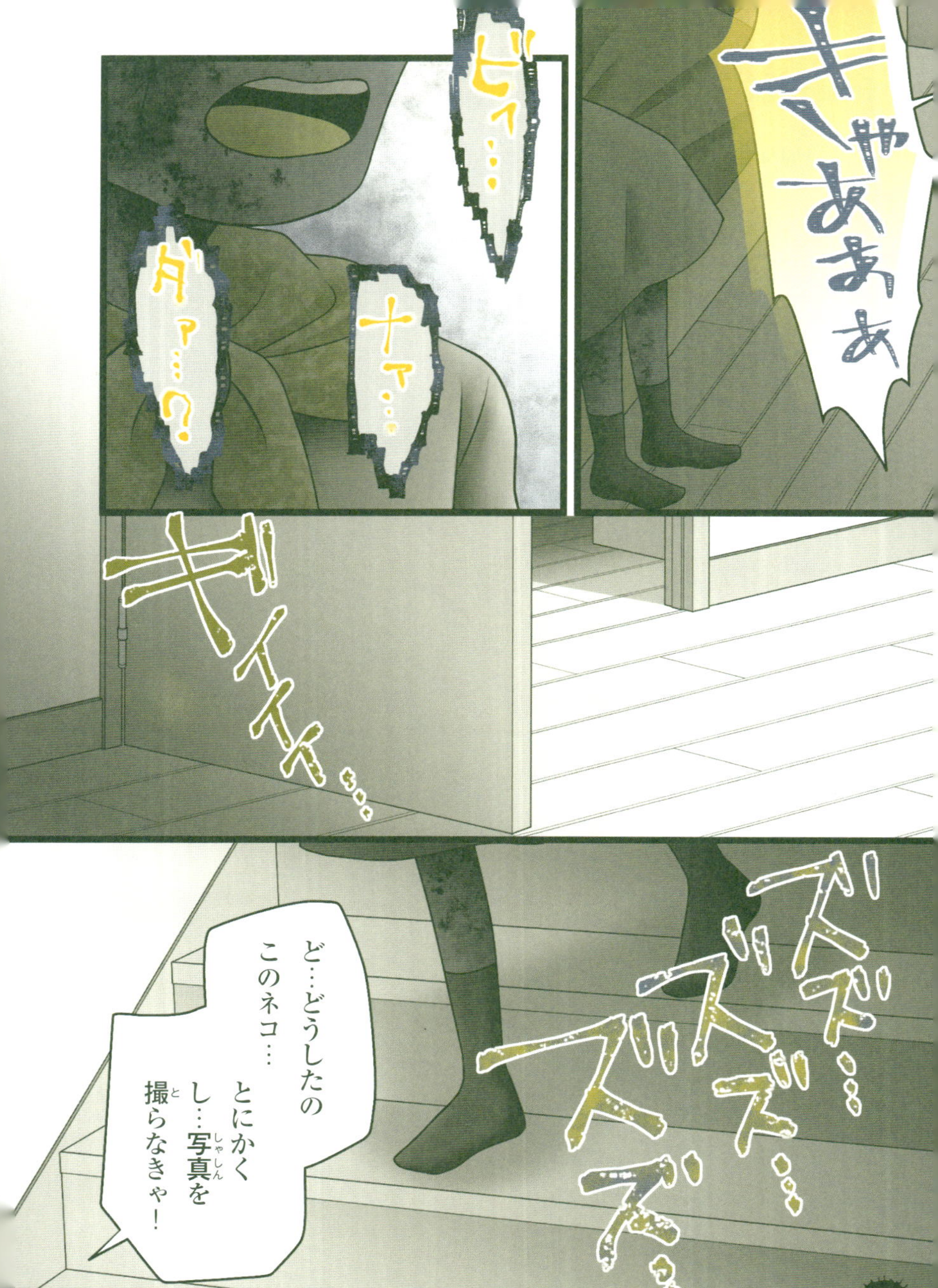
きゃあああ
ビィ…
ナァ…
ガァ…?
ギイイィ…
ど…どうしたの
このネコ…
とにかく
し…写真《しゃしん》を
撮《と》らなきゃ!
ズズ…
ズズ…
ズズ…

近所《きんじょ》から消《き》えたネコなのかな?
こ…これって悪霊《あくりょう》のしわざ…?
パシャパシャ
パシャパシャ
ニン…
ゲェン…
う…うめき声《ごえ》?
くるっ

きゃああああ
ゾ…ゾンビ…!!
いやあああ
パシャッ
ガオアァアアアー

ゴワォオオ
そ…外《そと》へ逃《に》げなきゃ…!!
ダ
おばあちゃーん来《き》たよ〜
え…小晴《こはる》ちゃん!?

ぎゅっ
ダメ!! 襲《おそ》ってはダメ!!
部屋《へや》へもどって!!
はっ
——…もう大丈夫《だいじょうぶ》よ小晴《こはる》ちゃん
…2組《くみ》の青木《あおき》ひなたちゃんなんでここに?

さっきのゾンビ…わ…わたしのおばあちゃんなんだ…
ごめんビックリしたよね
え!?
——3か月前《げつまえ》
大好《だいす》きなおばあちゃんが亡《な》くなって
わたしはさみしかった…
そんなとき〝気《き》まぐれな死神《しにがみ》〟と名《な》のる少年《しょうねん》があらわれ
おばあちゃんを生《い》き返《かえ》らす不思議《ふしぎ》な粉《こな》をくれた——

半信半疑《はんしんはんぎ》で
おばあちゃんの
お墓《はか》にかけてみたら
本当《ほんとう》に生《い》き返《かえ》ったの
……でも
おばあちゃんは
じょじょに
人間《にんげん》ではなく
なっていった――…
そして
ゾンビになった
おばあちゃんは
生肉《なまにく》を食《た》べる
ようになったわ
わたしにも襲《おそ》い
かかろうとしたけど
ヴゥ
なんとか最後《さいご》…
わたしのことだけは
忘《わす》れずにいてくれた
ビィ…
ナァ…
それから
わたしは…

おばあちゃんが
人間《にんげん》を
襲《おそ》わぬよう
家《いえ》に閉《と》じこめ
生肉《なまにく》を運《はこ》んだ
ヷルル…
でも…おなかが
すいたときに
生肉《なまにく》がないと
野良猫《のらねこ》を
襲《おそ》っていた
みたい…
——こんな生活《せいかつ》
いつまで続《つづ》けられ
るかわからない
それに…これから
いつ人間《にんげん》を襲《おそ》うか…
さっきも小晴《こはる》ちゃんを
そっか…だから
ひなたちゃん
学校《がっこう》で会《あ》っても
ずっと元気《げんき》
なかったんだ…
お願《ねが》い！
このことはみんなに
ヒミツにして
ほしいの…！

ヒミツにするのはいいけど…
このままだといつか大変《たいへん》なことになるんじゃ…
——…そうなのわかってる…でもどうしたら…
気《き》まぐれな死神《しにがみ》とやらをお墓《はか》にさがしに行《い》こう!
方法を教えてもらうの!
死神《しにがみ》さ～ん
どこにいますか～?

ザワ…
おやおや
ぼくをさがす人間《にんげん》とはめずらしい
ひさしぶりだね
おばあさんとの生活《せいかつ》は幸《しあわ》せかい？
おばあちゃんをあの世《よ》に返《かえ》してあげたいの…
ひなたちゃんはあんなふうに生《い》き返《かえ》らせたかったわけじゃないよ…！

はぁ～…
人間《にんげん》って本当《ほんとう》に勝手《かって》だな…
この十字架《じゅうじか》をおばあさんにかざすんだ
どんなことがあってもやめちゃダメだ
動《うご》かなくなるまでゼッタイだよ
は…はい

じゃあ おばあちゃんを 呼《よ》ぶよ
パチン
スッ
ウウウ…
ウウウ…
…本当《ほんとう》に ごめんなさい…
わたしの… 身勝手《みがって》な思《おも》いの せいで……
ウウウ…
サッ

お…おばあちゃん…
やめちゃダメ！がんばって!!
う…うん
わたしも手伝《てつだ》うから！
…おばあちゃん…

…さようなら…
――…これで本当《ほんとう》のお別《わか》れができた

ありがとう小晴《こはる》ちゃん
…これもすてなきゃ…
こんなものを使《つか》ったから…
ポン
ダメひなたちゃん!!
ここですてたら大変《たいへん》なことになる…!!
あ! そっか…お墓《はか》だもんね!

ほかの場所《ばしょ》にすててこよう！
ザ————……
ズボッ
ウゥウ…
ウゥウ…
ウゥウ…

ウウウ…
ウウウ…
ウウウ…
――…何百年《なんびゃくねん》も昔《むかし》には
ここにもお墓《はか》があったみたいだね

みんなのおたより紹介《しょうかい》ページ

あなたのまわりの怖いストーリーDX《デラックス》

おたよりを送《おく》ってくれるみんな、本当《ほんとう》にいつもありがとう。おたよりにお返事《へんじ》することはできないけれどすべてきちんと読《よ》んでいるのよ。今回《こんかい》も、わたしが思《おも》わずゾクッとした恐怖《きょうふ》の体験談《たいけんだん》や小説《しょうせつ》などを紹介《しょうかい》していくわね。あなたも、このゾクリ感《かん》を存分《ぞんぶん》に味《あじ》わってちょうだい…。

今回《こんかい》のおたより紹介《しょうかい》

あなたのおたよりも
お待《ま》ちしております……
くわしくは446ページへ

本当《ほんとう》にあった出来事《できごと》をつづった…

キョウフ体《たい》験《けん》談《だん》

おたより その1 かべの前《まえ》の男《おとこ》の子《こ》

東京都《とうきょうと》 SiiNa《シイナ》さん

これはわたしが4歳《さい》のときの出来事《できごと》です。その日《ひ》保育園《ほいくえん》から帰《かえ》ってお母《かあ》さんと遊《あそ》んでいたわたしは、部屋《へや》のなかにいる男《おとこ》の子《こ》に気《き》づき、手《て》をふりました。お母《かあ》さんはビックリした顔《かお》をしました。

「い、今《いま》、どうして手《て》をふったの？　そこにだれかいるの？」

「うん。かべの前《まえ》に男《おとこ》の子《こ》がいるよ！」

でも、お母《かあ》さんには男《おとこ》の子《こ》が見《み》えていないようで、あせったように部屋《へや》のなかをキョロキョロとしました。

「そこのすみっこだよ！」

「ねぇ？　その子《こ》、笑《わら》ってる？」

わたしは今《いま》でもハッキリと覚《おぼ》えています。ニッコリ笑《わら》う男《おとこ》の子《こ》のうしろには、なぜだかわたしが以前《いぜん》住《す》んでいた町《まち》の風《ふう》景《けい》が広《ひろ》がっていたのです…。

あの男《おとこ》の子《こ》はいったいだれで、どうしてあらわれたんでしょうか？

おたより その2

トイレの住《じゅう》人《にん》？

東京都《とうきょうと》　コロッケサンドさん

　ある日《ひ》の授業中《じゅぎょうちゅう》にふとろう下《か》を見《み》ると、音楽室前《おんがくしつまえ》をすごい速《はや》さで走《はし》る子《こ》がいたのです（教室《きょうしつ》にはドアがないので、ろう下《か》やほかの教室《きょうしつ》が見《み》えます）。行《い》ったり来《き》たりする様子《ようす》を見《み》ていると、その子《こ》は走《はし》ったまま、顔《かお》だけくるりとこちらにむけました。

　わたしはパッと目《め》をそらしました。しばらくしてまたろう下《か》を見《み》ると、その子《こ》は女子《じょし》トイレへ入《はい》っていきました。

　授業《じゅぎょう》が終《お》わりトイレへ行《い》くと、個室《こしつ》がひとつ使用中《しようちゅう》でした。休《やす》み時間中《じかんちゅう》ずっと待《ま》ちましたが、ドアは開《ひら》きませんでした。そして授業《じゅぎょう》が始《はじ》まると、またろう下《か》にはさっきの女《おんな》の子《こ》が…。

　わたしは気《き》になり、次《つぎ》の休《やす》み時間《じかん》もトイレにむかいました。

「ま…また、閉《し》まってる？」

　怖《こわ》くなったわたしは、ドアの下《した》からなかをのぞきましたが、見《み》えるはずの足《あし》がありません。ノックしても、返事《へんじ》はなし…。

　そのときチャイムの音《おと》が。

　するとドアがスゥーッと開《ひら》きました。しかし、トイレのなかには、だれもいなかったのです………。

おたより
その3

届《とど》いたオトシモノ…

長崎県《ながさきけん》　ニャンチョコさん

わたしのいとこのHちゃんは霊感《れいかん》があって、ときどき霊《れい》の気配《けはい》を感《かん》じたり、姿《すがた》を見《み》ることがあるそうです。

これはそのHちゃんが、小《しょう》５の林間学校《りんかんがっこう》で体験《たいけん》したお話《はなし》です。

林間学校《りんかんがっこう》では毎年《まいとし》、きもだめし大会《たいかい》を行《おこな》っていたそうです。宿《しゅく》泊施設《はくしせつ》の近《ちか》くにある滝《たき》まで行《い》き、自分《じぶん》の名前《なまえ》が書《か》かれた紙《かみ》を持《も》ち帰《かえ》ってくるのが、きもだめしのコースでした。

「きもだめしで行《い》く滝《たき》って、心霊《しんれい》スポットらしいよ～」

みんなの間《あいだ》では、こんなウワサでもちきりだったそうです。

――林間学校当日《りんかんがっこうとうじつ》。きもだめしの時間《じかん》になりました。

Hちゃんは人数《にんずう》の都合《つごう》で、ひとりでスタートすることに。しかし宿泊施設《しゅくはくしせつ》から滝《たき》までの道《みち》は、とくになにもなかったそうです。

「よかった、着《つ》いた。え～と名前《なまえ》の書《か》かれた紙《かみ》はこれか…」

滝《たき》に到着《とうちゃく》したHちゃんは紙《かみ》をとり、帰《かえ》ろうとしました。

(…………い………る…………！！！)

暗闇《くらやみ》の奥《おく》に女《おんな》の人《ひと》が見《み》え、すぐに霊《れい》だと感《かん》じたそうです。その場《ば》を走《はし》り去《さ》ろうとした瞬間《しゅんかん》、その女性《じょせい》の霊《れい》はHちゃんにむかって、ニヤリと笑《わら》ったそうです。

「きゃあああああああああああああああああ」

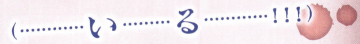

Hちゃんは無我夢中《むがむちゅう》で、走《はし》って施設《しせつ》まで帰《かえ》りました。

ハア。ハア。ハア。ハア。ハア。…………あれ？　ない…。

さっきまで手《て》ににぎっていたはずの紙《かみ》がありません。あせるあまり、紙《かみ》をどこかで落《お》としてしまっていたそうです。

その夜《よる》、Hちゃんはなかなか寝《ね》つけずにいました。何度目《なんどめ》かの寝返《ねがえ》りをうったとき、目《め》の前《まえ》の光景《こうけい》に息《いき》がとまりました。

そこには滝《たき》で見《み》た、女性《じょせい》の霊《れい》が立《た》っていたのです。

逃《に》げだそうとしましたが、金縛《かなしば》りで体《からだ》がまったく動《うご》きません。

そしてその霊《れい》はHちゃんに顔《かお》をよせ、耳元《みみもと》でつぶやきました。

「オ……ト……シ……モ……ノ」

目《め》を覚《さ》ましたときにはすでに朝《あさ》で、まくらもとにはきもだめしで落《お》としたはずの紙《かみ》が置《お》かれていたそうです——。

その後《あと》、滝《たき》について調《しら》べたところ、自《みずか》ら滝《たき》に飛《と》びこみ命《いのち》を絶《た》った女《おんな》の人《ひと》がいたそうです。Hちゃんが遭遇《そうぐう》したのは、その人《ひと》の霊《れい》だったのでしょうか？

Hちゃんは霊《れい》が届《とど》けてくれた紙《かみ》をずっと持《も》っていて、わたしにも見《み》せてくれました。

しかしその後《ご》、いつのまにか消《き》えてしまっていたそうです。

おたより その4

たのまれごと…

埼玉県《さいたまけん》　名前不明《なまえふめい》さん

　小《ちい》さなころから霊感《れいかん》が少《すこ》しだけあったわたし。これは、わたしが小学《しょうがく》２年生《ねんせい》のときに出会《であ》った霊《れい》との奇妙《きみょう》な話《はなし》です。

　ある春《はる》の日《ひ》、学校《がっこう》からの帰《かえ》り道《みち》。友《とも》だちと歩《ある》いていると、曲《ま》がり角《かど》に立《た》ってこちらをじっと見《み》つめてくる女《おんな》の人《ひと》がいました。

「ねぇねぇ…あそこにいる女《おんな》の人《ひと》さ…」

「え？　だれもいないよ。目《め》の錯覚《さっかく》なんじゃない？」

　わたしが指《ゆび》をさして話《はな》しても、友《とも》だちは首《くび》をかしげます。

（なんなんだろ…気持《きも》ち悪《わる》いなぁ…）

　それから数日後《すうじつご》、図書館《としょかん》へ本《ほん》を返《かえ》しにいくと、またあの女《おんな》の人《ひと》の姿《すがた》が。階段《かいだん》の上《うえ》から、じっとこちらを見《み》ているのです！

　気《き》になったわたしは急《いそ》いで階段《かいだん》へとむかいました。しかし、階《かい》段《だん》についたとき、そこにはだれもいませんでした。

（また、わたしを見《み》てたよね…。いったい…だれなのかな？）

　それから女《おんな》の人《ひと》に会《あ》うことはなくなったので、わたしはその存《そん》在《ざい》をすっかり忘《わす》れていたのですが……。

　時《とき》が過《す》ぎ、夏休《なつやす》みのある日《ひ》。わたしは友《とも》だちの家《いえ》で遊《あそ》んでいました。しかし、窓《まど》の外《そと》をながめたとき、見《み》てしまったのです！

（うわっ！　あ……あの……女《おんな》の人《ひと》！……また、こっち見《み》てる）

　怖《こわ》くなったわたしは友《とも》だちを呼《よ》びにいきましたが、友《とも》だちをつれて部屋《へや》へともどると、もう女《おんな》の人《ひと》はいませんでした。

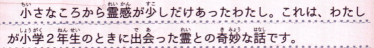

そしてその帰《かえ》り、お母《かあ》さんと車《くるま》に乗《の》っていると、車《くるま》のバックミラーにまたもや女《おんな》の人《ひと》が！　しかしこれまでとちがったのは、わたしにむかってなにかを話《はな》していたのです。

――それから数日後《すうじつご》、マンションのエレベーターに乗《の》っていると、女《おんな》の人《ひと》がわたしの背後《はいご》にあらわれたのです！！

「わ…わたしになにかできること……ありますか？」

「大事《だいじ》な人《ひと》に…このプレゼントをわたして……」

勇気《ゆうき》をだして話《はな》しかけると、女《おんな》の人《ひと》は笑顔《えがお》で答《こた》え、また消《き》えてしまいました。そこにはプレゼントの袋《ふくろ》がありました…。

そして数日後《すうじつご》、また女《おんな》の人《ひと》があらわれました。

「ミナトリオっていう高《こう》１の女《おんな》の子《こ》に、２日後《かご》会《あ》いに行《い》って。そしてプレゼントをわたしてね……」

しかし、わたしはなにもしませんでした。だってどこにいるかなんてわからなかったから…。

たのまれごとなんてしなければ。わたしは後悔《こうかい》しています。だって、それからずっと、今《いま》も街中《まちなか》や部屋《へや》に女《おんな》の人《ひと》があらわれ、怖《こわ》い顔《かお》でにらんでくるのですから…。

夢《ゆめ》か本当《ほんとう》か信《しん》じられない話《はなし》…

フシギなつぶやき

夜《よる》、2階《かい》のトイレに入《はい》ると、窓《まど》の外《そと》に**ものすごいスピードで飛《と》んでいく赤《あか》いマント**が見《み》えました。わたしは急《いそ》いで窓《まど》を開《あ》けて空《そら》を見《み》ましたが、もう消《き》えていました。霊感《れいかん》があり怖《こわ》い話《はなし》が好《す》きな友《とも》だちに聞《き》くと、**「それ……死神《しにがみ》だよ」**と言《い》っていました。死神《しにがみ》を見《み》た人《ひと》は不幸《ふこう》になるそうです。まだ不幸《ふこう》なことは起《お》きてはいませんが、怖《こわ》いです。

???さん

宿泊研修《しゅくはくけんしゅう》の夜《よる》、ベッドで寝《ね》ていたわたしは、金縛《かなしば》りにあいました。そして**目《め》の前《まえ》には見知《みし》らぬ男性《だんせい》の顔《かお》**が！　翌朝《よくあさ》目《め》を覚《さ》ますと、下半身《かはんしん》がベッドのサクをこえていました。あの男性《だんせい》はわたしをあの世《よ》につれていこうとしていたのでしょうか？

S.Yさん

わたしには霊感《れいかん》があり、しょっちゅう変《へん》なものが見《み》えますが、親《おや》に話《はな》しても信《しん》じてもらえません。ある日《ひ》スマホに**「死《し》にたいんでしょ…？」というナゾのメール**が入《はい》っていました。そして次《つぎ》の日《ひ》、**車《くるま》にひかれそうになった**のです……。

ポテチーさん

わたしはキノコが好《す》きで、ヒマさえあれば、図書館《としょかん》に行《い》って「キノコのひみつ」という学習《がくしゅう》マンガを読《よ》んでいました。ある日《ひ》、棚中《たなじゅう》さがしてもその本《ほん》が見《み》つかりません。司書《ししょ》の先生《せんせい》に聞《き》くと、信《しん》じられない答《こた》えが返《かえ》ってきました。**「キノコのひみつなんて本《ほん》、この図書館《としょかん》にはありませんよ……」**

りいちゃん

わたしは友《とも》だちとお祭《まつ》りに出《で》かけ、友《とも》だちのスマホで写真《しゃしん》を撮《と》りました。数《すう》か月後《げつご》、友《とも》だちからその写真《しゃしん》を見《み》せてもらうと、わたしの**左足《ひだりあし》が変《へん》な方向《ほうこう》に曲《ま》がっていて、腰《こし》のあたりに変《へん》な顔《かお》**が写《うつ》っていました。怖《こわ》くなって写真《しゃしん》はすぐにすてましたが、その後《あと》**わたしは、左足《ひだりあし》を骨折《こっせつ》した**のです…。

ましろさん

S.Aさん

この前《まえ》、北校舎《きたこうしゃ》3階《かい》の女子《じょし》トイレに行《い》くと、いちばん奥《おく》にある個室《こしつ》が閉《し》まっていました。トイレから出《で》ようとしたとき、**「カキーン」と大《おお》きな変《へん》な音《おと》**がしました。ビックリしてふり返《かえ》りましたが、そこにはだれもいませんでした。

うゆみいさん

これはKくんから聞《き》いた怖《こわ》いウワサ。**学校《がっこう》の階段《かいだん》を1から12段《だん》まで順《じゅん》に数《かぞ》えておりていくと、ちょうど12段目《だんめ》でうしろにいる人《ひと》が悪魔《あくま》になり、数《かず》を数《かぞ》えていた人《ひと》を地獄《じごく》へつれていってしまう**そうです。わたしは怖《こわ》いので、試《ため》していません。

S.Mさん

うちのお店《みせ》で働《はたら》くお兄《にい》さんが中学生《ちゅうがくせい》のときに体験《たいけん》した話《はなし》。雪《ゆき》の降《ふ》る夜《よる》、お兄《にい》さんが寝《ね》ていると、家《いえ》の外《そと》に人《ひと》の気配《けはい》がしたそうです。そのまま目《め》をつぶっていると、今度《こんど》は屋根《やね》を歩《ある》く気配《けはい》を感《かん》じ、しばらくすると、その気配《けはい》はお兄《にい》さんのまくらもとまできていました！　勇気《ゆうき》をだして少《すこ》し目《め》を開《あ》けると、**白《しろ》っぽい服《ふく》を着《き》た人《ひと》が立《た》っていた**そうです…。

りなさん

２階《かい》の部屋《へや》でテレビを見《み》ていたときのこと。わたしはなんだかひどくつかれていて、階段《かいだん》の電気《でんき》をつけないまま、１階《かい》へおりようとしました。するとそこには、**目《め》が光《ひか》る緑色《みどりいろ》をした、小《ちい》さな悪魔《あくま》みたいなナゾの生《い》き物《もの》がいたのです！**　もう一度《いちど》見《み》たときにはもういませんでした。いつからこんなふうになったのかわかりませんが、ひどくつかれているときに階段《かいだん》をおりると、ハッキリと霊《れい》が見《み》えるようになりました。

K.Aさん

ある日《ひ》の休《やす》み時間《じかん》。トイレに行《い》くと、なんだか奇妙《きみょう》な気配《けはい》を感《かん》じました。奇妙《きみょう》な気配《けはい》はしょっちゅう感《かん》じるので、とくに気《き》にしませんでした。用《よう》をたしていると、**外《そと》からノックの音《おと》**が聞《き》こえました。わたしはノックを返《かえ》しました。しかし、よく考《かんが》えるとトイレに人《ひと》が入《はい》ってきた音《おと》など、いっさいしていなかったのです。個室《こしつ》から出《で》て手《て》を洗《あら》っていると、**どこからともなく口笛《くちぶえ》**が聞《き》こえてきました。トイレにはだれもいないのに…。わたしは怖《こわ》くなり、急《いそ》いでトイレから出《で》ようとすると、**鏡《かがみ》のなかに血《ち》だらけの男《おとこ》の子《こ》**が映《うつ》っていました。後《あと》から知《し》ったことですが、女子《じょし》トイレがある場所《ばしょ》は、戦争《せんそう》のころ焼夷弾《しょういだん》が落《お》ちた場所《ばしょ》だったそうです。

わたしの学校《がっこう》でウワサされる…

学《がっ》校《こう》の七不思議《ななふしぎ》にまつわるハナシ

七不思議《ななふしぎ》にまつわるハナシ

トイレの花《はな》子《こ》さん

福井県《ふくいけん》　はなあゆさん

　わたしの学校《がっこう》には「トイレの花子《はなこ》さん」と「開《あ》かずのトビラ」という、ふたつの七不思議《ななふしぎ》があります。みなさん……この「トイレの花子《はなこ》さん」にまつわる恐怖体験《きょうふたいけん》を聞《き》いてください――。

　わたしの学校《がっこう》では、こんな方法《ほうほう》で花子《はなこ》さんを呼《よ》びだします。

- ▼ ４つのトイレにひとりずつ入《はい》り、カギをかける。
- ▼ 一番奥《いちばんおく》（4番目《ばんめ》）のトイレの人《ひと》が、３番目《ばんめ》のかべをノック。
- ▼ ３番目《ばんめ》、２番目《ばんめ》、１番目《ばんめ》のトイレの人《ひと》は、左側《ひだりがわ》からノック音《おと》を聞《き》いたら、トイレのかべ（右側《みぎがわ》）をノック。
- ▼ 花子《はなこ》さんがあらわれると、ノックで返事《へんじ》が返《かえ》ってくる。

　その後《あと》、トイレの洗面台《せんめんだい》にある鏡《かがみ》を見《み》つめると、そこには花子《はなこ》さんが映《うつ》っているというウワサなのですが……。

　わたしはある日《ひ》の放課後《ほうかご》、ミク・ツムギ・アユミの３人《にん》といっしょに、トイレの花子《はなこ》さんを試《ため》してみることにしました。

「みんなカギしたね。それじゃ～始《はじ》めるよ～！」

　コン、コン。（これは、４番目《ばんめ》のミクのノックね…）

　コン、コン。（おっ、３番目《ばんめ》のツムギもノックした…）

コン、コン。わたしはそのまま1番目《ばんめ》のかべをノックします。

コン、コン。（1番目《ばんめ》のアユミもノックした…次《つぎ》は花子《はなこ》さん？）

ドキドキしながら耳《みみ》をすましましたが、トイレは静《しず》まり返《かえ》ったまま。わたしたちはガッカリし、ランドセルをしょって帰《かえ》ろうとすると、アユミが泣《な》きそうな顔《かお》をしています。

「わたし、トイレに行《い》きたくなっちゃった…みんな待《ま》ってて」

アユミがもどって今度《こんど》こそ帰《かえ》ろうとすると、ツムギがぼそり。

「……ねぇ。もう１回《かい》だけ、花子《はなこ》さん試《ため》してみない？」

みんな反対《はんたい》する理由《りゆう》もなく、ツムギの提案《ていあん》に賛成《さんせい》しました。

「じゃあ順番《じゅんばん》はさっきと同《おな》じ。それじゃスタートするよ～」

コン、コン。コン、コン。コン、コン。コン、コン。

４人《にん》が順番《じゅんばん》にノックしました。（あとは、花子《はなこ》さんが………）

コン!! コン!!

「い、今《いま》ノック聞《き》こえたよね？」

「う、うん。聞《き》こえた！！」

わたしたちは急《いそ》いでトイレから出《で》て、鏡《かがみ》を見《み》たのです。

そこには、真《ま》っ赤《か》なスカートをはいたおかっぱ頭《あたま》の女《おんな》の子《こ》が、こちらをじっとにらんでいました。

「きゃあああ!!!」

わたしたちはすぐさまトイレから走《はし》り去《さ》りました。

友《とも》だちから友《とも》だちへ伝《つた》わる…

ハヤリの都市伝説《としでんせつ》にまつわるハナシ

都市伝説《としでんせつ》にまつわるハナシ

無表情《むひょうじょう》の女性《じょせい》

神奈川県《かながわけん》　高階華名彗《たかしなかなえ》さん

これは、わたしが小《しょう》1のときに学校《がっこう》で流行《はや》った都市伝説《としでんせつ》です。

1990年《ねん》。アメリカのフロリダ州《しゅう》にある病院《びょういん》でのお話《はなし》。

その病院《びょういん》の近《ちか》くには、事故《じこ》がひんぱんに起《お》こる場所《ばしょ》があり、ケガをした人《ひと》が救急車《きゅうきゅうしゃ》ではなくそのまま歩《ある》いて病院《びょういん》にやってくることもしょっちゅうあったそうです。

ある日《ひ》の昼間《ひるま》、顔《かお》から血《ち》を流《なが》す女性《じょせい》が病院《びょういん》にやってきました。

医師《いし》や看護師《かんごし》はその姿《すがた》を見《み》て、息《いき》をのみました。もちろん、血《ち》を流《なが》すケガ人《にん》は見《み》なれているので、それが理由《りゆう》ではありません。

その女性《じょせい》の顔《かお》は、まるでマネキンかのように、真《ま》っ白《しろ》い化粧《けしょう》で一面《いちめん》ぬりたくられていたのです!!

女性《じょせい》は無表情《むひょうじょう》でうつむいたまま、ひと言《こと》もしゃべりません。

その奇妙《きみょう》な様子《ようす》を不安《ふあん》に感《かん》じた医師《いし》は、警察《けいさつ》に通報《つうほう》したそうです。そして警察《けいさつ》を待《ま》つ間《あいだ》、その女性《じょせい》がおかしな行動《こうどう》をとらないようにとベッドへ運《はこ》び、ロープで手足《てあし》を固定《こてい》しました。

ブキミなことに、その間《あいだ》も女性《じょせい》はずっと無表情《むひょうじょう》だったのです。

病室《びょうしつ》は異様《いよう》なほどに静《しず》かでした。—— そのときです。

ガタ、ガタ、ガタ、

ガタンッ!!!

女性《じょせい》は無表情《むひょうじょう》のまま、手足《てあし》を動《うご》かし暴《あば》れだしました。

「うわっ！　み、みんな、急《いそ》いでおさえるんだ！」

医師《いし》や看護師《かんごし》がいっせいに手足《てあし》をおさえようとしましたが、女性《じょせい》はものすごい力《ちから》でふりほどき、きつく固定《こてい》したはずのロープもちぎってしまいました。

「わ………わたしは………神《かみ》だ！」

真《ま》っ白《しろ》な化粧《けしょう》の女性《じょせい》は、カァーっと口《くち》を開《あ》けました。口《くち》からのぞいた歯《は》は、サメのようにするどくとがっています。そしてそのまま、医師《いし》や看護師《かんごし》の首《くび》にかみついたのです！！

バタン、バタン。医師《いし》や看護師《かんごし》は全員《ぜんいん》その場《ば》にたおれました。

「動《うご》くな！　警察《けいさつ》だ！！」

病室《びょうしつ》に警察《けいさつ》が到着《とうちゃく》しました。

「チッ！ なんでうまくいかないの？ アハハハハハハ」

女性《じょせい》は大《おお》きな口《くち》を開《あ》けて警《けい》官《かん》の首《くび》にもかみつき、病室《びょうしつ》を後《あと》にしたそうです。

── それからその真《ま》っ白《しろ》な化《け》粧《しょう》の女性《じょせい》の姿《すがた》を見《み》た人《ひと》は、だれもいないそうです。

あの子《こ》が考《かんが》えて書《か》いた…

ホラー小説《しょうせつ》

小説《しょうせつ》その1　エレベーター

大阪府《おおさかふ》　りくちんさん

わたしの家《いえ》はマンションなので、部屋《へや》に行《い》くためにいつもエレベーターに乗《の》っています。小《ちい》さなエレベーターなので、乗《の》れるのは４人《にん》まで。５人乗《にんの》ると、重量《じゅうりょう》オーバーのブザーが鳴《な》ります。

エレベーターに乗《の》ると、ときどき恐怖《きょうふ》を感《かん》じることがあります。止《と》まったらどうしようとか、幽霊《ゆうれい》が乗《の》ってきたらどうしようとか。それが夜《よる》だったりすると、よけいにです。できれば乗《の》りたくないけれど、階段《かいだん》は大変《たいへん》なので乗《の》るしかありません。

でも……、こんなことが本当《ほんとう》に起《お》こってしまうなんて……。

ある日《ひ》の学校帰《がっこうがえ》り。わたしはいつものように１階《かい》でエレベーターを待《ま》っていました。わたしのほかに、女《おんな》の人《ひと》がひとり、男《おとこ》の人《ひと》ふたりがいっしょに乗《の》りこみました。

ブーー。　ブーー。　ブーー。

重量《じゅうりょう》オーバーのブザーが鳴《な》りだしたのです！

「そんなに重《おも》いか～」「いや～４人《にん》ですし」「ですよね～」

大人《おとな》たちは頭《あたま》をかしげ、話《はな》しています。

（４人《にん》しか乗《の》ってないし、うちひとりはわたしで子《こ》どもだし…）

不思議《ふしぎ》に思《おも》いましたが、わたしが最後《さいご》に乗《の》ったのでエレベーターをおりることに。するとエレベーターのドアは閉《し》まりました。

そしてそのまま管理人室《かんりにんしつ》へ行《い》き、起《お》こったことを話《はな》しました。

「う～ん。故障《こしょう》したのかな？　すぐに点検《てんけん》してもらうからね」

さっそく翌日《よくじつ》、エレベーターの点検作業《てんけんさぎょう》が行《おこな》われました。

「どこもこわれてなかったよ。だからもう大丈夫《だいじょうぶ》！」

管理人《かんりにん》さんが親切《しんせつ》に教《おし》えてくれたので、わたしは安心《あんしん》して、ひとりエレベーターに乗《の》りこみました。

なにげなく見上《みあ》げると、天井《てんじょう》には血《ち》まみれの男《おとこ》の人《ひと》が、ベッタリとくっついていました！！

「コショウ………ジャナイヨ………
ボクガ……ノッテタカラ……」

「キャアアアアアアアアアアアアアア！！」

わたしはそのまま、気《き》を失《うしな》ってしまいました……。

小説《しょうせつ》その2

ぼくはいったい…

福島県《ふくしまけん》　紗乙女《さおとめ》ココさん

お願《ねが》いだ。……どうかぼくに、近《ちか》よらないでほしい。

あなたには、ずっと、幸《しあわ》せでいてもらいたいから――――。

――すべての発端《ほったん》は数《すう》か月前《げつまえ》。ぼくがまだ、紘斗《ひろと》という名《な》のふつうの小学生《しょうがくせい》だったころの話《はなし》だ。

「えっ！？　また、赤城町《あかぎちょう》で誘拐事件《ゆうかいじけん》が起《お》こったんですか？」

「そうだ。ほらっ、今《いま》から捜査《そうさ》に行《い》くぞ！」

当時《とうじ》、ぼくらの住《す》む赤城町《あかぎちょう》では、小学生《しょうがくせい》の誘拐事件《ゆうかいじけん》が連続《れんぞく》して起《お》こっていた。犯人《はんにん》はいまだつかまっておらず、家《いえ》や学校《がっこう》で刑事《けいじ》さんに話《はなし》を聞《き》かれることもなれっこになってしまっていた。

幼《おさな》なじみの聖《ひじり》と時成《ときなり》、そしてひそかにスキだった小菊《こぎく》さん。この３か月《げつ》の間《あいだ》に、友《とも》だちが３人《にん》も誘拐《ゆうかい》されてしまったのだ。

「事件《じけん》が起《お》こるのは、必《かなら》ず満月《まんげつ》の晩《ばん》なんだって……」

「満月《まんげつ》の夜《よる》は、窓《まど》のカギをしっかり閉《し》めないと…」

学校《がっこう》ではだれもが毎日《まいにち》、誘拐事件《ゆうかいじけん》のウワサをし、見《み》えない犯人《はんにん》のカゲにおびえていた。

ウワサのとおり、誘拐事件《ゆうかいじけん》が起《お》こるのは満月《まんげつ》の晩《ばん》だけ。１か月《げつ》にひとりずつ行方《ゆくえ》がわからなくなっていた。警察《けいさつ》も全力《ぜんりょく》をつくして捜査《そうさ》しているが、犯人《はんにん》の足《あし》どりは一向《いっこう》につかめないまま。誘拐事件《ゆうかいじけん》と断定《だんてい》されたのも、つい最近《さいきん》になってからのことだった。

見《み》えない犯人《はんにん》のカゲにおびえるのは、ぼくも同《おな》じだった。
（次《つぎ》にねらわれるのは、ぼくかもしれない……）
「うわああああああああああああああああ！」
ぼくは今《いま》、真《ま》っ暗《くら》なキョウフという地獄《じごく》の底《そこ》にいる。ここでどんなに叫《さけ》び声《こえ》をあげても、この状況《じょうきょう》からは逃《のが》れられないとわかっているが、それでも叫《さけ》び声《ごえ》をあげずにいられなかった。

──そしてある日《ひ》の暗《くら》い帰《かえ》り道《みち》。道《みち》の少《すこ》し先《さき》には、恐《おそ》ろしいほどに顔立《かおだ》ちが美《うつく》しい男《おとこ》の人《ひと》が立《た》っていた。
なぜだかぼくは、その人《ひと》にあいさつをしたいと感《かん》じた。
男《おとこ》の人《ひと》に近《ちか》づいたそのとき、ぼくは両肩《りょうかた》をグッとつかまれた。そして、首筋《くびすじ》に今《いま》まで感《かん》じたことのない激痛《げきつう》が走《はし》った。

ガリッ！

これですべてわかったでしょ。……ぼくは

ホシイ ホシイ ホシイ ほしい ほしい
ほしい ほしい これを読《よ》む
あなたの血《ち》が！！

小説《しょうせつ》その3

自立《じりつ》する花《はな》

石川県《いしかわけん》　ゆうゆうさん

　大学《だいがく》１年生《ねんせい》の茉央《まお》は、ノートパソコンにむかい、一生懸命《いっしょうけんめい》に課《か》題《だい》のレポートを仕上《しあ》げていました。

「フゥ～。よっしゃ～終《お》わったぞ～！」

　大《おお》きく伸《の》びをした彼女《かのじょ》は、ふと思《おも》ったのです。

「大学《だいがく》から近《ちか》いって理由《りゆう》でこの部屋《へや》を選《えら》んだけど、近所《きんじょ》にどんなお店《みせ》があるとか知《し》らないままだったな。よ～し、引《ひ》っこしの片《かた》づけも終《お》わってることだし、近所《きんじょ》を探検《たんけん》してこよ～っと！」

　彼女《かのじょ》は財布《さいふ》を持《も》ち、家《いえ》をでました。住宅街《じゅうたくがい》を歩《ある》いていると、店《みせ》前《まえ》にたくさんの花《はな》がならぶ、１軒《けん》の花屋《はなや》さんを見《み》つけました。

（うわ～キレイだな～。ひとつ買《か》って部屋《へや》にかざろうかな？）

「オススメの花《はな》ってありますか？　部屋《へや》にかざりたいんです…」

「それでは、こちらはどうですか？
この花《はな》は愛情《あいじょう》をこめてきちんと育《そだ》ててあげると、その後《あと》ずっと自《みずか》ら栄養《えいよう》を補《おぎな》ってくれますから、ひとり暮《ぐ》らしの方《かた》にもぴったりなんですよ…」

（へぇ～。値段《ねだん》も安《やす》いし、これにしよっかな…）

「じゃあ、この鉢植《はちう》えの花《はな》をひとつください！」

彼女《かのじょ》は支払《しはら》いをすませ、花屋《はなや》さんをあとにしました。

（……でも、ちょっとブキミなお店《みせ》だったな。店員《てんいん》さんの顔《かお》もよく見《み》えなかったし…。それに店員《てんいん》さん、なんでわたしがひとり暮《ぐ》らしだってわかったのかな？　う〜ん、まあ、考《かんが》えすぎか…）

そして商店街《しょうてんがい》に立《た》ちよった後《あと》、彼女《かのじょ》は帰宅《きたく》しました。さっそく花《はな》をかざろうとすると、説明書《せつめいしょ》がハラリと落《お》ちました。

（あっ！　この花《はな》の説明書《せつめいしょ》かな……？）

毎日《まいにち》、水《みず》をあげること。そして必《かなら》ず、花《はな》にさわること。

少《すこ》し変《へん》だなとは感《かん》じつつも、せっかく買《か》った花《はな》をからしたくなかった彼女《かのじょ》は、毎日《まいにち》きちんと水《みず》をあげ、花《はな》にさわりました。

「1か月《げつ》しかたってないのに、すごい成長《せいちょう》…。1.5mはあるかな。大《おお》きな鉢《はち》に植《う》えかえなくちゃ」

彼女《かのじょ》は花《はな》を大《おお》きな鉢《はち》に植《う》えかえることにしました。

「イタッ。まただ。この花《はな》、茎《くき》にトゲがでてきたみたい…」

ズルズルゥ〜。ズルズルゥ〜。

──その日《ひ》の深夜《しんや》、舌《した》なめずりをする奇妙《きみょう》な音《おと》が部屋《へや》にひびいていたことに、寝《ね》ていた彼女《かのじょ》は気《き》づくはずもありませんでした。

それから彼女《かのじょ》は、日《ひ》に日《ひ》にやせ細《ほそ》っていったのです。

「茉央《まお》、大丈夫《だいじょうぶ》なの？　いつもボォーッとして顔色《かおいろ》も悪《わる》いし…」

「う〜ん、食欲《しょくよく》がないんだよね…。でもすぐに治《なお》るよ、きっと」

たくさんの友《とも》だちが心配《しんぱい》してくれましたが、彼女《かのじょ》は自分《じぶん》ではよくわかっておらず、あまり気《き》にしていませんでした。

それから夏休《なつやす》みになり、彼女《かのじょ》は数日間旅行《すうじつかんりょこう》に出《で》かけたのです。旅行《りょこう》から帰《かえ》った彼女《かのじょ》は、部屋《へや》のなかを見《み》て絶句《ぜっく》しました。

冷蔵庫《れいぞうこ》が開《ひら》き、なかの食《た》べ物《もの》や飲《の》み物《もの》がなくなっています。部《へ》屋《や》の床《ゆか》には、食《た》べかすやパッケージのゴミが散乱《さんらん》していました。

「マダ…マダ…ハラガ…ヘッテイル！
モウガマン デキナイ……
ツギハ…オマエヲ…クウ！」

「きゃあああああああああ」

自《みずか》ら栄養《えいよう》を補《おぎな》うとは、自分《じぶん》で食《た》べ物《もの》をさがして食《た》べる。ということだったのです。花《はな》を毎日《まいにち》さわることで、花《はな》はその人間《にんげん》から水《すい》分《ぶん》や生気《せいき》、血《ち》を吸《す》い、その人間《にんげん》が食《た》べ物《もの》だと学《まな》んでいったのです。

え？　どうしてこの花《はな》のヒミツを一部始終《いちぶしじゅうし》知っているかって？

だってわたしが、その自立《じりつ》する花《はな》なんですから！

いやぁ～彼女《かのじょ》はおいしかったな～。

小説《しょうせつ》 その4

死《し》ぬほどおいしい！

福岡県《ふくおかけん》　あやねこさん

わたしは中村《なかむら》リナ、中学《ちゅうがく》２年生《ねんせい》。サッカー部《ぶ》のマネージャーをしている。そして２年間《ねんかん》ずっと、黒崎先《くろさきせん》パイに片想《かたおも》い中《ちゅう》だ──。

マネージャーになった理由《りゆう》は、もちろん黒崎先《くろさきせん》パイ。だけど自信《じしん》がなくて、スキっていうキモチは伝《つた》えられずにいた。告白《こくはく》が失敗《しっぱい》して、気《き》まずくなっちゃうのも怖《こわ》かったから…。

（明日《あした》はバレンタインだ！　だれにも負《ま》けないおいしいチョコを作《つく》って、先《せん》パイにあげるんだ！）

もちろん、サッカー部《ぶ》のメンバー全員《ぜんいん》にチョコはあげるけど、それはお店《みせ》で買《か》ったチョコ。黒崎先《くろさきせん》パイにわたすチョコだけ、愛情《あいじょう》をこめて手作《てづく》りしようと決《き》めていた。

手作《てづく》りチョコの材料《ざいりょう》を買《か》おうと街《まち》を歩《ある》いていると、不思議《ふしぎ》な看板《かんばん》がかかった店《みせ》を見《み》つけた。

死《し》ぬほどおいしいものを作《つく》れちゃう、調味料《ちょうみりょう》あります！

（これを使《つか》ったら、チョコおいしくなるかな……）

わたしは期待《きたい》をこめて小《ちい》さなお店《みせ》のドアを開《あ》け、店内《てんない》に入《はい》った。店内《てんない》はうす暗《ぐら》く、なんのお店《みせ》かわからないブキミな雰囲気《ふんいき》だったが、かすかに甘《あま》いニオイが広《ひろ》がっていた。

「死《し》ぬほどおいしいものが作《つく》れる調味料《ちょうみりょう》って、これですか？」

「………ええ……。そうです………」

そのお店《みせ》には、看板《かんばん》の商品《しょうひん》しか置《お》いていないようだった。

わたしは茶色《ちゃいろ》い小瓶《こびん》に入《はい》った調味料《ちょうみりょう》を買《か》った。そしてその日《ひ》の夜《よる》、生《なま》クリームをたっぷり入《い》れたトリュフチョコを作《つく》った。

「おいしくなりますように！　先《せん》パイが喜《よろこ》んでくれますように！」

わたしは願《ねが》いをこめて、さっき買《か》った調味料《ちょうみりょう》を数滴《すうてき》たらした。少《すこ》しだけ味見《あじみ》をしてみると、とっても甘《あま》くて幸《しあわ》せな気分《きぶん》になった。

「これなら、先《せん》パイもゼッタイに気《き》にいってくれる！」

味見《あじみ》したチョコがとってもおいしくてうれしくなったわたしは、明日《あした》になることをワクワクして眠《ねむ》った。

バレンタイン当日《とうじつ》。部活後《ぶかつご》に黒崎先《くろさきせん》パイにチョコをわたした。

「先《せん》パイ、今《いま》ひとつだけ、食《た》べてくれませんか？」

先《さき》パイは箱《はこ》を開《あ》け、トリュフをひとつ口《くち》にいれた。

「すっげぇ、うまいよ！　中村《なかむら》、ありがとな。うれしいよ！」

（よかった！　おいしいって言《い》われた。先《せん》パイ喜《よろこ》んでくれた！）

わたしはうれしくて、ずっと胸《むね》がドキドキしていた。

翌日《よくじつ》の朝練《あされん》で、顧問《こもん》の先生《せんせい》から信《しん》じられない報告《ほうこく》があった。

「昨日《きのう》の夜中《よなか》、黒崎《くろさき》が心臓発作《しんぞうほっさ》で亡《な》くなったそうだ。心臓《しんぞう》に病気《びょうき》があったわけじゃないみたいだが…」

自分《じぶん》でも気《き》づかぬうちに、ポロポロと涙《なみだ》をこぼしていた…。

先《せん》パイのことを1日中《にちじゅう》考《かんが》えていた。そして、ハッとした。

「死《し》ぬほどおいしいものを作《つく》れちゃう、調味料《ちょうみりょう》。
死《し》ぬほどって、まさか本当《ほんとう》に死《し》ぬってこと？」

わたしは放課後《ほうかご》、調味料《ちょうみりょう》を買《か》った店《みせ》に急《いそ》いでむかった。

「あなたが売《う》った調味料《ちょうみりょう》で、先《せん》パイが死《し》んじゃったのよ！」

「ちゃんと、“死《し》ぬほど”って、書《か》いてありましたよね。
わかっていながら、使《つか》ったあなたが悪《わる》いのでは……」

「なに言《い》ってるの？　毒薬《どくやく》じゃない！　警察《けいさつ》に通報《つうほう》するわよ！」

店員《てんいん》につかみかかったわたしは、その場《ば》で凍《こお》りついた。

（わ…わたしも昨日《きのう》、
あのチョコ…あ…味見《あじみ》……し……てる）

花《はな》に魅《み》せられた少女《しょうじょ》たち

行方不明者《ゆくえふめいしゃ》の聞《き》きこみ

行方不明者《ゆくえふめいしゃ》をさがすだなんて、なんだか刑事《けいじ》さんみたいですね。でも、具体《ぐたい》的《てき》にどうすればいいんでしょうか…？

たしかに刑事《けいじ》みたいでワクワクするな。「わたしはこういう者《もの》です。事件《じけん》について調査《ちょうさ》しているのですが…」とか言《い》って、警察手帳《けいさつてちょう》を見《み》せて話《はなし》を聞《き》くんだろ？

それじゃ本物《ほんもの》の刑事《けいじ》さんじゃない。ふざけないの。わたしは、前《まえ》にウワサを話《はな》してくれた子《こ》と、妹《いもうと》が行方不明《ゆくえふめい》になったっていう本人《ほんにん》にくわしく話《はなし》を聞《き》いてみるわ。中山《なかやま》さん、手伝《てつだ》ってちょうだい！

じゃあわたしも、行方不明《ゆくえふめい》になった友人《ゆうじん》についてくわしく調《しら》べることにするわ。

「●●●が行方不明《ゆくえふめい》らしい」なんて話《はなし》はさ、ウワサがけっこう広《ひろ》まると思《おも》うんだよな。だからオレはさ、最近《さいきん》まわりで変《へん》なことが起《お》きたり、そんな話《はなし》を聞《き》いたりしたヤツがいないか、SNS《エスエヌエス》でつぶやこうと思《おも》う。

あとさ、うちのクラスの鈴木《すずき》って女子《じょし》がここ2週間《しゅうかん》くらい休《やす》んでるんだ。先生《せんせい》の話《はなし》では足《あし》を骨折《こっせつ》して入院中《にゅういんちゅう》みたいなんだけど、女子《じょし》たちがお見舞《みま》

いに行《い》きたいから病院《びょういん》を教《おし》えてくれって言《い》っても、教《おし》えてもらえないらしいんだよな。これって、なにかおかしいと思《おも》わないか？

たしかに、それって変《へん》ですよね。本当《ほんとう》は入院《にゅういん》してないんじゃないですか？
まさかその子《こ》も行方不明《ゆくえふめい》なんじゃ？
高原《たかはら》さん。その鈴木《すずき》って人《ひと》のこと、ぼくもいっしょに調《しら》べますから！

わたしのまわりではおかしなウワサ話《ばなし》をしている子《こ》はいないので、塾《じゅく》の友《とも》だちに聞《き》いてみることにします！

うん。みんな、いいじゃないか。この様子《ようす》なら案外《あんがい》あっというまに、いろいろな情報《じょうほう》が集《あつ》まるかもしれないな。あと鈴木《すずき》くんと逢間《おうま》くんもよろしく頼《たの》むよ。じゃあ、次《つぎ》の恐怖集会《きょうふしゅうかい》は再来週《さいらいしゅう》の水曜日《すいようび》に。そこで、調《しら》べてきた内容《ないよう》を報告《ほうこく》しあうことにしよう！
今日《きょう》はこれで解散《かいさん》だ。みんなおつかれさま。

恐怖集会《きょうふしゅうかい》がお開《ひら》きとなり、みんなはそれぞれ調《ちょう》査《さ》のことを口《くち》にしながら、帰《かえ》っていった。
（なんだろう、この胸《むな》さわぎは。今回《こんかい》も人間《にんげん》の仕《し》業《わざ》ではないなにかが起《お》きているのだろうか…？
思《おも》い過《す》ごしなら、いいんだけれど…）
そしてぼくはさっき美玲《みれい》さんが話《はな》していた、彼《かの》女《じょ》の友人《ゆうじん》のセリフが、頭《あたま》にひっかかっていた。
「フードをかぶった少女《しょうじょ》から花束《はなたば》をもらったの」
（前《まえ》にだれかから、似《に》たような話《はなし》を聞《き》いたような気《き》がする。う～ん、ダメだ。思《おも》いだせない…）
ぼくはしばらくひとり考《かんが》えていたが、いっこうに答《こた》えはでそうもないので、帰《かえ》ることにした。

それからホラー倶楽部《くらぶ》のみんなは、それぞれ調《ちょう》査《さ》を進《すす》めていった。そしてあっというまに時間《じかん》は過《す》ぎ、恐怖集会《きょうふしゅうかい》の日《ひ》がやってきた——。

よし、みんなそろったね。じゃあ、恐《きょう》怖集会《ふしゅうかい》を始《はじ》めよう。行方不明者《ゆくえふめいしゃ》についての聞《き》きこみはどうだった？　順番《じゅんばん》に報告《ほうこく》していこう。まずは大滝《おおたき》さんからよろしく。

この前《まえ》、わたしが話《はな》した子《こ》は、塾《じゅく》の友《とも》だちで伊藤千隼《いとうちはや》さんていうの。今《いま》も学《がっ》校《こう》も休《やす》んだままみたい。クラスメイトの田辺美梨《たなべみり》さんが「フードをかぶった少女《しょうじょ》から花《はな》をもらったけれど、このままでいいのか返《かえ》すべきなのか」と相談《そうだん》を受《う》けていたらしいわ。

あとご家族《かぞく》の話《はなし》によると、彼女《かのじょ》がいなくなった後《あと》の部屋《へや》に違和感《いわかん》を感《かん》じたらしいわ。なぜだかベッドの真《ま》ん中《なか》に花《か》びんが置《お》かれていたそうよ。その花《か》びん、水《みず》はたっぷり入《はい》っていたけれど、なにもかざられていなかったんですって…。

じゃあ次《つぎ》はオレだな。うちのクラスの鈴木和泉《すずきいずみ》は、やっぱり入院《にゅういん》なんてしてなかった。家族《かぞく》が大事《おおごと》にしたくなくて、少《すこ》しの間《あいだ》だまっていてほしいと、学校《がっこう》に頼《たの》んだみたいだ。彼女《かのじょ》すっげぇ明《あか》るいんだけど、人《ひと》のヒミツをバラしたり約束《やくそく》やぶったり、テキトーなとこがあってさ…。貸《か》した教科書《きょうかしょ》がそのままだってこまってるヤツがけっこういたぞ…。

あと鈴木《すずき》さんは、学校《がっこう》を休《やす》む前《まえ》「なんだか汚《きたな》い店《みせ》の前《まえ》で、いきなり虹色《にじいろ》に輝《かがや》く花束《はなたば》をもらった。すっごくキレイなのにタダでだよ」と、ジマンしてたそうですね。

次《つぎ》はわたしが。塾《じゅく》で聞《き》きこみをしたところ、大島《おおしま》あかりさんという子《こ》から、同《おな》じ学校《がっこう》の春日珠莉《かすがじゅり》さんという子《こ》が行方不明《ゆくえふめい》になっているという話《はなし》が聞《き》けました。

「見《み》せたいものがあるから遊《あそ》びに来《き》て！」と、彼女《かのじょ》に誘《さそ》われて家《いえ》に行《い》ったところ、彼女《かのじょ》はなにもかざられていない花《か》びんを指《ゆび》さして「こんなキレイな花《はな》、見《み》たことないでしょ」と、ウットリしていたそうです。大島《おおしま》さんは、彼女《かのじょ》のいつもの妄想話《もうそうばなし》だと思《おも》い、あきれながら聞《き》いたそうです。

「ホントだね。その花《はな》、どうしたの？」

「うん。魔女《まじょ》みたいにフードをかぶった女《おんな》の子《こ》から、もらったの。この花《はな》、すっごく甘《あま》い香《かお》りがするでしょ。その女《おんな》の子《こ》、このニオイをかげばかぐほど幸《しあわ》せになれるんだって、言《い》ってたわ」

春日《かすが》さんは大島《おおしま》さんが家《いえ》に遊《あそ》びに行《い》ってから3日後《かご》に、行方《ゆくえ》がわからなくなったそうです。

ぼくも話《はな》そう。中等部《ちゅうとうぶ》3年《ねん》にも行方不明中《ゆくえふめいちゅう》とウワサされている人《ひと》がいた。大久保愛美《おおくぼまなみ》さんだ。彼女《かのじょ》はおとなしい性格《せいかく》で、おまじないが好《す》きだったそうだ。

彼女《かのじょ》がいなくなる1週間前《しゅうかんまえ》、街中《まちなか》でおかしな行動《こうどう》をとる彼女《かのじょ》を見《み》かけたクラスメイトがいた。なにもない空《あ》き地《ち》に立《た》った彼女《かのじょ》は、空中《くうちゅう》でなにかを受《う》けとるような仕草《しぐさ》をしたかと思《おも》うと、そのまま笑顔《えがお》で帰《かえ》っていったらしいんだ。不思議《ふしぎ》に感《かん》じたクラスメイトは翌日《よくじつ》、彼女《かのじょ》に聞《き》いてみた。

「ねえ、愛美《まなみ》。昨日《きのう》、2丁目《ちょうめ》のファミレス近《ちか》くの空《あ》き地《ち》でなにしてたの？」

「ファミレス近《ちか》くの空《あ》き地《ち》？　空《あ》き地《ち》になんて

行《い》ってない。ファミレス近《ちか》くの古本屋《ふるほんや》になら立《た》ちよったけど。キレイな花《はな》をもらったんだ！」

うれしそうに話《はな》す彼女《かのじょ》を見《み》て、クラスメイトはなんだかゾッとしたそうだ。

わたしと中山《なかやま》さんの番《ばん》ね。家《いえ》からこつぜんと消《き》えてしまったのは小向莉央《こむかいりお》さん。花《はな》が大好《だいす》きで、とてもくわしかったそうよ。でもある日《ひ》、分厚《ぶあつ》い花《はな》の図鑑《ずかん》を何冊《なんさつ》も見《み》ながら、ブツブツとこう話《はな》していたみたい。

「図鑑《ずかん》にない新品種《しんひんしゅ》なんて、そうそうあるわけないのに。いったいなんていう花《はな》なの？　こんな虹《にじ》色《いろ》に輝《かがや》く花《はな》は、ほかに見《み》たことない…」

どうやら小向《こむかい》さんは、なにか花《はな》の名前《なまえ》を調《しら》べていたようね。さっきから、みんなの話《はなし》に「花《はな》」が必《かなら》ずでてくるわね。いったいなんなのかしら…。

それ、わたしも思《おも》ってました。行方不《ゆくえふ》明《めい》になった子《こ》はみんな、ナゾの人物《じんぶつ》から花《はな》をもらっていたけれど、その花《はな》は本人《ほんにん》にしか見《み》えてなかったってことですよね。

あと、莉央《りお》さんはお姉《ねえ》さんに不思議《ふしぎ》な花束《はなたば》をもらったのはブキミな店《みせ》だったと話《はな》していたそうです。わたし、その場所《ばしょ》を聞《き》いて行《い》ってみたんです。さっき鳴上《なるかみ》さんの話《はなし》にもあったんですが、店《みせ》なんてなく、ただの空《あ》き地《ち》でした…。

う〜ん、わけがわかりません。花《はな》と同様《どうよう》に、彼《かの》女《じょ》たちにだけ見《み》えた店《みせ》なんでしょうか？

ぼくの…報告《ほうこく》も聞《き》いてくれよ。ぼくは不思議《ふしぎ》なウワサや都市伝説《としでんせつ》が書《か》きこまれる掲示板《けいじばん》に「まわりで、行方不明事《ゆくえふめいじ》件《けん》が起《お》こっている人《ひと》いませんか？　情報《じょうほう》を待《ま》って

います」って、書《か》きこんだんだ。バカげた書《か》きこみのほうが多《おお》かったけど、ひとつ信《しん》ぴょう性《せい》の高《たか》い話《はなし》があって、ぼくはその人《ひと》に情報《じょうほう》を聞《き》いた。

——もしかしたら、ぼくの学校《がっこう》の川田舞花《かわたまいか》さんという子《こ》がそうかもしれません。すっごくかわいくて男子《だんし》に人気《にんき》がある女子《じょし》です。彼女《かのじょ》はぼくの友《とも》だちに、行方不明《ゆくえふめい》になる数日前《すうじつまえ》「今日《きょう》街《まち》で、フードをかぶったブキミな少女《しょうじょ》に花束《はなたば》をもらったの。女《おんな》の子《こ》から花束《はなたば》をもらうなんて、変《へん》な感《かん》じ」っていうメッセージを送《おく》っていたそうです——。

伊藤千隼《いとうちはや》、鈴木和泉《すずきいずみ》、春日珠莉《かすがじゅり》、大久保愛美《おおくぼまなみ》、小向莉央《こむかいりお》、川田舞花《かわたまいか》…。SNS《エスエヌエス》でつぶやいた後《あと》、いろんなメッセージが集《あつ》まったけど、この6人《にん》の名前《なまえ》は全員《ぜんいん》でてきたぞ。ほかに名前《なまえ》はなかったから、行方不明《ゆくえふめい》になったのは、この6人《にん》でまちがいないと思《おも》う。

情報《じょうほう》がそろったようだから、内容《ないよう》を整《せい》理《り》するわね。行方不明《ゆくえふめい》になった少女《しょうじょ》6人《にん》に起《お》こったであろう出来事《できごと》……。

「2丁目《ちょうめ》にあるブキミな古本屋《ふるほんや》で、フードをかぶった少女《しょうじょ》から虹色《にじいろ》に輝《かがや》く美《うつく》しい花束《はなたば》をもらった。その花《はな》を家《いえ》にかざって、甘《あま》いニオイをたくさんかいでいるうちに、行方不明《ゆくえふめい》になった——」

フードをかぶった少女《しょうじょ》。一部《いちぶ》の人《ひと》にだけ見《み》える。2丁目《ちょうめ》のファミレス近《ちか》くの古本屋《ふるほんや》。……そうか、思《おも》いだしたぞ！

ブキミな古本屋《ふるほんや》とは、ヒカルが前《まえ》に話《はな》していた「おかしな古本屋《ふるほんや》」のことだ。そこの店主《てんしゅ》が、茜音《あかね》というフードをかぶった少女《しょうじょ》だったはずだ。

※「おかしな古本屋《ふるほんや》」のエピソードは「本当《ほんとう》に怖《こわ》いストーリー 永遠《えいえん》の呪縛《じゅばく》」で読《よ》めるよ。

「みんな、6人《にん》の少女《しょうじょ》を今《いま》すぐに助《たす》けにいこう！　くわしいことは後《あと》で説明《せつめい》するから、ひとまずぼくといっしょに来《き》てほしい！」

ぼくはホラー倶楽部《くらぶ》のメンバーをつれて、おかしな古本屋《ふるほんや》まで急《いそ》いでむかった。

ケ、ケンさん。これはいったい？　わ、わたし…この前《まえ》、ここに来《き》たときには、空《あ》き地《ち》だったのに…。ど…どうして。

おかしな古本屋《ふるほんや》に到着《とうちゃく》すると、中山《なかやま》さんが店《みせ》を指《ゆび》さしてふるえていた。

（中山《なかやま》さんがおどろくのも、あたりまえだ。この古本屋《ふるほんや》が見《み》えるのは、他人《たにん》に対《たい》して黒《くろ》い感情《かんじょう》をいだいていたり、強《つよ》い欲望《よくぼう》をもつ人《ひと》だけ…）

「みんな、6人《にん》の少女《しょうじょ》が不思議《ふしぎ》な花束《はなたば》をもらったのは、この店《みせ》のことだ。とにかくなかへ入《はい》ろう」

ぼくはカーテンがかかったガラス戸《ど》を開《あ》け、うす暗《ぐら》い店内《てんない》へと入《はい》る。みんなもぼくに続《つづ》いた…。

この店《みせ》、ブキミな道具《どうぐ》がいっぱいならんでるぞ。でもさ、なんで本屋《ほんや》なのに花束《はなたば》なんだ？　意味《いみ》がわからないな。

ねぇ、ちょっとこれを見《み》て！　伊藤《いとう》千《ち》隼《はや》さんよ。伊藤《いとう》さんが表紙《ひょうし》になった本《ほん》があるわ！「花売《はなう》りの少女《しょうじょ》」？

これはきっと、ぐうぜんなんかじゃない。おい、みんな。行方不明《ゆくえふめい》になった子《こ》が表紙《ひょうし》になっている本《ほん》をさがしてみてくれ！　きっとほかにも見《み》つかるはずだ！

鳴上《なるかみ》くんの提案《ていあん》で、みんなはいっせいに本棚《ほんだな》をさがし始《はじ》めた。すると彼《かれ》の言《い》ったとおり、少女《しょうじょ》それぞれが表紙《ひょうし》に描《えが》かれた6冊《さつ》の本《ほん》が見《み》つかった。

行方《ゆくえ》不明《ふめい》になった６人《にん》が描《えが》かれた本《ほん》。
う〜ん、なんでこんなものがここに…？
まずはすべての話《はなし》を読《よ》んでみることにしよう。
６人《にん》の少女《しょうじょ》たちについて、なにかわかるかもしれない…。

18話《わ》
花《はな》売《う》りの少女《しょうじょ》

▶321ページ

19話《わ》
不吉《ふきつ》とされる花《はな》

▶337ページ

20話《わ》
わが家《や》のルール

▶353ページ

21話《わ》
プリンセス願望《がんぼう》

▶369ページ

22話《わ》
せつないほど美《うつく》しい

▶385ページ

23話《わ》
ひとめぼれ

▶401ページ

さぁ、あなたはどれからどんな順《じゅん》で読《よ》む？
6つのストーリーすべてを読《よ》んでから
417ページへ進《すす》もう！

花《はな》のストーリー

恐怖レベル　ゾクッ

マイナス思考《しこう》　黒い炎

18話《わ》　花《はな》売《う》りの少《しょう》女《じょ》

う〜んなら…ミリタリー柄《がら》？
じゃあミリタリー柄《がら》を買《か》うことにする！
そうだ！日曜日《にちようび》は買《か》い物《もの》と映画《えいが》どっちに行《い》く？
え〜と…美梨《みり》が決《き》めたほうでいいよ
もぉ〜千隼《ちはや》はなんでも人《ひと》に頼《たよ》りすぎ
だってぇ…美梨《みり》はわたしの不幸体質《ふこうたいしつ》知《し》ってるでしょ？
ふたつからひとつ選《えら》ぶとゼッタイ悪《わる》い結果《けっか》になる

朝《あさ》ごはんはパンにする?ごはんにする?
ごはん!
ご…ごめん炊《た》けてなかった
お姉《ねえ》ちゃんごはんって言《い》ってたからパンぜんぶ食《た》べちゃったよ
ガーン
体育委員《たいいくいいん》図書委員《としょいいん》どっち?!
う〜ん体育委員《たいいくいいん》にしよっ!
え〜太田《おおた》くんは図書委員《としょいいん》!
ぐすっ…
図書委員《としょいいん》を選《えら》んでたらいっしょになれたのに…
わたしが選《えら》ぶのはゼッタイはずれのほう…
わたしって本当《ほんとう》に不幸《ふこう》…

千隼《ちはや》はなんでも
ネガティブに考《かんが》えすぎ
不幸体質《ふこうたいしつ》じゃない
美梨《みり》にはわかんない
でしょ!
ふうう…
千隼《ちはや》いい?
人間《にんげん》ってね…
小《ちい》さいことをふくめたら
1日《にち》に70回《かい》以上《いじょう》も
選択《せんたく》をしてるんだって
だからどんな人《ひと》だって
いい結果《けっか》もあれば
悪《わる》い結果《けっか》もある…
千隼《ちはや》は気《き》にしすぎて
悪《わる》い結果《けっか》ばっかり
覚《おぼ》えちゃってるだけ
不幸体質
なんかじゃないよ
…………

キーン
コーン…
ねえねえ…おもしろいウワサ聞《き》いちゃった
なになに～
花《はな》売《う》りの少女《しょうじょ》の話《はなし》
ある日《ひ》とつぜん“花《はな》売《う》りの少女《しょうじょ》”と名《な》のる子《こ》があらわれてふたつのガーベラを見《み》せるんだって——
これは“幸運《こううん》を呼《よ》ぶ花《はな》”と“不幸《ふこう》を呼《よ》ぶ花《はな》”です
どちらかさしあげますのでお好《す》きなほうを選《えら》んでください
なにそれ～？そんなのみんな幸運《こううん》を呼《よ》ぶ花《はな》を選《えら》ぶじゃん
そうだよね
でもね…どっちが幸運《こううん》の花《はな》かはわからないんだって

…サイアク そんなのゼッタイ 選《えら》べないよ
でも…必《かなら》ず どちらか選《えら》ばないと いけないんだって
選《えら》ばずに逃《に》げたら 最悪《さいあく》な結果《けっか》に なるらしい…
わたしムリ… 花売《はなう》りの少女《しょうじょ》に 出会《であ》わないように しなきゃ
でもいざってときのために 千隼《ちはや》はちゃんと選《えら》べる ようにならないと
自分《じぶん》で〝こう！〟と決《き》めて その選択《せんたく》を信《しん》じることが 大事《だいじ》なんだと思《おも》うよ
じゃね
千隼《ちはや》…作《つく》り話《ばなし》 してゴメン

でもこれで考《かんが》えが変《か》わってくれるといいんだけど
ザワ…
……
しん…
なんだかいやな予感《よかん》がする……
どっちの道《みち》から帰《かえ》ろう？
右《みぎ》？
左《ひだり》？
あ～決《き》められない
もぉ…美梨《みり》が花売《はなう》りの少女《しょうじょ》の話《はなし》なんてするから
ちょっといいですか？

ばっ
……
ダレ…？
これは〝幸運《こううん》を呼《よ》ぶ花《はな》〟と〝不幸《ふこう》を呼《よ》ぶ花《はな》〟です
どちらかさしあげますのでお好《す》きなほうを選《えら》んでください
ウ…ウソ…
あ…あなた…
まさか花《はな》売《う》りの少女《しょうじょ》？
ええそうです
あなたにラッキーのチャンスを

ど…どちらか選《えら》べってこと？
………はい
どちらも選《えら》ばずに逃《に》げたら最悪《さいあく》の結末《けつまつ》……
ゾ…
逃《に》げられない
ドクン
幸運《こううん》の花《はな》はどっち？
色的《いろてき》には右《みぎ》っぽいけど
いや…そんな単純《たんじゅん》じゃないよね
ドクン
どっち？
どっち？
ドクン
どちらにしますか？
ドクン
あぁ…選《えら》べない
だって不幸《ふこう》の花《はな》を
選《えら》んじゃったら…

時間《じかん》ぎれです
はっ
うーん…では
こちらをどうぞ
トン
あっ ちょっと…!
すっ
がくっ
わ…わたし けっきょく 選《えら》べなかった
この花《はな》は どっちってこと?
幸運《こううん》の花《はな》?
不幸《ふこう》の花《はな》?
ポツ
ポツ
きゃっ 雨《あめ》!

ザァァ…
ぱしゃ
ぱしゃ
すぐやむかな…ここで少《すこ》し待《ま》ってみよう
はぁ
ブロロロ…
わっ
ばしゃっ
ドロ…
サ…
サイアク…
や…やっぱりこれ不幸《ふこう》の花《はな》なんだ…
これからもっともっと不幸《ふこう》が…?
わ…わたしにこんな話《はなし》をした美梨《みり》のせいよ
ぎゅっ
この花《はな》…美梨《みり》におしつけてやる

ピンポーン
ガチャ
どうしたの？こんな遅《おそ》い時間《じかん》に？
わたし花売《はなう》りの少女《しょうじょ》に本当《ほんとう》に会《あ》っちゃったの！
それで幸運《こううん》の花《はな》を選択《せんたく》できたみたい
……ええっ？
美梨《みり》のおかげだからこれあげるね！
すっ
あっ！ちょっ！
たっ
い…ったい…どういうこと？
花売《はなう》りの少女《しょうじょ》なんてウソなのに……

千隼《ちはや》！ おはよー
…おはよ…昨日《きのう》 あ…あれからなにか あった？
本当《ほんとう》にありがとう！
上田《うえだ》くんから電話《でんわ》で 告《こく》られちゃった!!
わたしも不思議《ふしぎ》 なんだけど…

え？
なにそれ？
あの花《はな》…幸運《こううん》の花《はな》
だったの？
ガッ
そ…その花《はな》…
やっぱり返《かえ》して!!
あ…あのね
その花売《はなう》りの少女《しょうじょ》の
話《はなし》なんだけど…
じつは…
ズルイッ
幸運《こううん》をひとりじめ
しようってわけ？
早《はや》く返《かえ》してよ!!
ぐらっ
千隼《ちはや》!!

ドザッ
キャーあああああ
クス クス
この花《はな》たちに不思議《ふしぎ》な効力《こうりょく》なんてない…
クス
なのに人間《にんげん》っておろか…
自分勝手《じぶんかって》に物事《ものごと》を決《き》めつけて
自《みずか》ら不幸《ふこう》の底《そこ》へと落《お》ちていく
フフフ…
シュウゥゥゥゥ
人間《にんげん》っておもしろすぎ

ぱさっ
これだから人《にん》間《げん》界《かい》で遊《あそ》ぶのはやめられない
ケェフェ
ケェフェフェフェフェ

ミーーン
ミンミンミン
ジー
ジワジワ
ミーーン
おばあちゃん家《ち》って
ホント田舎《いなか》だな!
ミーン
街と全然
ちがう~
花《はな》のストーリー
恐怖レベル
絶叫
忠告《ちゅうこく》の無視《むし》
黒い炎
19話《わ》 不吉《ふきつ》とされる花《はな》
うわあ!
かわいい花《はな》が
たくさん咲《さ》いてる

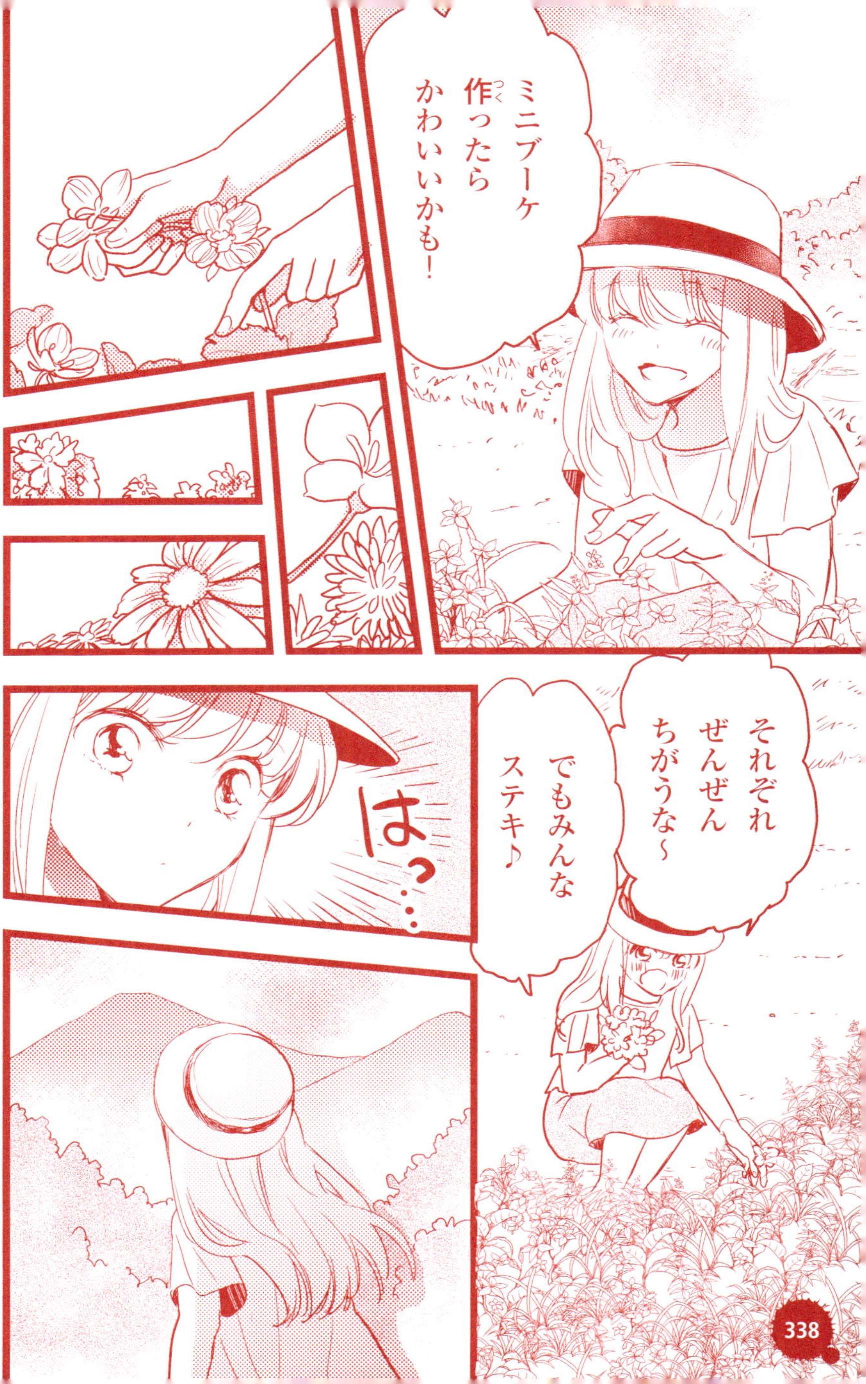
ミニブーケ
作《つく》ったら
かわいいかも！
それぞれ
ぜんぜん
ちがうな～
でもみんな
ステキ♪
はっ…

ここ…どこだろ？
ザアッ
だいぶ遠《とお》くまで来《き》ちゃったのかな…

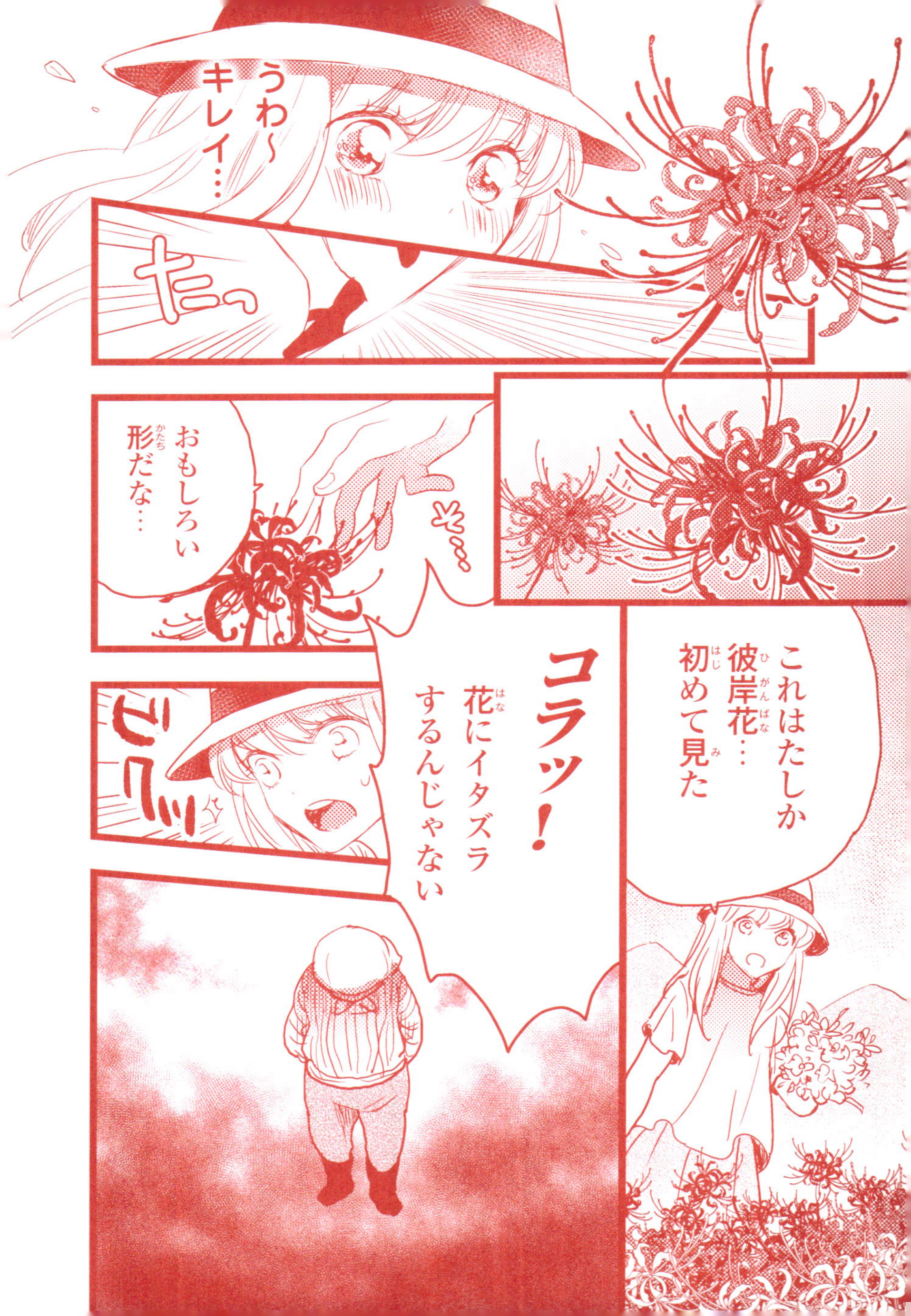
うわ～
キレイ…
たっ
おもしろい
形《かたち》だな…
そ…
これはたしか
彼岸花《ひがんばな》…
初《はじ》めて見《み》た
コラッ!
花《はな》にイタズラ
するんじゃない
ビクッ

ごめんなさい
あまりにもキレイで…
ポト…
彼岸花《ひがんばな》を好《この》むとはめずらしい
キレイじゃろ
はい…一面《いちめん》真《ま》っ赤《か》ですね
まるで血《ち》の海《うみ》じゃ
ヒッヒッヒッ
ち…血《ち》の海《うみ》？
あの…お花《はな》つんでもいいですか？家《いえ》にかざりたくて…
ダメじゃ！
ビクッ

1本《ぽん》なら…
死人花《しびとばな》はつんで帰《かえ》ってはいけない
不幸《ふこう》が起《お》きる
し…死人花《しびとばな》…？
不幸《ふこう》…？
くるっ
な…なに？
彼岸花《ひがんばな》は死人花《しびとばな》とも言《い》われる
花《はな》は死人《しにん》の証《あかし》なんじゃ
たたたっ

タタタ
ガラララッ
ママ！
ハァ
ハァ
ハァ
莉《り》央《お》ったらどうしたの？
彼岸花《ひがんばな》って知《し》ってる？
お墓《はか》の花《はな》でしょ？
それは…さちばあね
さちばあ？
死人花《しびとばな》だから不幸《ふこう》が起《お》きるって…
さ…さっきお墓《はか》にいたおばあさんが…

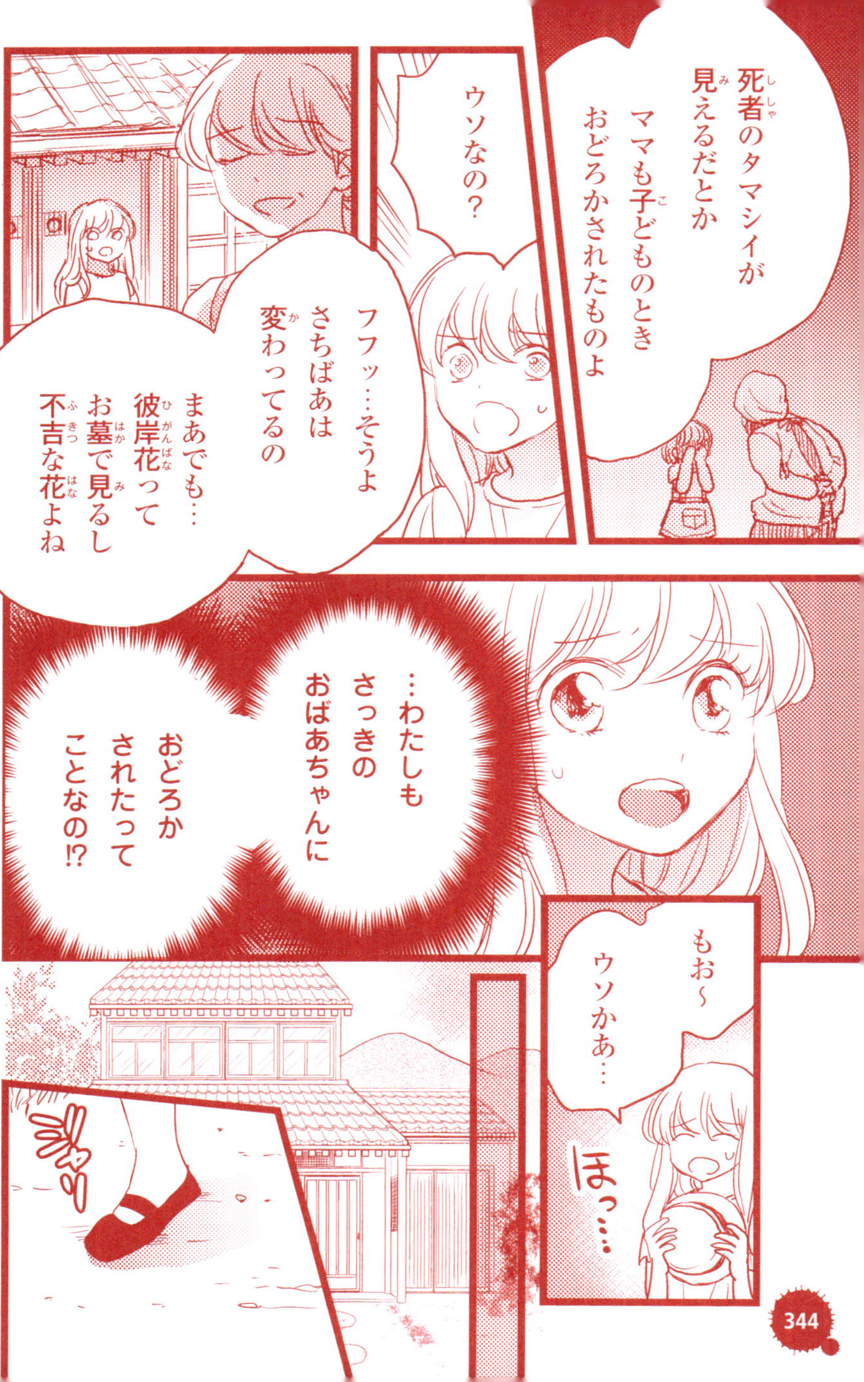
死者《ししゃ》のタマシイが見《み》えるだとかママも子《こ》どものときおどろかされたものよ
ウソなの？
フフッ…そうよ さちばあは変《か》わってるの
まあでも… 彼岸花《ひがんばな》って お墓《はか》で見《み》るし 不吉《ふきつ》な花《はな》よね
…わたしも さっきのおばあちゃんに おどろかされたってことなの⁉
もお～ ウソかあ…
ほっ…
ジャリ

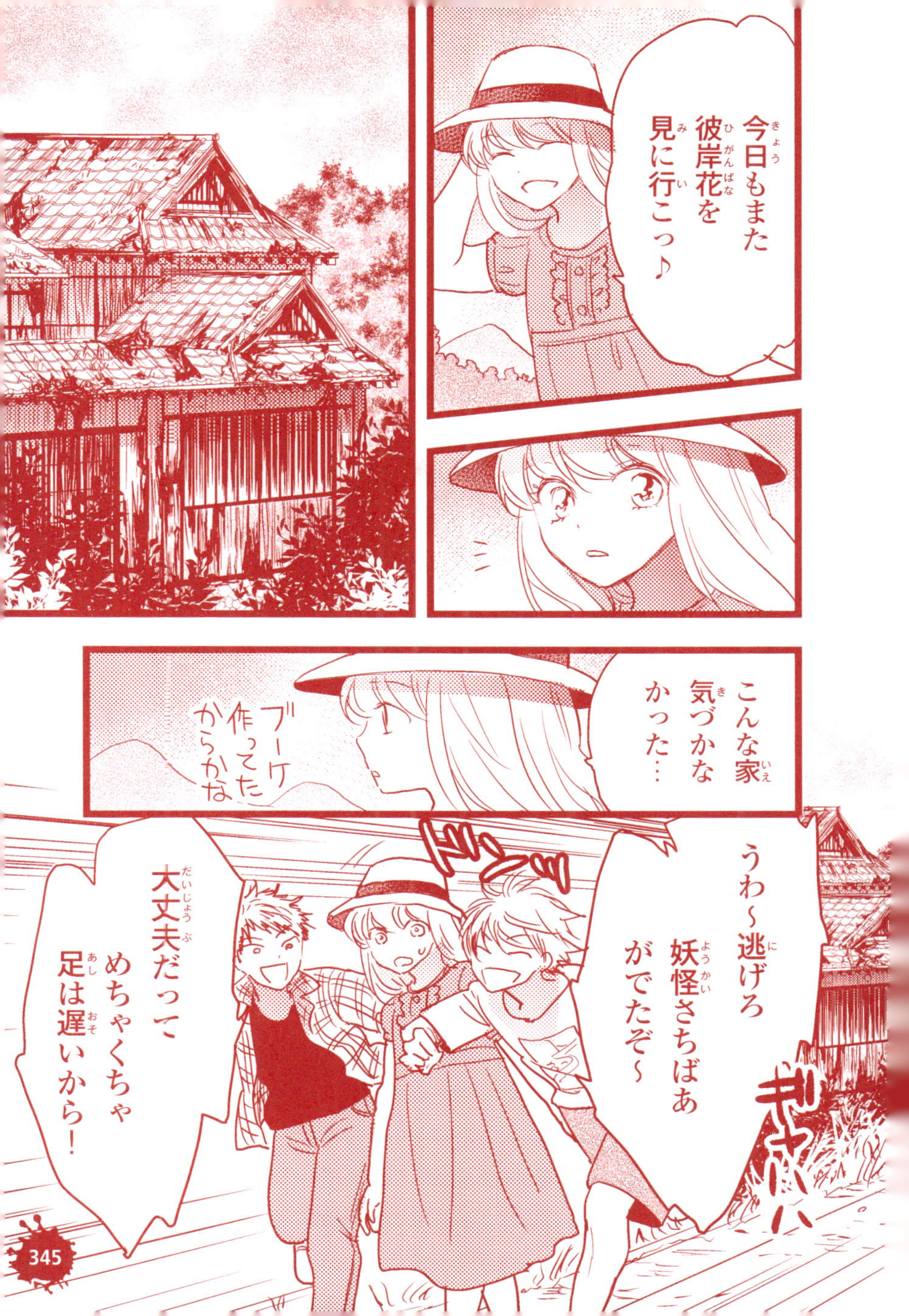
今日《きょう》もまた彼岸花《ひがんばな》を見《み》に行《い》こっ♪
こんな家《いえ》気《き》づかなかった…
ブーケ作ってたからかな
ドドッ
うわ〜逃《に》げろ妖怪《ようかい》さちばあがでたぞ〜
ぎゃハハ
大丈夫《だいじょうぶ》だってめちゃくちゃ足《あし》は遅《おそ》いから!

あの家《いえ》ってさちばあの家《いえ》なの？
おまえだれ？
わ…わたしはおばあちゃん家《ち》に遊《あそ》びに来《き》てるの…
うん…そうだよ
不死身の妖怪～
もう300年《ねん》以《い》上《じょう》生《い》きてるらしいぜ～
いっつも墓《はか》にいるもんな～
人間《にんげん》の骨《ほね》でも食《た》べてるんじゃね～の？
……
ゲラゲラ

やっぱりさちばあって変《か》わり者《もの》だったんだ…
ウソ話《ばなし》で子《こ》どもを怖《こわ》がらせようなんてサイアク…
死人花《しびとばな》なんて
パキッ
バッカみたい
これ家《いえ》にかざろっと♪
フフッ

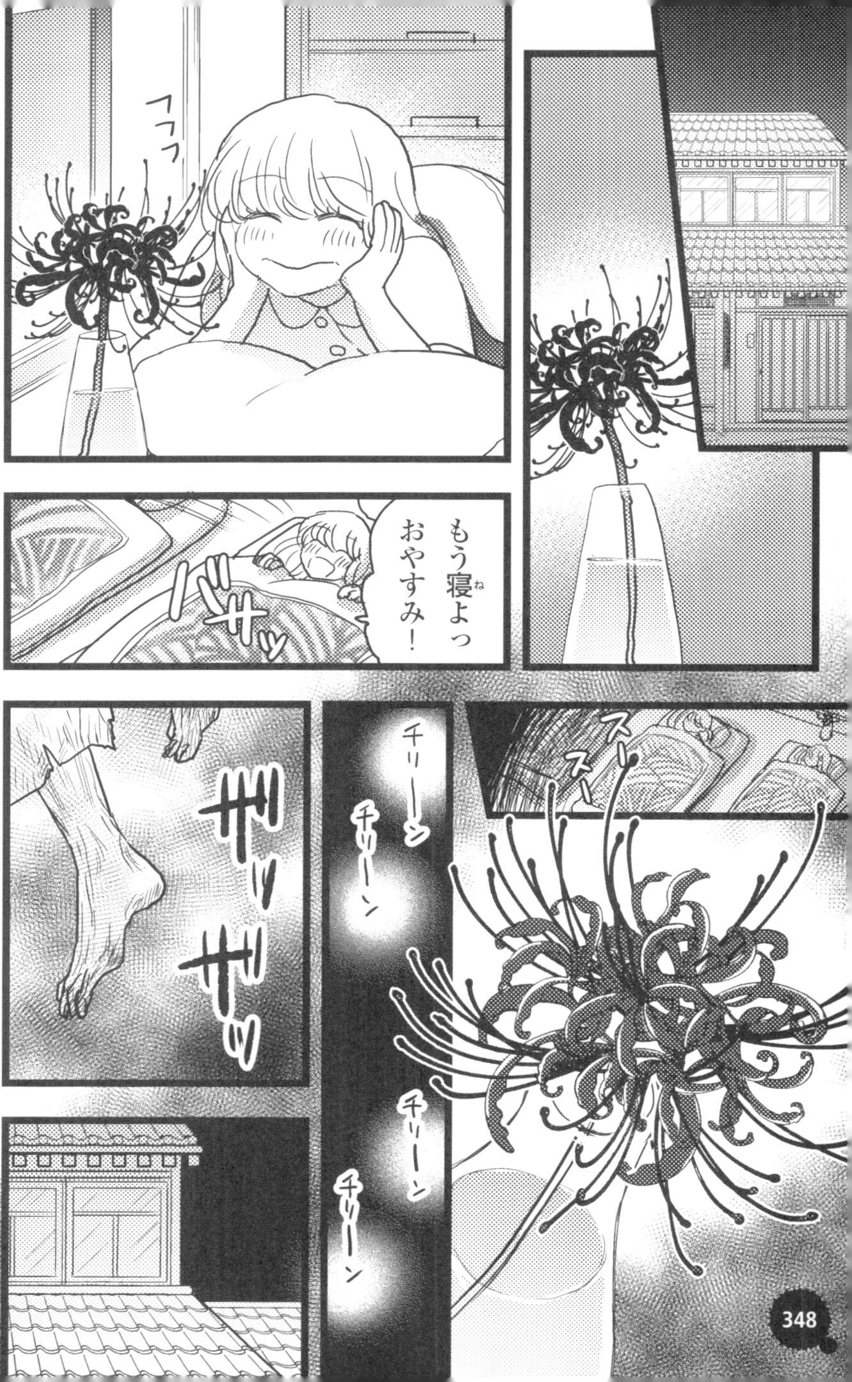
フフフ
もう寝《ね》よっ
おやすみ！
バサッ
スースー
チリーン
チリーン
チリーン
チリーン
ザッザッ

あった
ここだ
ヒッ
なっなに…⁉
体《からだ》が動《うご》かない…
いやだ
ママ… お姉《ねえ》ちゃん助《たす》けて‼

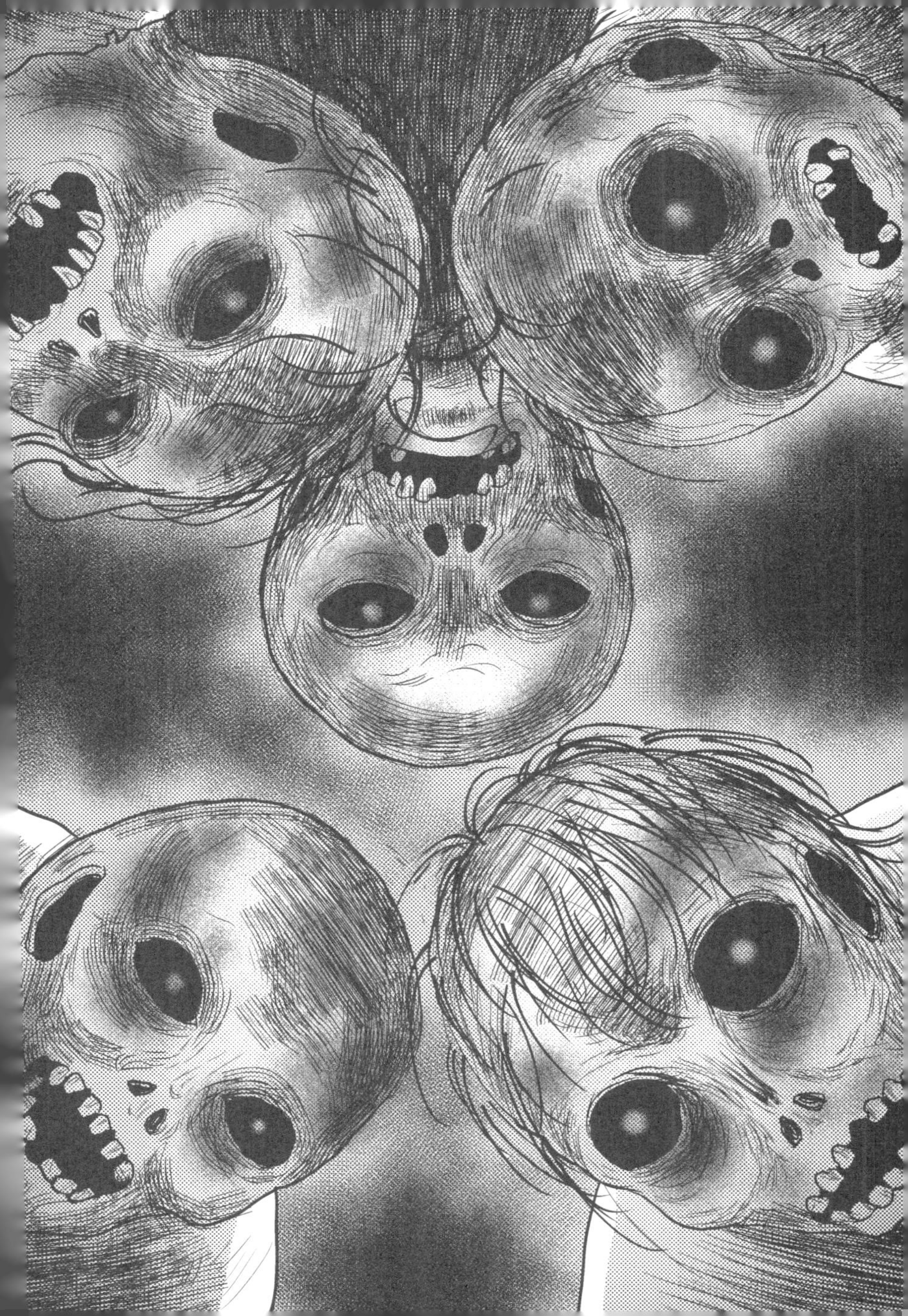

ズ
ズ
ワッ
ガ
!!
ズ
ズ
ズ
ズ
きゃあああああ

チリーーン
チリーーン
チリーーン
チリーーン
チリーーン
お彼岸《ひがん》は
チリーーン
あの世《よ》と この世《よ》が 通《つう》じる 時期《じき》
死人花《しびとばな》は あの世《よ》へ帰《かえ》る 死者《ししゃ》の証《あかし》——
つんで帰《かえ》った ばかりに…

花《はな》のストーリー

恐怖レベル 絶叫

適当《てきとう》な性格《せいかく》 黒い炎

20話《わ》 わが家《や》のルール

もしもしママ…どうしたの？
今日《きょう》おばあちゃんの家《いえ》に泊《と》まることにしたから戸《と》じまりお願《ねが》いねよろしく！
は～いじゃあね
あのさっ！麻莉奈《まりな》ちゃん
ご相談《そうだん》があるんですけど
な…なに？
今日《きょう》さぁ～このまま麻莉奈《まりな》の家《いえ》にお泊《とま》りしていっていい？

ダメっ ダメダメ！
ママがゼッタイ ダメって言《い》う
なんでよ～ いいじゃ～ん
ママに聞いてみて♪
わかった… 聞《き》いてみるけど
ねえどうだった？ ママなんだって？
うん…ママ…今日《きょう》は 夜勤《やきん》で帰《かえ》れないって…
やったー!! ならいいよね♪

……
わたしが和泉《いずみ》の家《いえ》にお泊《と》まりしたい！
今《いま》から家《いえ》に行《い》くのはめんどいよ～
やだ～～～
そっちのほうがゼッタイいいって！
ここせまいし汚いし
え――
麻莉奈《まりな》なんか変《へん》…
そんなにわたしが泊《と》まるのがいやなの？
い…いやとかそんなんじゃないよ!!
じゃあ麻莉奈《まりな》の家《いえ》にお泊《とま》り決定《けってい》！

18:00
20:20
22:40
23:30
あのさ…
そろそろ寝《ね》よっか…
え～やだ
まだ眠《ねむ》くない
お泊《とま》りだよ
これからじゃん！
…あのね
12時《じ》過《す》ぎたら
守《まも》ってほしいの

わが家《や》のルール
朝《あさ》まで部屋《へや》からでない
ゼッタイに返事《へんじ》をしない
なにそのルール
変《へん》なの…いったい
どういうこと?
家にもルールはあるけど…
冷蔵庫のプリンには名前書くとか…
?
ボソ
ボソ
ボソ
ボソ
守《まも》ってさえいれば
大丈夫《だいじょうぶ》なの…
ただ歩《ある》きまわる
だけだから…
和泉《いずみ》には見えない
かもしれないし…
ボソ
ボソ
ボソ
ボソ
ボソ
ボソ

……
守《まも》らなきゃダメだからね！これは和泉《いずみ》のためなのっ!!
わ……わかったよ
じゃあ…早《はや》く部屋《へや》に行《い》って寝《ね》よ
ガチャ
ま…麻莉奈《まりな》なんなんだろう

すご～い
豪華《ごうか》なドライフラワー
ドライフラワーじゃないとうるさいの…ママの誕生日《たんじょうび》にあげた花束《はなたば》でママが作《つく》ってくれたらしくてふたりのキズナの印《しるし》なのかな
ブツブツ
おじさんの話《はなし》?

あぁなんだか
眠《ねむ》れない
やばっ…スマホ
リビングに忘《わす》れた
とりに行《い》くか…
朝《あさ》まで部屋《へや》から
でないこと
あっ
…でもすぐ
もどるし
それにダメって
言《い》われるとね

あれ?
ドライフラワーがない…
あれから麻《ま》莉《り》奈《な》が動《うご》かしたのかな…?
まあいっか…
あ～トイレに行《い》きたくなっちゃった

夜《よる》のトイレってちょっとドキドキしちゃうよな～
トントン
ごめん…麻莉奈《まりな》起《お》きちゃった？
……………
麻莉奈《まりな》じゃない？
あ！麻莉奈《まりな》のお母《かあ》さんですか？おじゃましています
………
麻莉奈《まりな》でも麻莉奈《まりな》のお母《かあ》さんでもない…？気《き》のせいか…
じゃー
？

トントン
ビクッ
気《き》のせいじゃない!
じゃ…じゃあ
トントン
…ママ…ママ
でしょ…?
だ…ダレ
な…の?

ママ…ママだよね？
ずっと待《ま》ってたの…
トントン
ずっと待《ま》ってたの…
ずっとひとりで…ずっと
ずっと!!
ドンドンドンドン
ヒッ
こ…これって
人間《にんげん》じゃない…
麻莉奈《まりな》が言《い》ってた
返事《へんじ》しちゃダメって
このことなの？

ママ！ ねえ ミイの ママでしょ！ 返事《へんじ》して!!
ドンドン
こ…これ返事《へんじ》 しないほうが やばくない？
ドンドンドン
ち…ちがう わたしは あなたのママ じゃない!!!
ドンドンドン
ピタリ
…よかった…… おさまったみたい
ギィ

ホントだ
ママじゃ
ない…
でも…うれしい

ミイの声《こえ》が
聞《き》こえる人《ひと》みつけ！

花《はな》のストーリー

恐怖レベル

強《つよ》い憧《あこが》れ 黒い炎 ゾクッ

21話《わ》 プリンセス願望《がんぼう》

あいかわらずお姫様《ひめさま》チックな部屋《へや》だこと…
わたしも小《ちい》さいころは好《す》きだったけど…
わたしは今《いま》もだーいすきなのっ
珠莉《じゅり》さぁ～将来《しょうらい》の夢《ゆめ》なんだっけ？

もちろん
プリンセス！
ハア
プリンセスってね…生《う》まれたときから決《き》まってるわけ
夢《ゆめ》も希望《きぼう》もないこと言《い》わないで
じゃあ百歩《ひゃっぽ》ゆずってステキな女性《じょせい》をプリンセスと表現《ひょうげん》するとして
それは超《ちょう》がつく美人《びじん》じゃないと…
うちらじゃムリだから
ひどいっ！
そんなハッキリ…
いいじゃないっあこがれたって…

ただいまー
おかえりなさい
なにその大《おお》きな箱《はこ》!
お父《とう》さんが
部長《ぶちょう》になった
お祝《いわ》いに会社《かいしゃ》から
もらったんだ
ねえ!
箱《はこ》のなか
見《み》ていい?
うわあ~
キレイな
お花《はな》!

まあ立派《りっぱ》な胡蝶蘭《こちょうらん》ね！
胡蝶蘭《こちょうらん》？
凛《りん》として気品《きひん》にあふれる花《はな》だろ！
けっこう高《たか》いんだぞ
このお花《はな》…
わたしの部屋《へや》にかざっていい？
珠莉《じゅり》ちゃん水《みず》やりとかしっかりできるの？
うん大丈夫《だいじょうぶ》！しっかりお世話《せわ》するから！

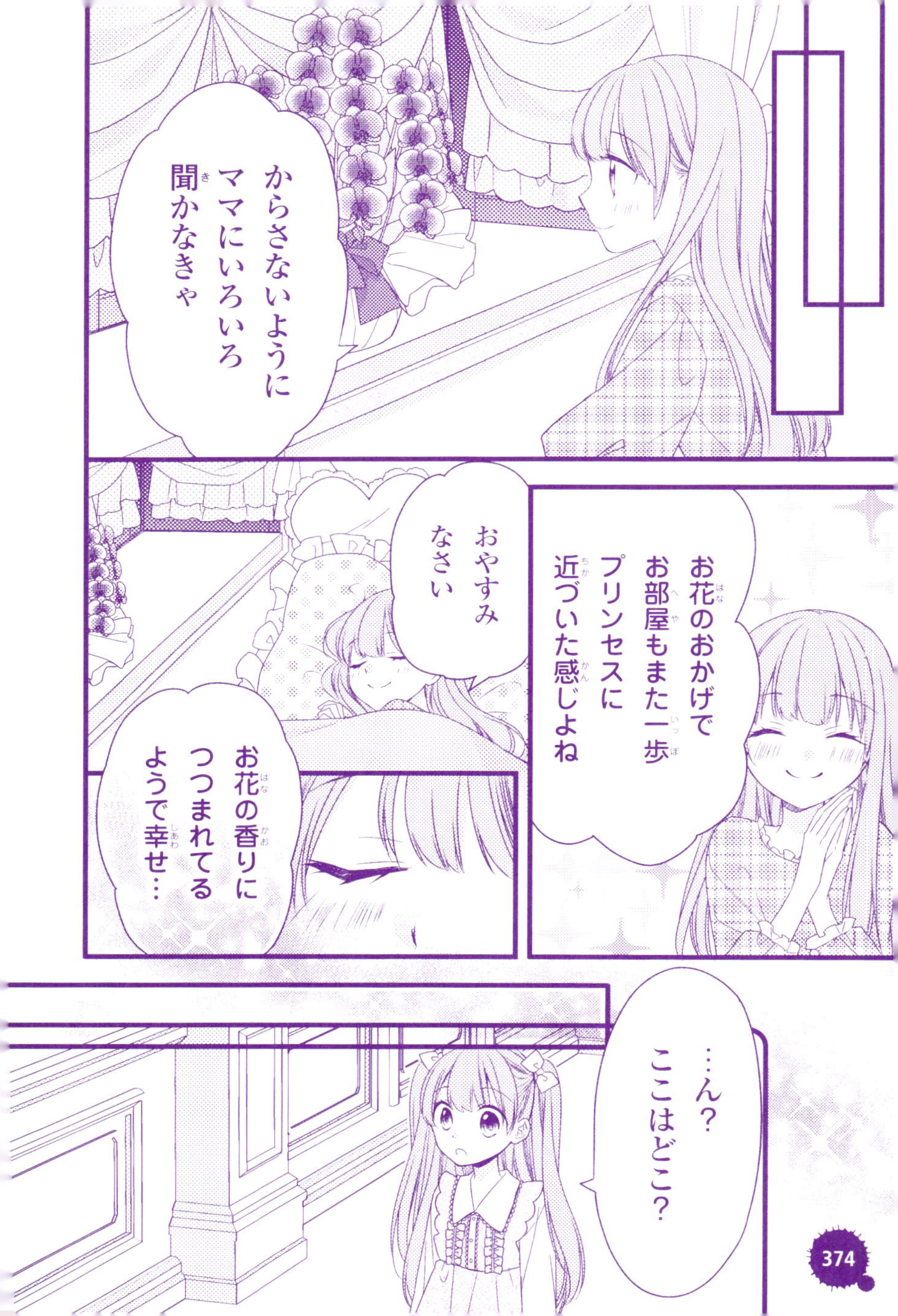
からさないように ママにいろいろ 聞《き》かなきゃ
お花《はな》のおかげで お部屋《へや》もまた一歩《いっぽ》 プリンセスに 近《ちか》づいた感《かん》じよね
おやすみ なさい
お花《はな》の香《かお》りに つつまれてる ようで幸《しあわ》せ…
…ん? ここはどこ?

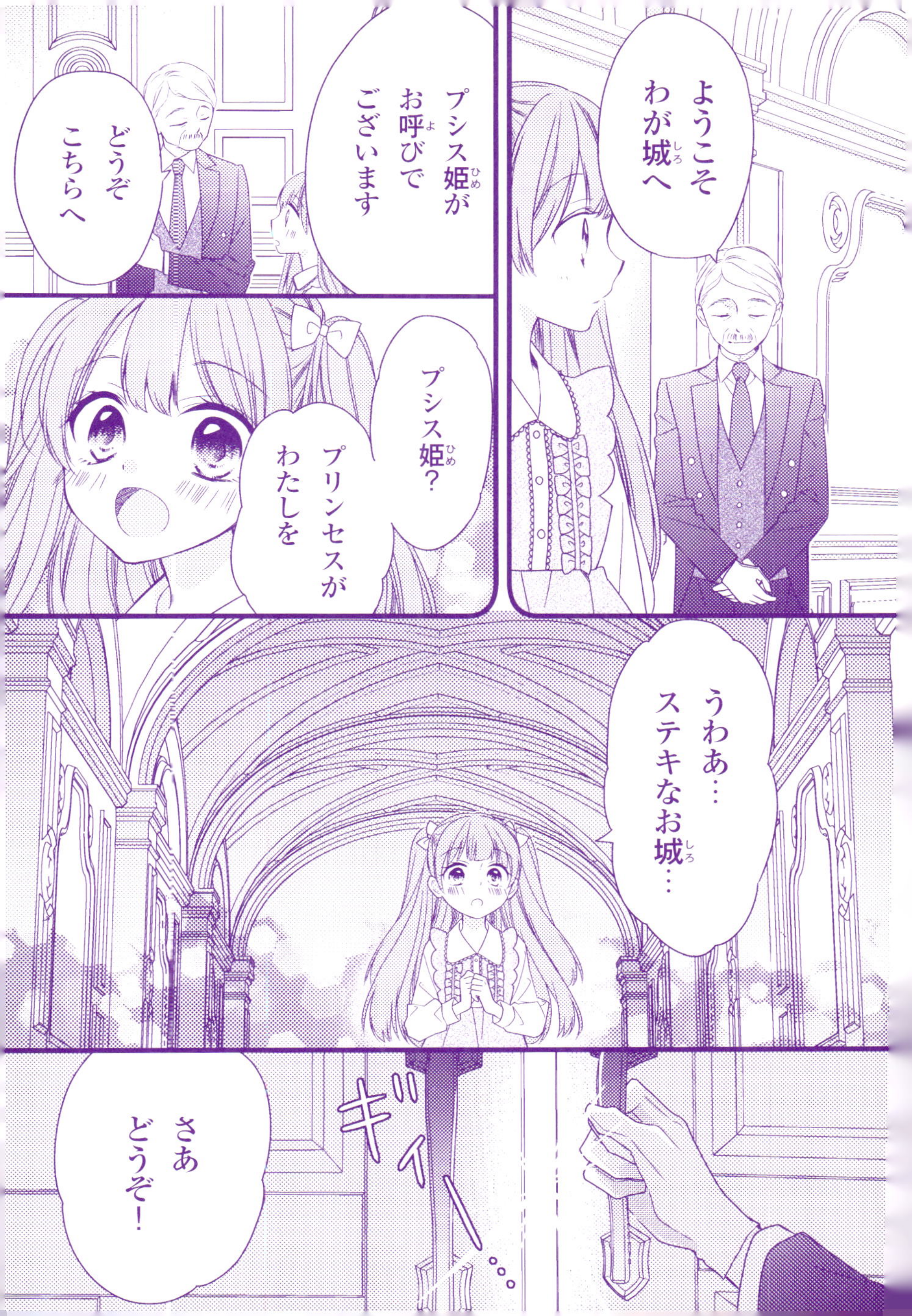

ようこそ
わが城《しろ》へ
プシス姫《ひめ》が
お呼《よ》びで
ございます
どうぞ
こちらへ
プシス姫《ひめ》？
プリンセスが
わたしを
うわあ…
ステキなお城《しろ》…
ギイー。。。
さあ
どうぞ！

そなた
名《な》はなんと言《い》う？
ポーッ
はい…珠莉《じゅり》です

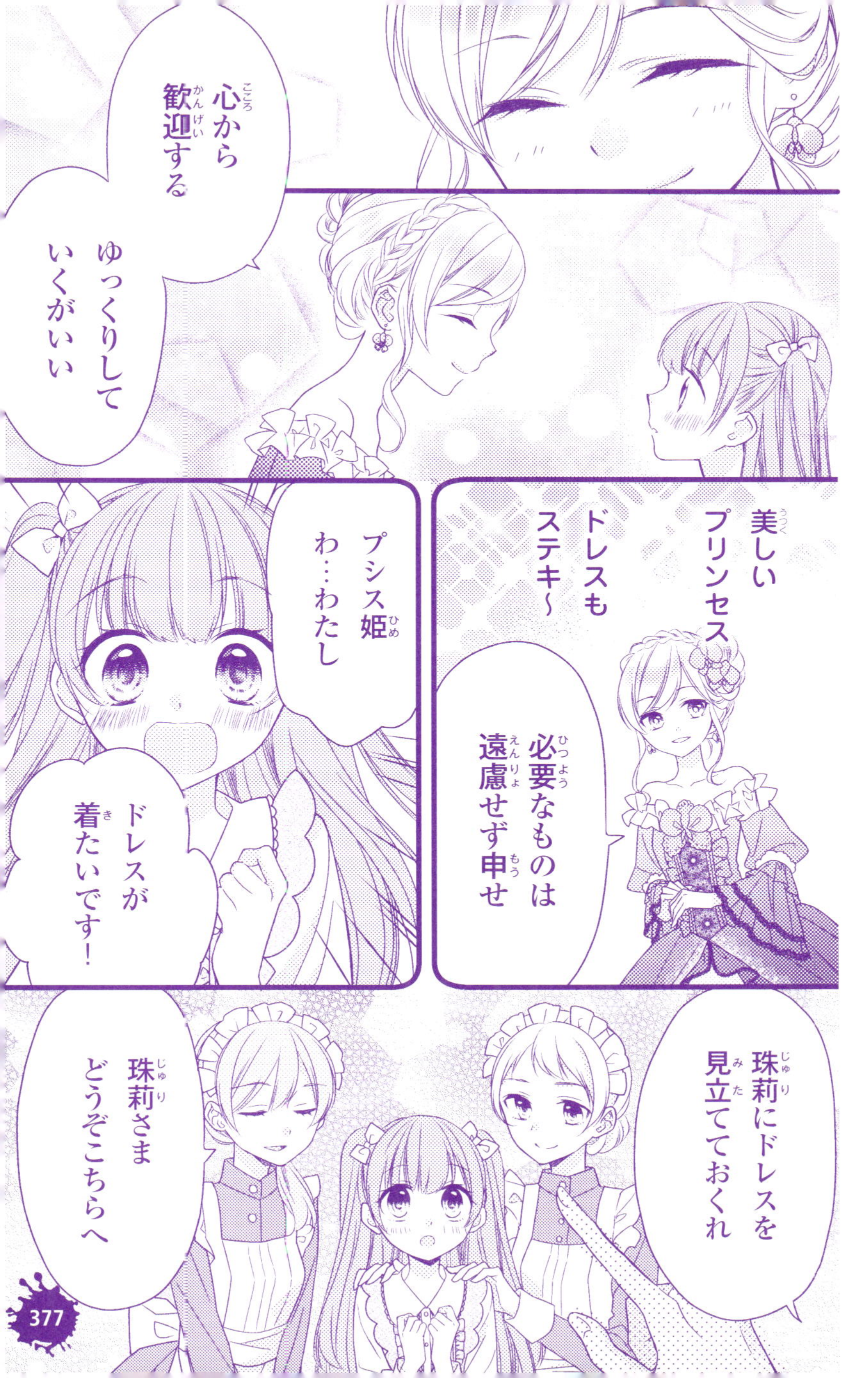
心《こころ》から歓迎《かんげい》する
ゆっくりしていくがいい
美《うつく》しいプリンセスドレスもステキ〜
必要《ひつよう》なものは遠慮《えんりょ》せず申《もう》せ
プシス姫《ひめ》わ…わたし
ドレスが着《き》たいです！
珠莉《じゅり》にドレスを見《み》立《た》てておくれ
珠莉《じゅり》さまどうぞこちらへ

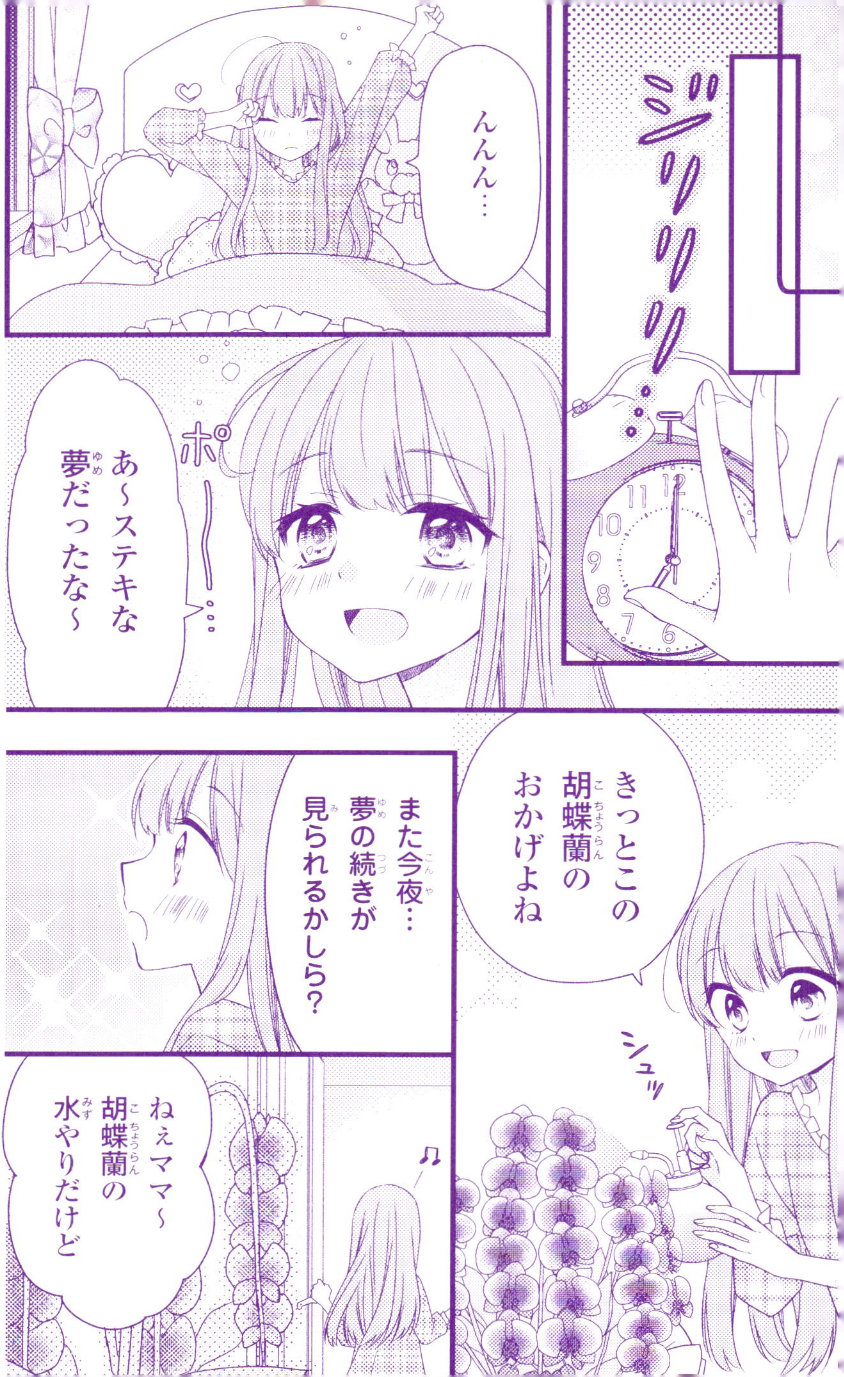

ジリリリリ…
んんん…
ポーーー…
あ～ステキな夢《ゆめ》だったな～
きっとこの胡蝶蘭《こちょうらん》のおかげよね
シュッ
また今夜《こんや》…夢《ゆめ》の続《つづ》きが見《み》られるかしら？
♪
ねぇママ～胡蝶蘭《こちょうらん》の水《みず》やりだけど

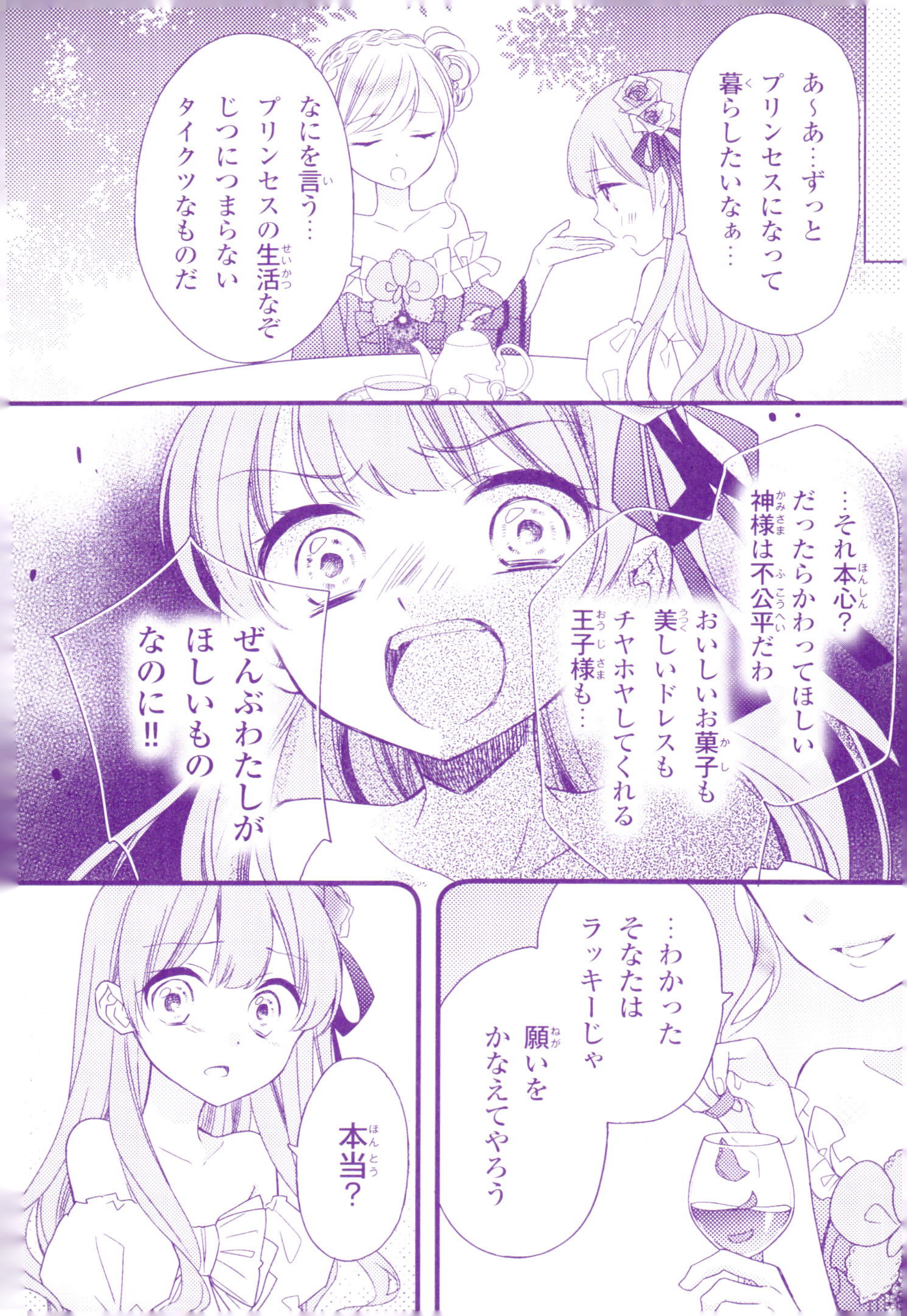
あ～あ…ずっとプリンセスになって暮《く》らしたいなぁ…
なにを言《い》う…プリンセスの生活《せいかつ》なぞじつにつまらないタイクツなものだ
…それ本心《ほんしん》？だったらかわってほしい神様《かみさま》は不公平《ふこうへい》だわ
おいしいお菓子《かし》も美《うつく》しいドレスもチヤホヤしてくれる王子様《おうじさま》も…
ぜんぶわたしがほしいものなのに!!
…わかったそなたはラッキーじゃ願《ねが》いをかなえてやろう
本当《ほんとう》？

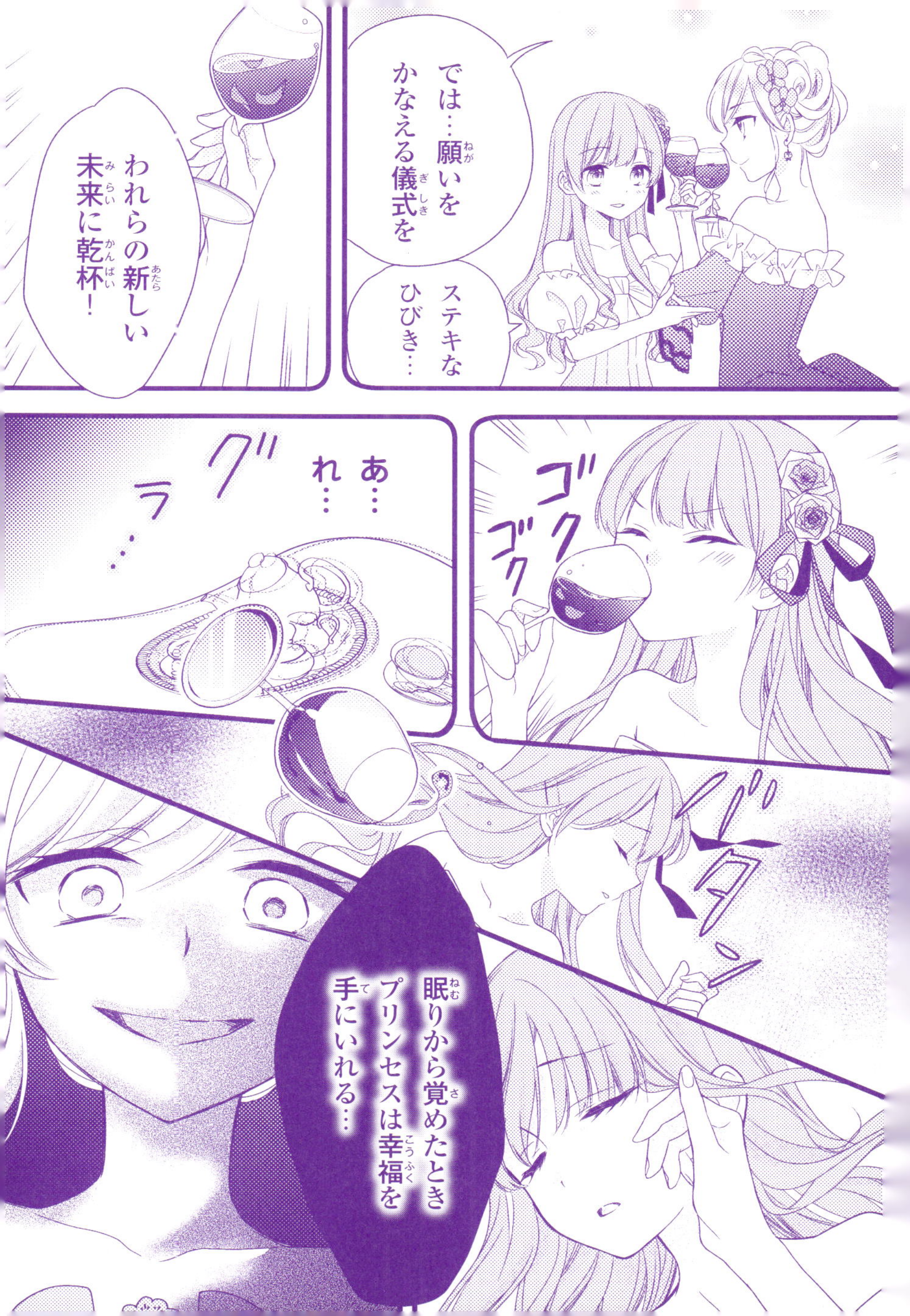
では…願《ねが》いをかなえる儀式《ぎしき》を
ステキなひびき…
われらの新《あたら》しい未来《みらい》に乾杯《かんぱい》!
ゴクゴク
あ…れ…
グラ…
バタン
眠《ねむ》りから覚《さ》めたときプリンセスは幸福《こうふく》を手《て》にいれる…

どう？このペン
かわいいでしょ？
使《つか》いにくそう
それに学校《がっこう》に持《も》ってくるのは禁止《きんし》でしょ
え？あれ？じゅ…珠莉《じゅり》
うらやましがるかと…
フリフリとかキラキラはもう卒業《そつぎょう》よ
珠莉《じゅり》…いったいどうしちゃったの？
別人みたい

こんな世界《せかい》を心《こころ》から望《のぞ》む人間《にんげん》に出会《であ》えるなんぞ…
ラッキーなのはわたしのほうじゃ
自由《じゆう》のない生活《せいかつ》に飽《あ》きぬことを祈《いの》ろう
アハハハハ

さぁ…たっぷりと水《みず》をやろう
珠莉《じゅり》姫《ひめ》よ今日《きょう》もそなたは誠《まこと》に美《うつく》しい

22話《わ》 せつないほど美《うつく》しい

花《はな》のストーリー

恐怖レベル ゾクッ

深夜《しんや》の外出《がいしゅつ》 黒い炎

わあっ
やっぱりキレイ…
桜《さくら》ってせつないほど美《うつく》しい……
樹齢《じゅれい》300年《ねん》らしいけど
300年前《ねんまえ》の人《ひと》も同《おな》じように感《かん》じたのかな…

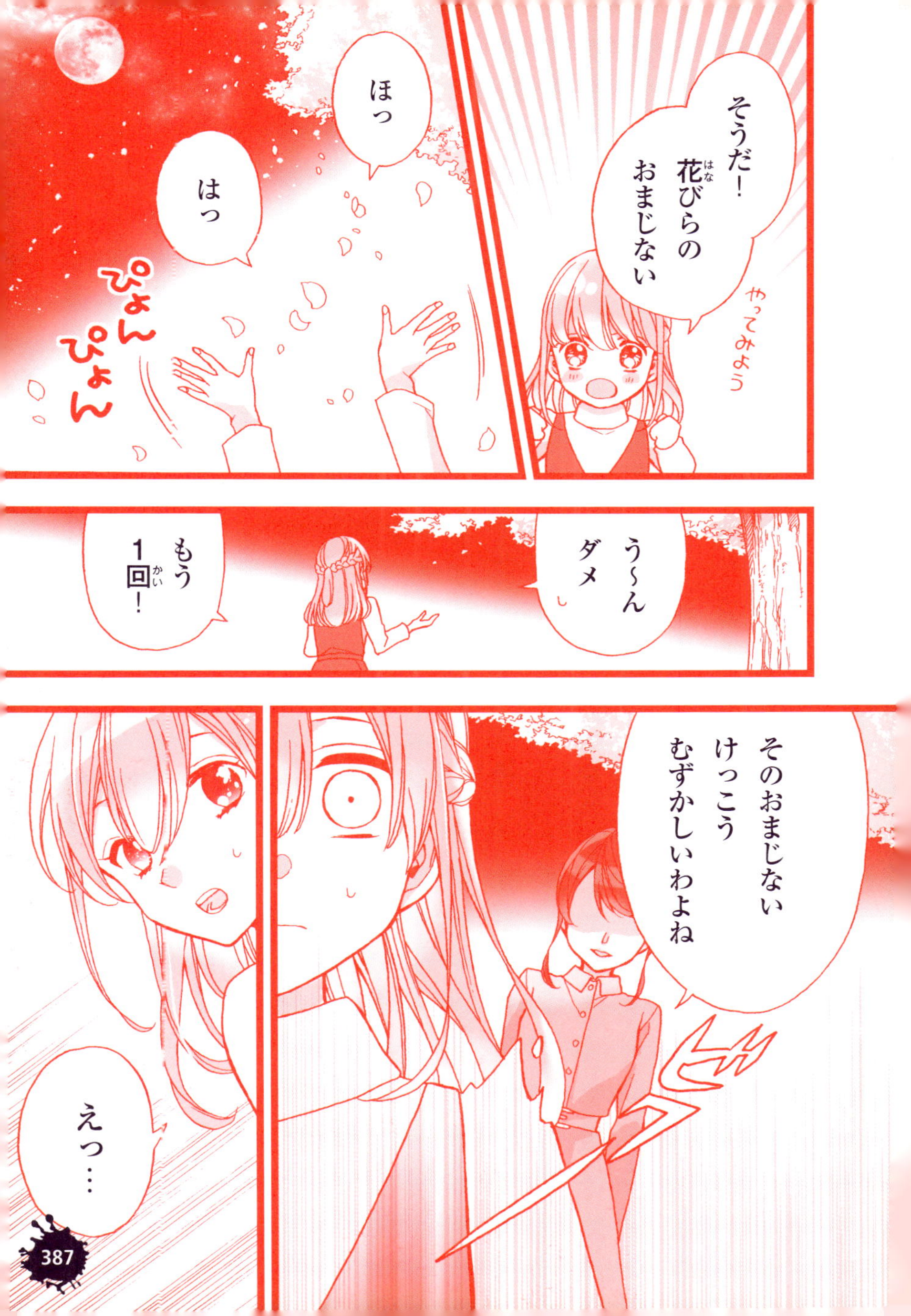
そうだ!
花《はな》びらのおまじない
やってみよう
ほっ
はっ
ぴょん
ぴょん
う～んダメ
もう1回《かい》!
そのおまじないけっこうむずかしいわよね
えっ…

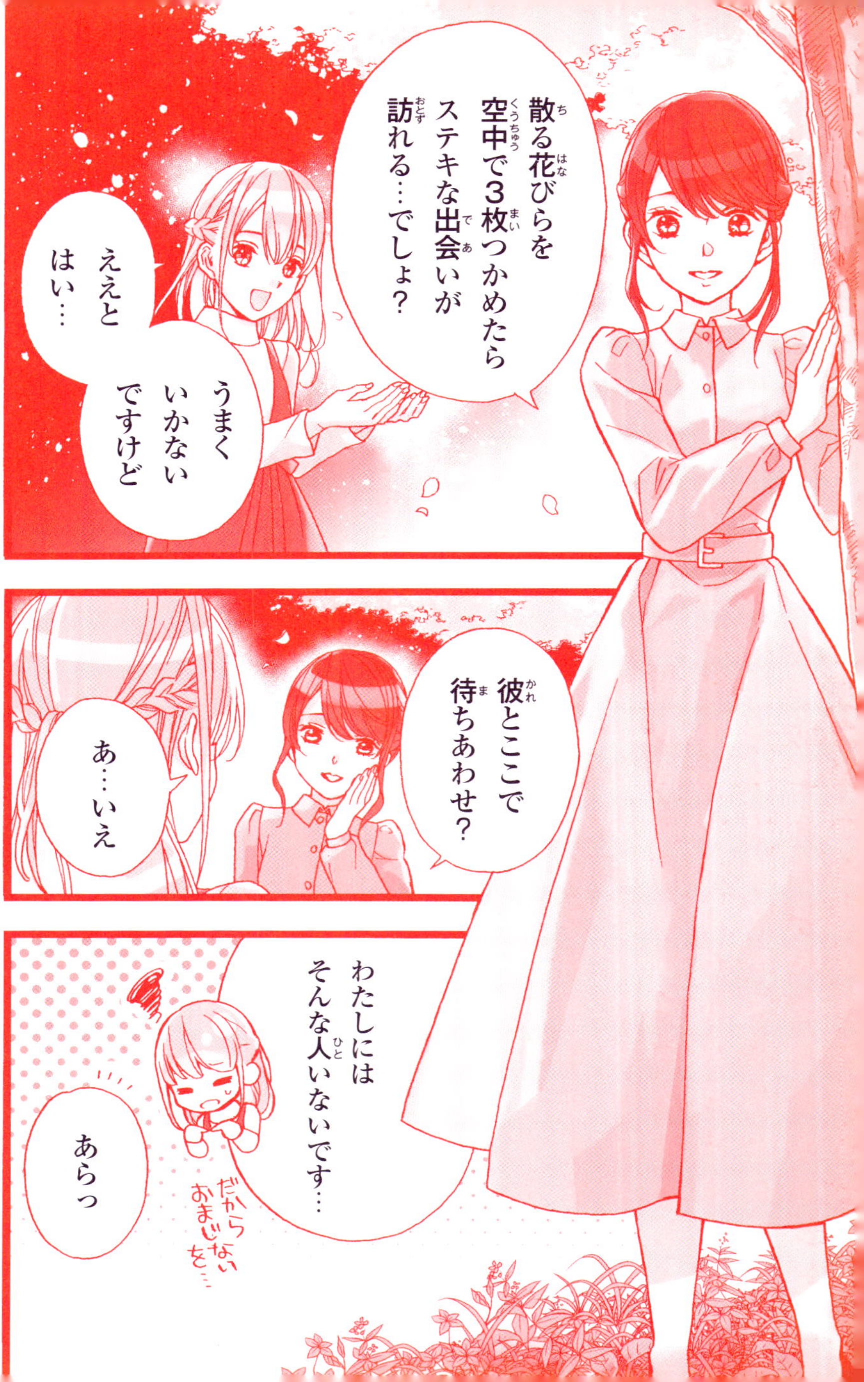
散《ち》る花《はな》びらを空中《くうちゅう》で3枚《まい》つかめたらステキな出会《であ》いが訪《おとず》れる…でしょ？
ええとはい…
うまくいかないですけど
彼《かれ》とここで待《ま》ちあわせ？
あ…いえ
わたしにはそんな人《ひと》いないです…
あらっ
だからおまじないを…

でも今夜《こんや》は
赤《あか》い満月《まんげつ》の桜《さくら》
こんな妖力《ようりょく》が
強《つよ》い晩《ばん》に女《おんな》の子《こ》
ひとりでなんて…
ボソッ
え？
フフッ
この桜《さくら》の木《き》には
伝説《でんせつ》があるのよ
愛《あい》しあうふたりが
永遠《えいえん》のキズナで
結《むす》ばれるの

わたしはそれで彼《かれ》と永遠《えいえん》のキズナを手《て》にいれた
永遠《えいえん》のキズナ…？
わたしと蓮《れん》さんはダンスパーティーで出会《であ》い
恋《こい》に落《お》ちたの
だけどわたしと彼《かれ》の家《いえ》は由緒《ゆいしょ》ある財閥《ざいばつ》のライバルグループでふたりの交際《こうさい》は祝福《しゅくふく》されなかった
でも反対《はんたい》されるほどわたしたちの恋心《こいごころ》は燃《も》えあがっていったわ

―そんなある日《ひ》
父《ちち》は強引《ごういん》に別《べつ》の縁談《えんだん》を
決《き》めてきてしまった
話《はなし》が大《おお》きくなり
いやと言《い》える
状況《じょうきょう》ではなくなって
いったわ…
本当《ほんとう》はすべてをすてて
彼《かれ》のもとへ行《い》きたい
でも父《ちち》と母《はは》を見《み》すてる
こともできない
心優《こころやさ》しい彼《かれ》も
きっと同《おな》じ思《おも》いだった
わたしたちはもう…
どうしたらいいか
わからずにいた

そんなとき永遠《えいえん》の愛《あい》をつかめるという桜《さくら》の伝説《でんせつ》を耳《みみ》にしたの
桜《さくら》咲《さ》く赤《あか》い満月《まんげつ》の夜《よる》月《つき》に照《て》らされたふたりは
永遠《えいえん》のキズナで結《むす》ばれる――
ロマンチックな伝説《でんせつ》…
桜《さくら》の木《き》にはわたしが先《さき》に着《つ》いたわ
空《そら》には満月《まんげつ》が輝《かがや》いていた…

伝説《でんせつ》を信《しん》じるなんて わたしったら まるで子《こ》どもね
でも… お願《ねが》い
桜《さくら》の木《き》さん ふたりの愛《あい》を 守《まも》って……
か… 和菜《かずな》！
蓮《れん》さん ……！
心《こころ》のどこかでふたりとも 今日《きょう》が別《わか》れの日《ひ》になると 思《おも》っていたのかもしれない
わたしたちは桜《さくら》の木《き》から はなれられずにいた

そ…それで あなたと 蓮《れん》さんはどう なったんですか？
だれにもジャマされないキズナを手《て》にいれたわよ
桜《さくら》の木《き》が永遠《えいえん》にわたしたちをかくまってくれたの
え……？
あなた 桜《さくら》の木《き》が せつないほど美《うつく》しい 理由《りゆう》わかるかしら？
……？ それは？
それはね…… 人間《にんげん》の血《ち》を 吸《す》っているから

桜《さくら》が咲《さ》きほこる
赤《あか》い満月《まんげつ》の晩《ばん》
今日《きょう》でも明日《あした》でもない
あの世《よ》とこの世《よ》が
つながる瞬間《しゅんかん》
妖力《ようりょく》に満《み》ちた桜《さくら》は
人《ひと》を吸《す》いこむの
そう…
こんなふうに
ボコ
ボコボコ
ビ

さ…桜《さくら》に吸《す》いこまれた…
ここにいるみんなとても幸《しあわ》せそうでしょう?
あなたもいっしょにどう?

わ…わたしには愛《あい》しあう人《ひと》いませんから！
ダッ
あらいなくても平気《へいき》よ
ほら

愛《あい》しあうふたりが永遠《えいえん》にキズナを結《むす》ぶには
この先《さき》もずっとこの桜《さくら》が生《い》き続《つづ》けないと——

桜《さくら》が咲《さ》きほこる赤《あか》い満月《まんげつ》の晩《ばん》
この木《き》にやって来《き》た
そのためにはより多《おお》くの人《ひと》の生《い》き血《ち》が必要《ひつよう》なの
ぜ～んぶあなたが悪《わる》いのよ

蓮《れん》さん
今《いま》もどるわね
ザァ

花《はな》のストーリー

恐怖レベル 絶叫

思《おも》わせぶり 黒い炎

23話《わ》 ひとめぼれ

舞花《まいか》 今度《こんど》は2組《くみ》の前澤《まえざわ》に告《こく》られたんだって？
うん…今《いま》はつきあえないけど…
気《き》になる存在《そんざい》だって伝《つた》えたよ
うわでた～…
いつもの舞花《まいか》の思《おも》わせぶり態度《たいど》…
だってぇ～ひとりでも多《おお》くの人《ひと》にスキでいてほしいんだもん♪
あ～あ…
いい加減《かげん》にしなよ そのうちゼッタイイタイ目《め》見《み》るから

舞花《まいか》ちゃーん
いっしょに帰《かえ》ろ～
笠井《かさい》く～ん！ちょっと待《ま》ってて♪
つっ
おまたせ～
あ～あ かわいそうな男《おとこ》たち…
ああいう女子《じょし》にすぐだまされるよね～

ちょっと下《した》に行《い》きたいんだけどいいかな?
うんいいけどなにかあるの?
同中《おなちゅう》だった足立《あだち》ってやつが
少《すこ》し前《まえ》にこの川《かわ》で亡《な》くなってさ…
おぼれた子《こ》を助《たす》けるために川《かわ》に飛《と》びこんで…
…

ザ…
なんとか子《こ》どもを助《たす》けた後《あと》に…足立《あだち》は力《ちから》つきて…
………
とくに仲《なか》がよかったわけじゃないんだけど少《すこ》し気《き》になって…
す、
！
かわいそう…
うちらと同《おな》い歳《どし》なんでしょ…

舞花《まいか》ちゃんて心《こころ》がキレイなんだね
知《し》らないやつのためにふつう泣《な》けないいよ…
ううん…だって子《こ》どもを助《たす》けて死《し》んじゃうなんて…
その足立《あだち》くんてものすごく
ぐす…
ステキな人《ひと》だったんだろうね…
舞花《まいか》ちゃん…
……
フフッ…見《み》てる、わたしの演技《えんぎ》女優《じょゆう》レベルね…

舞花《まいか》ちゃん こんにちは
これ受《う》けとって くれないかな?
花言葉《はなことば》は
ひとめぼれ
バラって色《いろ》や 本数《ほんすう》で花言葉《はなことば》が 変《か》わるんだよ

あ…ありがとう こんなステキな プレゼント初《はじ》めて…
ひとめぼれ… 東高《ひがしこう》の人《ひと》か…
あの
あなたの名前《なまえ》 教《おし》えてください！
雄星《ゆうせい》だよ
また青《あお》いバラの花《はな》 プレゼントするから！
じゃ また
なんだか 変《か》わった人《ひと》
でも… バラのプレゼント なんてステキ♡

え？
ウソ…!?
カサ‥
花言葉は
I LOVE YOU
雄星
へぇ～ロマンチックなアプローチはうれしい
舞花《まいか》おはよ～
なにそれ？スゴイんですけど
えへへ バラの花束《はなたば》だって～♪

今日《きょう》はさ…これを受《う》けとってくれるかな
花言葉《はなことば》は
ぼくとつきあってください
ありがとう
雄星《ゆうせい》くんのキモチすっごくうれしい

ブー…
!
もしもし
どうしたの
笠井《かさい》くん
今日《きょう》ぐうぜんに見《み》ちゃったんだけど…帰《かえ》りいっしょだったヤツって
…彼《かれ》はただのお友《とも》だちだよ
そんなこと聞《き》く笠井《かさい》くんはスキじゃない…
いや…そういうことじゃなくて…
あのさアイツ…
ピッ
笠井《かさい》くん嫉妬《しっと》してる
ふッ

行《い》ってきまーす
ガチャ…
舞花《まいか》おはよう
雄星《ゆうせい》くんどうして家《いえ》の場所《ばしょ》
しかも呼《よ》びすて…
昨日《きのう》の夜《よる》…
電話《でんわ》してた男《おとこ》ってダレ？
ぼくっていう男《おとこ》がいるのに
ゾク…
えっ…
なんで電話《でんわ》のこと知《し》ってるわけ…？

ゆ…雄星《ゆうせい》くん 気持《きも》ち悪《わる》いよ…
どうしたんだ舞花《まいか》 君《きみ》は…そんなこと
言《い》う子《こ》じゃないだろ!!
ビッ
近《ちか》よらないで!! 頭《あたま》おかしいんじゃ…
こんなことなら最初《さいしょ》から本当《ほんとう》の気持《きも》ちを伝《つた》えていればよかった
待《ま》たせてごめんね…
ガッ…
!

もっ…もう バラの花《はな》なんて いらないっ!!
ある日《ひ》とつぜん 君《きみ》はぼくの前《まえ》に あらわれた…
知《し》らないぼくの ことをほめて くれた…
わたしに ヒトメボレ したって…
わたしを初《はじ》めて 見《み》た場所《ばしょ》って どこなの?…
蔵間川《くらまがわ》さ…
ポロ
君《きみ》がぼくのために 泣《な》く姿《すがた》はまるで 天使《てんし》のようだった!
え…?
ドク

そして…
ぼくのキモチを受《う》けとめてくれた…
ズ…
ぼくの名前《なまえ》は足立雄星《あだちゆうせい》っていうんだ
足立雄星《あだちゆうせい》って…か…川《かわ》で亡《な》くなった
サ
ほかのやつにはできない…
ヒッ…!!
ズ…ズ…
ビチャ…
全身全霊《ぜんしんぜんれい》の愛《あい》で幸《しあわ》せにするよ…
ビチャ…
100本《ほん》のバラ
花言葉《はなことば》は
100%の愛情《あいじょう》…

舞《まい》花《か》のそばから
ゼッタイはなれないと約《やく》束《そく》するよ…！

花《はな》に魅《み》せられた少女《しょうじょ》たち

古本屋《ふるほんや》での調査《ちょうさ》

ぼくは川田舞花《かわたまいか》さんが主人公《しゅじんこう》の「ひとめボレ」という本《ほん》を読《よ》みました。話《はなし》にバラの花《はな》がでてきました…。

わたしは「不吉《ふきつ》とされる花《はな》」を読《よ》んだわ。なによこの物語《ものがたり》、めちゃくちゃ怖《こわ》いじゃない。この話《はなし》、表紙《ひょうし》のとおり小《こ》向莉央《むかいりお》ちゃんが主人公《しゅじんこう》だった。莉央《りお》ちゃん、最後《さいご》に死人《しびと》につれてかれちゃった…わ。

オ、オレもぜんぶ読《よ》みました。「わが家《や》のルール」は、伊藤《いとう》さんが主人公《しゅじんこう》でした。テキトーな性格《せいかく》のせいで、ミ…ミイちゃんに…。この話《はなし》にも花《はな》がでてきてましたよ。ドライフラワーです！

6冊《さつ》の物語《ものがたり》はすべて、行方不明《ゆくえふめい》の少女《しょうじょ》が主人公《しゅじんこう》となり、恐怖《きょうふ》の世界《せかい》に引《ひ》きずりこまれていく内容《ないよう》だった。

この子《こ》たちみんな、本《ほん》にとじこめられているのかもよ…。どの物語《ものがたり》も恐怖《きょうふ》のバッドエンド。ぐうぜんかしら？

あら、中山《なかやま》さん。なにか本《ほん》から落《お》ちたわよ。

え？　あ、本当《ほんとう》だ。なにか紙《かみ》みたいなものがはさまっていたみたいです。これ、本《ほん》のしおりみたいですよ…。

本《ほん》のいちばんうしろにしおりが
はさまっていたようですね！
文《も》字《じ》とかマークとか書《か》かれています…。

わたしもあった！

オレも
見《み》つけたぜ！

このしおり。どうやらナゾが
かくされているようね…。

「花《はな》の一生《いっしょう》を見《み》つめ
呪《じゅ》文《もん》をとなえよ」
これって、どういうこと？

オモテ面《めん》に書《か》かれた文《ぶん》は
6つすべていっしょか…。

花《はな》の一生《いっしょう》を見《み》つめ
呪《じゅ》文《もん》をとなえよ

ウラ面《めん》に書《か》かれたカタカナとマークはすべてちがうみたいだ。

イ・ル・ロ・ノ・ケ・ト？　え？　なに？
これが呪文《じゅもん》？　意味《いみ》がわからないです。

いや…ちがう。このマークに意味《いみ》があるんだ。
タネとかふたばとかだよな…。

わかったぞ！「花《はな》の一生《いっしょう》」になるようにマークをならべかえてみよう。

そしてこの順番《じゅんばん》どおりに書《か》かれたカタカナを読《よ》んでいくと…

次《つぎ》のページへつづく…

「ノロイトケル」
ぼくたちはみんなほぼ同時《どうじ》に、大《おお》きな声《こえ》で呪文《じゅもん》をとなえていた——。

——するとみんなの手《て》から本《ほん》が消《き》え、本棚《ほんだな》の前《まえ》に行方不明《ゆくえふめい》になっていた少女《しょうじょ》6人《にん》があらわれた。

「え？　なに？　ここ、どこ？」

「やだ、わたしパジャマよ。どうして？」

「わ、わたしたち、いったいここでなにを？」

「わたし…ずっと怖《こわ》い夢《ゆめ》のなかに…いたわ…」

少女《しょうじょ》たちはみんな、自分《じぶん》の身《み》になにが起《お》こっていたのかわかっていない。みんな、ぼうぜんとしてその場《ば》に立《た》ちつくしていた…。

「よかった〜！　みんな帰《かえ》ってきた‼」

手《て》をたたいて大喜《おおよろこ》びするホラー倶楽部《くらぶ》メンバーとは対照的《たいしょうてき》に、少女《しょうじょ》たちはキョトンとしていた。

「みなさん無事《ぶじ》でなによりです。家族《かぞく》や友《とも》だちが心配《しんぱい》していますから、早《はや》く家《いえ》に帰《かえ》ってください」

少女《しょうじょ》たちは首《くび》をかしげながらも、それぞれ家《いえ》へと帰《かえ》っていった。

行方不明《ゆくえふめい》の6人《にん》が無事《ぶじ》にもどってきたのはよかったけれど、いったいだれがこんなことを？　これは黒魔術《くろまじゅつ》やノロイとかいった、不可思議《ふかしぎ》なものの力《ちから》なのか？

ああ、これは人間《にんげん》の仕業《しわざ》じゃない。すべてこの古本屋《ふるほんや》の店主《てんしゅ》がやったことだろう。この店主《てんしゅ》は、ずっとずっと昔《むかし》に「ノロイの本《ほん》」を使《つか》ったことで、この店《みせ》からはなれられなくなってしまったんだ…。

お、逢間《おうま》さん。もしかして、これがそのノロイの本《ほん》なんでしょうか？　表紙《ひょうし》にも中身《なかみ》にもなにも書《か》かれていない、不思議《ふしぎ》な本《ほん》があったので。ぼく、さっきからこの本《ほん》がとてつもなく気《き》になってしまって…。

ぼくは鈴木《すずき》くんが手《て》にした本《ほん》に目《め》をむけた。

（な、なんだ。この負《ふ》のパワーは。これこそヒカルが話《はな》していたノロイの本《ほん》にちがいない…）

鈴木《すずき》くん、その本《ほん》を貸《か》してくれ。それはたしかにノロイの本《ほん》だ。興味本位《きょうみほんい》で手《て》にしたら、大変《たいへん》なことに…。

ぼくは鈴木《すずき》くんからノロイの本《ほん》を受《う》けとった。

（危《あぶ》なかった。この古本屋《ふるほんや》へ調査《ちょうさ》に来《き》たホラー倶楽部《くらぶ》のメンバーがノロイの本《ほん》を使《つか》ってしまうなんて、店主《てんしゅ》の茜音《あかね》が手《て》をたたいて喜《よろこ》ぶ、最悪《さいあく》のシナリオになるところだった…）

おい、逢間《おうま》。その店主《てんしゅ》とやらは、いったいどこにいるんだよ。店《みせ》のなかには見当《みあ》たらないみたいだけど…。つかまえてとっちめないと気《き》がすまないぜ。まさか、すでに逃《に》げたなんてことはないよな？

オレだってゆるせないですよ！　６人《にん》みんな助《たす》かって本当《ほんとう》によかったけど、こんなヒドイことをした犯人《はんにん》をちゃんとつかまえないと、気《き》がすまないです！

高原《たかはら》くん、小野寺《おのでら》くん。大丈夫《だいじょうぶ》だよ。さっきも話《はな》したように、店主《てんしゅ》はノロイの力《ちから》によって、この店《みせ》からははなれることができないんだ。おそらく今《いま》も店《みせ》の奥《おく》にかくれて、ぼくらの様子《ようす》をうかがっているはずさ。

「いいかげん、でてきたらどうだ！
茜音《あかね》さん！」

ギィイイイイイ。店《みせ》の奥《おく》のトビラが開《ひら》いた。そして、フードをかぶった少女《しょうじょ》が姿《すがた》をあらわした。

「イッヒヒヒヒヒヒ。なんだい、ここにかくれていたことは、お見《み》とおしだったのかい？」

「これはすべておまえの仕業《しわざ》だな！　店《みせ》の奥《おく》でぼくたちの様子《ようす》をうかがってて、楽《たの》しんでたのか？」

パチ、パチ、パチ、パチ、パチ、パチ。茜音《あかね》はかわいた拍手《はくしゅ》をしながら、高《たか》らかに笑《わら》った。

アーッハッハッ。アーッハッハッハッ。

「そうさ。すべてわたしがやったのさ！　みんなのナゾときと名推理《めいすいり》、お見事《みごと》だったよ。いや、でもちょっと、カンタンすぎたかな？」

い、いったいなんのために、こんなことをしたんですか？　恐怖《きょうふ》の物語《ものがたり》にとじこめられた本人《ほんにん》はとっても怖《こわ》かったと思《おも》うし、それにいきなりみんなが消《き》えちゃったことで、まわりの人《ひと》がどれほど心配《しんぱい》したか。あなたにわかるんですか？

「……威勢《いせい》のいいお嬢《じょう》さんだこと。ククッ。元気《げんき》のいい子《こ》は嫌《きら》いじゃないよ。6人《にん》の少女《しょうじょ》がどれだけ怖《こわ》い思《おも》いをしたかわかるかって？　まわりの人間《にんげん》がどれほど心配《しんぱい》したかわかるかって？　知《し》ったこっちゃないよ。わたしはいつだって、自《じ》分《ぶん》のことで頭《あたま》がいっぱいだからね」

おまえはだれかにノロイの本《ほん》を使《つか》わせるために、こんなことをしたのか？
でもひとつ、わからないことがある。どうして、少女《しょうじょ》たちをとじこめた本《ほん》にナゾなんて仕《し》かけたんだ。それも、すぐにとかれてしまうようなカンタンなナゾを。

たしかにそれは、わたしもおかしいと思《おも》っていたわ。少女《しょうじょ》たちに不思議《ふしぎ》な花《はな》束《たば》をわたし、恐怖《きょうふ》ストーリーの主人公《しゅじんこう》として、本《ほん》にとじこめた。とっても手《て》がこんでいるわりに、少女《しょうじょ》たちのノロイをとくための呪文《じゅもん》は、すぐにわかるものだった。
それに、少女《しょうじょ》たちを本《ほん》にとじこめておくことが目的《もくてき》だったら、そもそもノロイをとく呪文《しゅもん》なんて教《おし》えないはずでしょ？

「わたしは店《みせ》から解放《かいほう》されるために、ノロイの本《ほん》にわたしより欲深《よくぶか》い物語《ものがたり》を書《か》く、心《こころ》に黒《くろ》い炎《ほのお》を燃《も》やす人間《にんげん》をさがしているのさ。ただね、ノロイの本《ほん》をだれかに使《つか》わせたくても、この店《みせ》には人《ひと》が近《ちか》よりすらしない。どうしたものかと頭《あたま》をひねったよ。で、考《かんが》えたのさ。女《おんな》の子《こ》ってのはみんな、花《はな》が大好《だいす》きだろ？　だから虹色《にじいろ》に輝《かがや》く花《はな》をプレゼントしたんだ。ノロイの香《かお》りをかがせて、花《はな》にまつわる恐怖《きょうふ》ストーリーの主人公《しゅじんこう》にし、本《ほん》にとじこめたってわけさ。この店《みせ》があまりにも流行《はや》らないものだから、リアルな恐怖《きょうふ》ストーリーで、本棚《ほんだな》をいっぱいにしようかと。そうしたらお客《きゃく》でにぎわって、本《ほん》を使《つか》いそうな子《こ》も見《み》つかるかと思《おも》ってさ！」

イーヒッヒヒ！　これは名案《めいあん》だろ！

こんなことをしたって
ノロイの本《ほん》を使《つか》う人間《にんげん》
なんてあらわれないさ
クックック
そんなふうに
言《い》いきられると
悲《かな》しいじゃないか…
わたしにはね…
ありあまるほどの
時間《じかん》がある…
………

頭《あたま》がくるいそうなほど
タイクツなのさっ！
前《まえ》にヒカルから
聞《き》いたことが
あったんだ
あんたとホラー
倶楽部《くらぶ》の存在《そんざい》をね…
それで考《かんが》えたのさ
この街《まち》で不思議《ふしぎ》な
ことを起《お》こせば
あんたたちは必ず
この店《みせ》を調査《ちょうさ》しに
くるだろうってね
……

いいタイクツしのぎになったよ…
キヒヒヒ…
そ…そんなことのために少女《しょうじょ》たちを…
昔《むかし》のわたしもそうだったが…人間《にんげん》たちは…平和《へいわ》ボケしすぎさ
この世《よ》は人間《にんげん》だけのものじゃないってことをよ～く覚《おぼ》えておくんだね!!

家族《かぞく》のストーリー　恐怖レベル　ワガママ　黒い炎　ゾクッ

24話《わ》　優《やさ》しすぎるお兄《にい》ちゃん

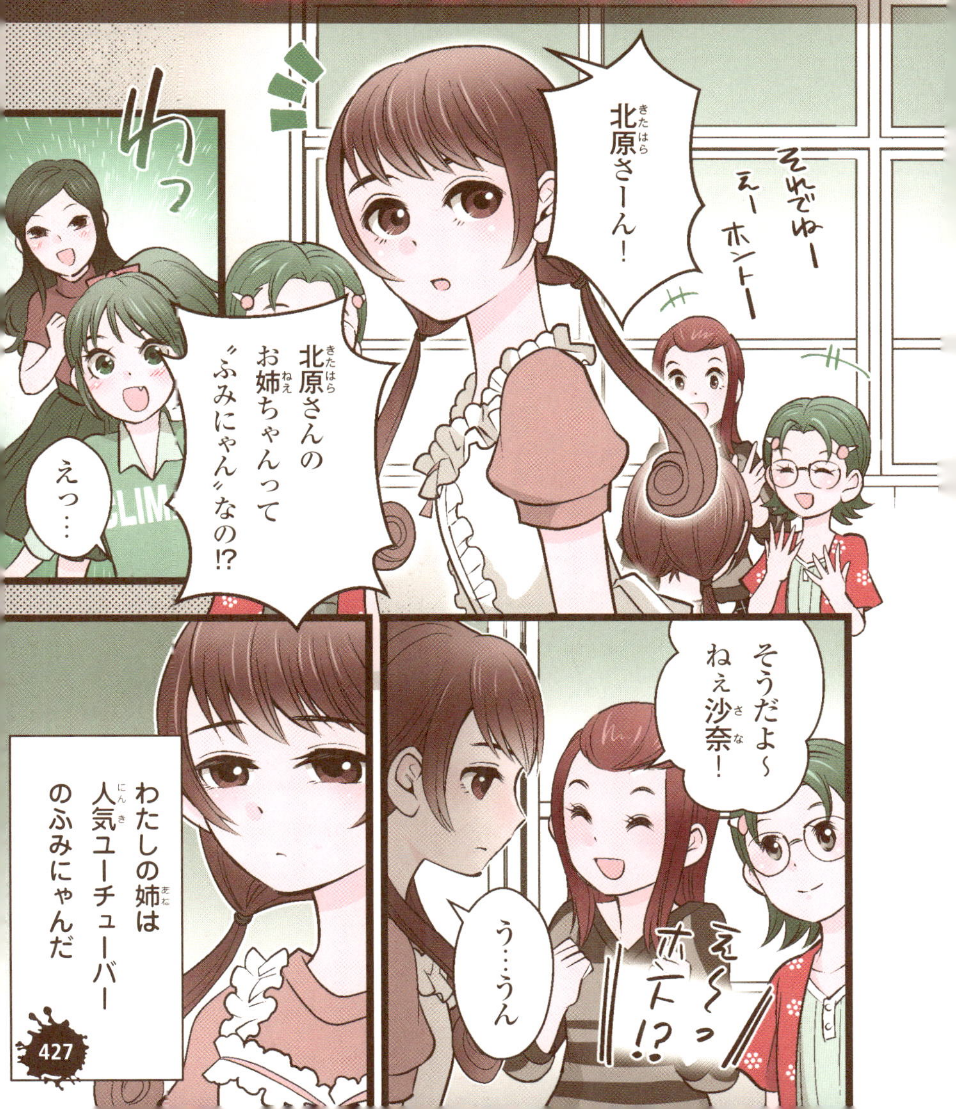

モテメイクやおしゃれコーデの動画《どうが》を公開《こうかい》し
笑顔《えがお》の天使《てんし》なんて言《い》われ人気《にんき》だけど…
ふみにゃんマジ天使すぎ(ﾉ∀`♥
なんでそん カワイイの〜
されまふ(*´ω
その実態《じったい》は悪魔《あくま》
もちろんみんなにはバラせない
そんなことしたら…
パタパタパタ…
ちょっと沙奈《さな》どこよ
お姉ちゃんなに…
SWEET
ガシッ
わぷっ
遅《おそ》い！
呼《よ》んだら3秒《びょう》ルール！
ドラッグストアでコットン買《か》ってきて
フーーッ

なにが天使《てんし》だ！悪《あく》の大王《だいおう》だっつーの
オホホホ
がくぅッ
2組《くみ》の三浦《みうら》さん…
となりはお兄《にい》さん？
のどか…荷物《にもつ》重《おも》くないか？
やっぱりオレが持《も》つよ
お兄《にい》ちゃん平気《へいき》だって！
もぉ～お兄《にい》ちゃんたら…
ウフフフフ…
お…お兄《にい》ちゃんって
あんなに優《やさ》しいものなの!?

妹想《いもうとおも》いのお兄《にい》ちゃん…
くらべてお姉《ねえ》ちゃんは…
沙奈《さな》かけ足《あし》！
はい
やばっ…遅《おそ》くなっちゃった…
お待《ま》たせっ…
はいとっくに15分《ふん》経過《けいか》
チッ
コットンのお金《かね》はあげない
SWEET
バタン!!
……なんなのっ……
ギリッ…
お姉《ねえ》ちゃんだからってイバりすぎ…!
SWEET

あ
きのう見たよ！
三浦《みうら》さん！
三浦《みうら》さんのお兄《にい》ちゃんってカッコイイね！
それにとっても優《やさ》しいし…
うらやましい〜
フフッ
じつはレンタルお兄《にい》ちゃんなのっ！
レンタルお兄《にい》ちゃん…？
？？？
ヒューマノイドファミリーで検索《けんさく》してみなよっ！
これからハヤるみたいよ！
お姉《ねえ》ちゃんがおフロの間《あいだ》に借《か》りよ

ええと
ヒューマノイドファミリー
コンコン…
カタカタカタッ
検索《けんさく》…
ポチッ
http//:
ヒューマノイドファミリーなら
あなたの理想《りそう》の家族《かぞく》が
必《かなら》ず見《み》つかります！
レンタル家族《かぞく》がいれば
ストレスのないハッピーな毎日《まいにち》に!!
まずは１週間《しゅうかん》の無料《むりょう》お試《ため》し期間《きかん》から
お気軽《きがる》にどうぞ！
…仮《かり》の家族《かぞく》になってくれるってことかな？
わたしも三浦《みうら》さんみたくお兄《にい》ちゃんに優《やさ》しくされたい…
カタカタカタカタ カタ…
うわぁ…細《こま》かい…むずかしい言葉《ことば》ばっかり
使用における同意
・高度な知性を持つ人間を
造した人工生命体「ヒュ
マノイド」の性能実験デ
タ収集をします。
・性能実験データの収集に
協力いただける場合は、
償でヒューマノイドを提
いたします。
・本契約を結んだ後は、い
なる理由でもその解約に

沙奈《さな》！ ドライヤー 持《も》ってきて
やばっ… 急《いそ》がないと
パソコン使ったのがバレちゃう…
カチッ
とりあえず 申《もう》しこみ！ オッケー
はぁ～い 今行く～
約成立
ねーあの人 カッコイ～♥
ホント～♥
うわぁ カッコイイ…
まちの塾
おつかれ～
バイバーイ

沙奈《さな》 待《ま》ってたよ さあ帰《かえ》ろう
えっ!?
こんにちは
今日《きょう》から君《きみ》の お兄《にい》ちゃんに なった悠真《ゆうま》です
…あっ! そっか
レンタル お兄《にい》ちゃん!
バッグ 持《も》ってあげる
ヒョイッ
あ… ありがとう
ドキドキ…
ここのケーキ おいしいから 買《か》って帰《かえ》ろう

沙奈《さな》はどれがいい?
すごい…
本当《ほんとう》に理想《りそう》どおりのお兄《にい》ちゃん…
ポワァ
アア…
さな?
あ…あの 送《おく》ってくれてありがとうございました…
ぺこり
にこ
なに言《い》ってるの? 今日《きょう》からここがぼくの家《いえ》だよ
え…
ただいま~
えっ ちょ… 家族《かぞく》のみんなは知《し》らなくて…
ガチャ

おかえり悠真《ゆうま》…沙奈《さな》のお迎《むか》えありがとね
おかえり〜
え⁉どうして⁉
あのさ…お姉《ねえ》ちゃんは？
キョロキョロ
お姉《ねえ》ちゃん？
なに言《い》ってるの？
コソッ
依頼者《いらいしゃ》以外《いがい》の家族《かぞく》は記憶《きおく》を入《い》れ替《か》ずみだよ
…ヒューマノイドファミリーってなんなの？
そんなことまでできちゃうなんていったい…

今日《きょう》も塾《じゅく》 おつかれ 肩《かた》もんで あげるよ
ドキッ
え？ あ… ありがと
かわいい妹《いもうと》には 優《やさ》しくするのが とうぜんだろ
お兄《にい》ちゃん 最高《さいこう》～!!
——1週間《しゅうかん》後《ご》
あのね お試《ため》し期間《きかん》は 今日《きょう》で終《お》わり なんだ…
…お別《わか》れなんて いやだ… …でもお金《かね》は はらえないし…

じゃあ…無料《むりょう》ですむ契約《けいやく》にしてもらうよ
本当《ほんとう》!?
ボウ…
フッ
ピカッ
ピカッ
これから永遠《えいえん》に北原《きたはら》沙奈《さな》のお兄《にい》ちゃんだよ——
ただいま~
ガチャリ
お兄《にい》ちゃん
今日《きょう》の宿題《しゅくだい》もお願《ねが》~い
バサッ
バサッ

もちろん沙奈《さな》がやったことにしてね
でなきゃまた怒《おこ》られちゃう
ドサッ
沙奈《さな》をしかるなんておかしいよな
でしょ～？
理想《りそう》の家族《かぞく》はお兄《にい》ちゃんだけだよ～
ボウ…
よしっ！沙奈《さな》にふさわしい家族《かぞく》と暮《く》らそう！
!?
な…なにお兄《にい》ちゃん…
さぁ行《い》こう！
え!?

タタタタ
ほらっ！
新《あたら》しい家《いえ》だよ
お兄《にい》ちゃんなに⁉
ただいま！
バァンッ
ボウ…
パァァッ
おかえりなさい沙奈《さな》！
待《ま》っていたよ
ダレ⁉

沙奈《さな》の新《あたら》しい
パパとママだよ
このパパとママなら
沙奈《さな》に怒《おこ》るなんて
ことしないから
…こ…
こんなの
おかしい
やっぱり
わたし…
帰《かえ》る…
どうしてだ
君《きみ》のためなのに
ボッ…
!?
お…
お兄《にい》ちゃん…
ガッ
いやあああぁ!!
!
ゾッ…

沙奈《さな》待《ま》て！待《ま》つんだ！
はぁ…
はぁ…
はぁ…
はぁ…
バタン…
あんた どうしたのよ
！
あっ
…お姉《ねえ》ちゃん…
パパ…ママ…
ごめんなさい わたしっ…
あなた お名前《なまえ》は？
Parfait

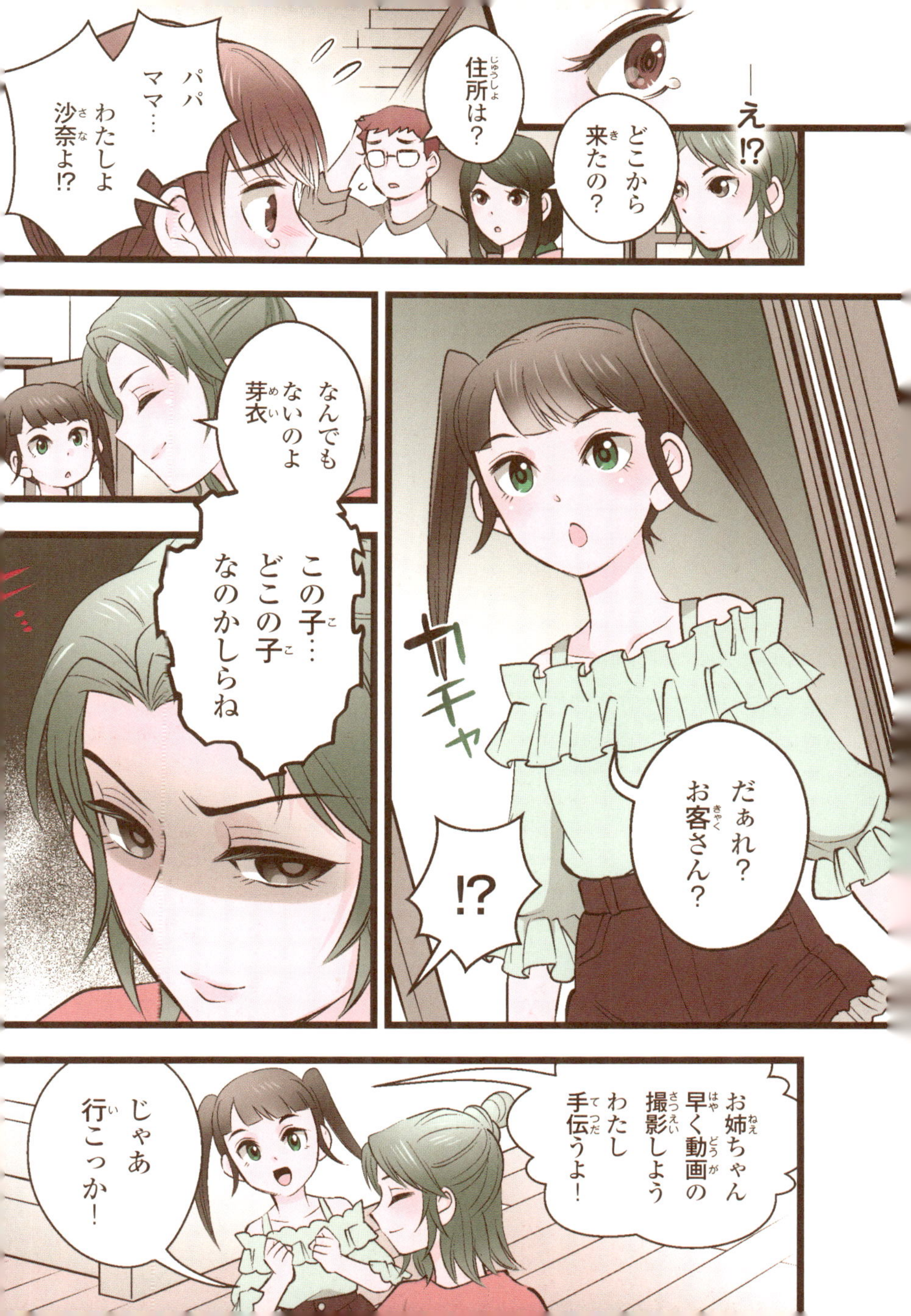

—え!?
どこから来《き》たの?
住所《じゅうしょ》は?
パパ ママ… わたしよ 沙奈《さな》よ!?
カチャ
だぁれ? お客《きゃく》さん?
!?
なんでもないのよ 芽衣《めい》
この子《こ》… どこの子《こ》なのかしらね
お姉《ねえ》ちゃん 早《はや》く動画《どうが》の撮影《さつえい》しよう わたし手伝《てつだ》うよ!
じゃあ 行《い》こっか!

なで なで♡
お姉《ねえ》ちゃん 大好《だいす》き
芽衣《めい》はスナオで ホントに かわいいんだから
ー!!
なんで? なんで?
ダッ
どうしよう どうしよう…
ひっく… グス…
グスン… ひっく…
…わたしの 家族《かぞく》が…
グスン… グスッ
わたしの お家《うち》が…
!
トンッ
Parfait

心配《しんぱい》したよ
ヒッ…
さあお兄《にい》ちゃんと帰《かえ》ろう……沙《さ》奈《な》
ボウ…
ボウ…
……うん

あなたのおたよりを大募集《だいぼしゅう》！

あなたの恐怖体験《きょうふたいけん》やホラー小説《しょうせつ》、本《ほん》の感想《かんそう》やご意見《いけん》などをどしどしお送《おく》りください。怖《こわ》い本《ほん》づくりの参考《さんこう》にさせていただきます。

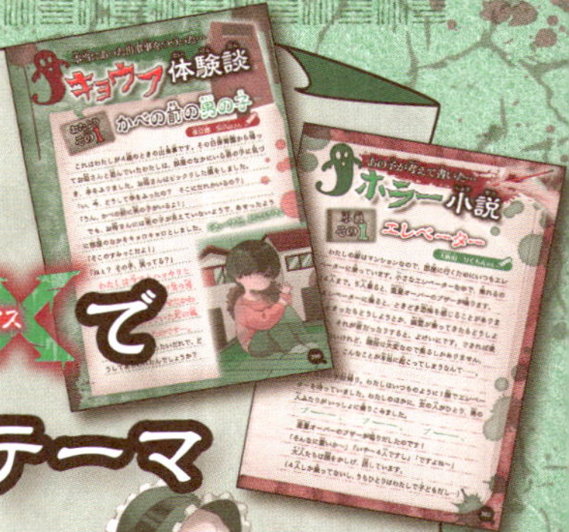

あなたのまわりの怖いストーリーDX《デラックス》で募《ぼ》集《しゅう》しているテーマ

1 キョウフ体験談《たいけんだん》

あなたや家族《かぞく》、まわりの友《とも》だちが実際《じっさい》に体験《たいけん》した奇妙《きみょう》な出来事《できごと》や心霊現象《しんれいげんしょう》を教《おし》えてください。

2 ホラー小説《しょうせつ》

あなたが考《かんが》えた怖《こわ》い小説《しょうせつ》。どんなテーマでもかまいません。

3 学校《がっこう》の七不思議《ななふしぎ》

あなたの学校《がっこう》に伝《つた》わる七不思議《ななふしぎ》について教《おし》えてください。また、その七不《ななふ》思議《しぎ》を調《しら》べたり試《ため》したりしたことで、起《お》こった恐怖体験《きょうふたいけん》など。

4 ハヤリの都市伝説《としでんせつ》

あなたのまわりで流行《はや》っている都市伝説《としでんせつ》を教《おし》えてください。また、その都市伝説《としでんせつ》を知《し》ったことで、起《お》こった恐怖体験《きょうふたいけん》など。

あなたに関《かん》するアンケート調査《ちょうさ》

特集《とくしゅう》やストーリーづくりに役立《やくだ》てたいため、日常生活《にちじょうせいかつ》のなかで楽《たの》しいと思《おも》っていることや興味《きょうみ》があることについて教《おし》えてください。

1 学校《がっこう》が終《お》わった後《あと》はなにをしていることが多《おお》いですか？

2 休《やす》みの日《ひ》は、どんなことをして過《す》ごしていますか？

3 なにをしているときが、いちばん楽《たの》しいですか？

4 友《とも》だちとはどんなことをして遊《あそ》ぶことが多《おお》いですか？

5 あなたのまわりで流行《はや》っていることを教《おし》えてください。

6 友《とも》だちや家族《かぞく》と怖《こわ》い話《はなし》をすることはよくありますか？

おたよりでのお願《ねが》い

おたよりに忘《わす》れず書《か》いてください

①ペンネーム・年《ねん》れい
②この本《ほん》でおもしろかった特集企画《とくしゅうきかく》
③この本《ほん》で怖《こわ》かったストーリー（３つ）
④続《つづ》きが読《よ》みたいストーリーとその理由《りゆう》
⑤今後《こんご》、取《と》りあげてほしいテーマ

こちらのあて先《さき》まで、おハガキかお手紙《てがみ》で送《おく》ってください。

あて先《さき》
〒113-0034　東京都文京区湯島《とうきょうとぶんきょうくゆしま》2-3-13
株式会社西東社《かぶしきがいしゃせいとうしゃ》
「ミラクルきょうふシリーズ　おたより募集《ぼしゅう》」係《がかり》

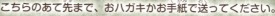

- 小説《しょうせつ》やマンガを作成《さくせい》する際《さい》に応募《おうぼ》いただいたお話《はなし》の一部《いちぶ》を変更《へんこう》したり、内容《ないよう》を加《くわ》えたりすることがあります。
- 応募《おうぼ》いただいたお話《はなし》をもとに作成《さくせい》した小説《しょうせつ》やマンガの著作権《ちょさくけん》は株式会社西東社《かぶしきがいしゃせいとうしゃ》に帰属《きぞく》します。
- アンケート内容《ないよう》は、本書制作《ほんしょせいさく》の目的以外《もくてきいがい》には使用《しよう》いたしません。

マンガ	三葉ミラノ[P2～、P424～]　恋仲あお[P17～]　鈴石和生[P33～]　青空瑞希[P43～]　花鳥由佳[P65～]　いしいゆか[P91～]　あまねみこ[P97～、P167～]　三浦采華[P113～]　poto[P127～]　雲七紅[P140～、P151～]　あずやちとせ[P161～]　高咲あゆ[P175～]　千秋ユウ[P193～]　hnk[P244～]　sanarin[P266～]　夏芽もも[P321～]　速瀬みさき[P337～]　山部沙耶香[P353～]　naoto[P369～]　モモチップス[P385～]　ザネリ[P401～]　倫理きよ[P427～]
カバーイラスト	鈴石和生
イラスト	三葉ミラノ　三浦采華　雲七紅　Laruha　コンノユメノスケ　飴うさこ
執筆協力	リバプール株式会社
監修協力	LUA　ageUN株式会社
取材協力	志月かなで(株式会社山口敏太郎タートルカンパニー)　疋田紗也(TDプロモーション)
カバーデザイン	棟保雅子
デザイン	佐々木麗奈　柿澤真理子　橘奈緒
DTP	J-9
マンガ原作	08CREATION　青空瑞希[4話]
編集協力	08CREATION

ミラクルきょうふ！
本当《ほんとう》に怖《こわ》いストーリー DX《デラックス》 黒《くろ》い炎《ほのお》

2018年12月10日発行　第1版

編著者　闇月 麗［やみづき　れい］
発行者　若松和紀
発行所　株式会社 西東社
〒113-0034　東京都文京区湯島2-3-13
http://www.seitosha.co.jp/
営業　03-5800-3120
編集　03-5800-3121［お問い合わせ用］
※本書に記載のない内容のご質問や著者等の連絡先につきましては、お答えできかねます。

ISBN 978-4-7916-2804-9